本书为司法部"国家法治与法学理论
研究项目"的研究成果。

总顾问　徐显明
总主编　张　伟

# 国际人权法
# 对于引渡的影响研究

孙

萌

著

中国政法大学出版社

2023·北京

# 文库编委会

**总顾问**

徐显明

**总主编**

张　伟

**学术顾问**（以姓氏拼音为序）

班文战　常　健　陈佑武　陈振功　樊崇义　龚刃韧　韩大元

李步云　李君如　刘海年　刘小楠　柳华文　陆志安　齐延平

曲相霏　单　纯　舒国滢　宋英辉　孙世彦　汪习根　王灿发

夏吟兰　杨宇冠　张爱宁　张晓玲　张永和

**国际特邀顾问**

Bård A. Andreassen（挪威奥斯陆大学挪威人权中心教授）

Barry Craig（加拿大休伦大学学院校长）

Bert Berkley Lockwood（美国辛辛那提大学教授）

Brian Edwin Burdekin AO（瑞典罗尔·瓦伦堡人权与人道法研究所客座教授）

Florence Benoît-Rohmer（法国斯特拉斯堡大学教授）

Gudmundur Alfredsson（中国政法大学人权研究院特聘教授）

**执行编委**

张　翀

# "人权文库"总序

"人权"概念充满理想主义而又争议不断,"人权"实践的历史堪称跌宕起伏、波澜壮阔。但不可否认的是,当今世界,无论是欧美发达国家,还是发展中国家,人权已经成为最为重要的公共话语之一,对人权各个维度的研究成果也蔚为大观,认真对待人权成为了现代社会的普遍共识,尊重和保障人权成为了治国理政的重要原则。正如习近平总书记所强调的:"中国人民实现中华民族伟大复兴中国梦的过程,本质上就是实现社会公平正义和不断推动人权事业发展的进程"。

——人权之梦,是实现民族伟大复兴中国梦的应有之义。改革开放四十年来,中国政府采取了一系列切实有效的措施,促进人权事业的进步,走出了一条具有中国特色的人权发展道路。在沿着这条道路砥砺前进的过程中,中国人权实践取得了举世瞩目的成就,既让广大人民群众体会到了实实在在的获得感,也向国际社会奉献了天下大同人权发展的"中国方案"。

——人权之梦,是我们对人之为人的尊严和价值的觉悟和追求。过去几年来,中国政府加快推进依法治国的重大战略部署,将"人权得到切实尊重和保障"确立为全面建成小康社会的重要目标,建立和完善保障人权的社会主义法律体系。《民法总则》《慈善法》《反家庭暴力法》《刑事诉讼法》《民事诉讼法》等一系列法律陆续出台或得到修订,中国特色人权发展道路的顶层设计被不断丰富和完善。

——人权之梦,是人类历史发展的必然趋势和时代精神的集中体现。1948年《世界人权宣言》颁布以后,人权事业的普及、发展进入了新的历史阶段。1993年第二次世界人权大会通过的《维也纳宣言和行动纲领》，更是庄严宣称："所有人的一切人权和基本自由……的普遍性不容置疑。"我国于1991年发表了第一份人权白皮书《中国的人权状况》，其序言里指出："享有充分的人权，是长期以来人类追求的理想。"2004年"国家尊重和保障人权"被写入《宪法》，2007年，人权又被写入《中国共产党章程》。自2009年以来，中国先后制定并实施了三期国家人权行动计划，持续加大人权保障力度。

今年适逢我国改革开放四十周年和《世界人权宣言》颁布七十周年，中国政法大学人权研究院决定着手策划出版"人权文库"丛书。文库着眼国内外人权领域，全面汇集新近涌现的优秀著作，囊括专著、译著、文集、案例集等多个系列，力求凝聚东西方智慧，打造成为既具有时代特色，又具备国际视野的大型人权丛书，为构建我国人权话语体系提供高品质的理论资源。这套丛书的筹备和出版得到了中宣部的大力支持，并有赖其他七家国家人权教育基地和国内学界多位专家学者的积极参与，同时还要感谢中国政法大学出版社的倾力相助。

此刻正值一年中收获的季节，文库的第一本著作即将面世，"九万里风鹏正举"，我们期待并且相信"人权文库"将会硕果累累，"人权之梦"终将照入现实。

是为序。

文库编委会　谨识
2018年9月

# 序

　　引渡是一项古老的国际法和国内法制度，主要是指一国将被另一国追诉或者判罪的个人交付给该国的法律行为。引渡制度的产生最初是国家为了稳固政权，打击政治犯而进行的政治交易。但是随着资产阶级革命的爆发，引渡与人权产生了第一次碰撞，便由此带来了引渡制度的现代化转向。引渡从统治者专断的政治问题转变为一个可以通过行政或者司法程序裁量的法律问题。二战后，国际人权法的建立和被普遍接受促进了引渡制度对于人权保障条款的纳入，而国际人权机构对于引渡案例的审查，使国家保障生命权、免受酷刑的权利等义务逐渐成为制约引渡的理由，提升了被请求人的地位，强化了国家引渡利益与保障人权义务之间的平衡。

　　现实中，对于人权的尊重和保障已经成为引渡制度不可或缺的重要组成部分，并影响着引渡制度的发展方向。引渡中的人权义务对于所有国家而言都是双向的：一方面，作为被请求国，其引渡的决定不能将被请求引渡人置于人权风险之中，部分人权义务是拒绝引渡的理由；另一方面，对于请求国而言，其有义务来保证被请求人在引渡后的人权待遇，从而促动引渡的顺利实施。这种人权义务部分源于国内法的规定，但追本溯源却是对国际人权义务的践行和落实。因此，目前无论是在国际层面还是国内层面，关于引渡的制度和实践，除了对于引渡制度传统原则的遵循，更为引人瞩目的是围绕引渡义务和人权义务冲突的探讨和博弈。

　　本书从引渡与人权的基本理论和两者之间的历史互动出发，通过对国际人权法被纳入国际和国内的引渡制度及其变化的分析，阐明了

3

**国际人权法对于引渡的影响研究**

国际人权法被纳入引渡的意义，并探讨了国际人权法适用于引渡所引发的制度、理念及结构的深刻变革。本书通过梳理国际和区域人权机构的引渡案件，不仅厘清了限制引渡的权利及其具体的细则，还对国际、区域人权机构的审查规则进行了深入分析，从而为国家，无论是作为请求国还是被请求国，了解国际人权法在引渡中的作用及其各自的人权义务提供了翔实的制度和实践支持。在此基础上，本书结合中国的制度与实践分析了国内引渡相关的问题，以反贪追讨工作为背景，为进一步推进中国引渡制度和实践的完善以及推动引渡的顺利进行提供智力支持。

本书通过研究论证了如下的观点：国际人权法的普遍接受，强化了引渡实践中请求国和被请国对于人权的尊重和保障，提升了引渡中被请求人的地位，而国际人权法的适用，通过为被请求人提供救济途径改变了引渡中国家间的二元结构，并改变了引渡制度的现代化风貌。但是人权的保障还需要和国家的引渡利益进行再平衡，要在完善引渡对于人权保障的同时，促进引渡的合法、顺利进行。

本书的创新就在于通过国际人权法适用于引渡案件中的研究来揭示引渡在国际人权法的影响下产生的制度和实践的变革。其中，对于人权事务委员会、禁止酷刑委员会、欧洲人权法院、美洲人权委员会以及美洲人权法院的 100 多个案例的分析，较为全面地展现了国际层面在引渡案件中对于国际人权法的解释和遵循，以及对于引渡义务和人权义务之间的平衡，从而为各国更好地履行引渡条约和国际人权条约提供了智力支持。

本书从前期研究准备到撰写完成历时 6 年，其中得到了中国政法大学人权研究院的多位领导、老师和研究生同学的大力支持。其中，李若愚老师、石慧老师以及姚天、周子容、孙振、王圆、马腾等同学参与了案例的收集、整理和翻译工作；荆超、王璐、何飞、贺万裕、崔一冰、罗娇等同学参与了其他文献的整理和基础性的研究工作，从而为本书的写作打下了扎实的研究基础。除此之外，人权研究院的张翀老师、中国政法大学出版社的编辑郭嘉珺老师以及编辑部的相关领导和同事也为本书的出版提供了极大的帮助。在本书付梓之际，我谨向所有给予我帮助和支持的人致以衷心的感谢。


孙　萌

2023 年 8 月 1 日

# 绪　言

2014 年 9 月 3 日，美洲人权法院审理了秘鲁政府向中国引渡黄海勇的案件。黄海勇涉嫌走私普通货物罪，为了逃避法律的惩罚，以被引渡回中国会面临死刑和酷刑等人权风险为由，诉至美洲人权法院，声称秘鲁政府的引渡决定违反了该国关于禁止死刑和酷刑的国际人权义务。在中秘政府的共同努力下，美洲人权法院判定黄海勇关于被引渡回中国将面临人权风险的主张并没有依据，秘鲁的引渡是合法的。本案集中反映了近年来中国从国外引渡罪犯或犯罪嫌疑人的过程中所遇到的一系列国际人权法的问题，同时这些问题也具有一般性意义，即引渡和遣返实践需要符合一国的国际人权义务。一方面，国家作为引渡和遣返的请求国，应提高人权保障，通过调整国内法及提交外交保证等措施配合有关外国政府顺利实现对犯罪分子的抓捕；另一方面，国家作为引渡和遣返的被请求国，应完善有关双边条约及国内法，使中国的相关制度和实践符合本国的国际人权义务。上述问题涉及国际人权法在引渡中的实施，以及国家引渡利益和个人权利保障的平衡问题，需要深入研究和思考。

目前，在国际和国内层面，关于国际人权法如何影响引渡的系统性及全面性的研究还十分不足，既缺乏对于国际人权法适用于引渡实践和新发展的跟踪研究，也缺乏对于国际及区域人权法院评估引渡合法性的"司法标准"的梳理和分析。例如，公正审判权、家庭隐私权等人权义务是否已经在引渡中得到了遵循？死刑以及酷刑不引渡的人权义务在面对国家利益时，是否能够被坚守？国家主权与人权如何在引渡中博弈和平衡？这些问题都有待于回答，从而为引渡实践提供理论支持。

在国内层面，关于国际人权法影响引渡制度与实践的研究暂付阙如。在目前的学术成果中，对于下述问题只有部分研究：一是侧重如何平衡人权与主权之间关系的研究，比如温耀原撰写的《论引渡中的主权与人权——以引渡原则为视角》，胡人斌、曹秉军撰写的《冲突与平衡——引渡中的人权问题研究》；二是关于在引渡制度如何保障人权的研究，譬如张蓉撰写的《论人权保护对现代引渡制度的影响》；三是对于引渡制度中的人权保护的一般性研究，例如黄风撰写的《国际引渡合作规则的新发展》，何不为撰写的《论死刑犯不引渡原则与人权保护的发展》，王晓美撰写的《死刑不引渡原则的国际法研究》，朱美云撰写的《影响国际引渡的人权因素探析》。在专著方面更是稀缺，目前主要是黄风关于引渡的研究：《引渡问题研究》《国际刑事司法合作的规则与实践》《中国引渡制度研究》《或引渡或起诉》。尽管上述成果从不同方面丰富了引渡制度的理论，开拓了引渡制度中对于人权保障问题的研究，但是对于国际人权法适用于引渡的实践及其影响的深入探讨还十分不足。

在国际层面，尽管也有与引渡中的人权保障问题相关的理论成果，但都是从某个角度切入的研究，不具有整体性和全面性。有从人权对引渡产生影响的历史性研究，例如巴里撰写的《人权与引渡程序：改变传统的构造》；也有从引渡与人权两者发展趋势的研究，例如迪加尔和文格尔特关于《人权与引渡的调和》的论文以及从人权事务委员会审查个人来文的案例进行的研究，例如玛格丽特撰写的《违反人权的引渡：公民权利和政治权利国际公约的案例》；还有从外交人权保证对引渡的作用和效力的探讨，例如西尔维斯撰写的《引渡、人权外交保证及引渡语境下的人权》。而相关专著则始终处于空白状态。

本书的理论价值在于探索国际人权法与引渡制度两者在互动中的发展，特别是国际人权法对于引渡理念和制度的影响：①确定国际人权法适用范围的新发展及其边界。通过探寻国际和区域层面的实践，确定哪些国际人权义务成为可以与引渡国家利益相抗衡的新兴规则，从而对国际人权法发展轨迹作出前沿性探索。②明确国际人权法适用于引渡实践时，国际和区域人权机构所适用的国际衡量标准，包括实体性和程序性的标准等。③探索关于引渡的国际法发展的新原则或者价值取向。随着国际人权法的发展，引渡条约写入了相关的人权义务条款，这一变化揭示了国家利益已经不再是引渡实践中绝对的、压倒性的价值，国家的引渡利益与个人权利在实践中的碰撞，让人权原则逐渐成为平衡两者的重要价值取向，并成为新的引渡原则。

本书的现实意义是通过国际人权法视角的研究来完善各国国内，尤其是中国关于引渡的制度和实践。现实中，国家进行引渡的行为可能符合双边条约或者国内法，但是却可能经不起国际人权法的全面评估，并可能在追捕境外犯罪嫌疑人时遇到障碍，因此，本书的研究旨在实现如下几个目标：①作为引渡请求国，本书通过对于国际和区域人权机构实践的研究，为国家顺利通过引渡抓捕犯罪嫌疑人提供智力支持。②作为引渡被请求国，本书根据国际人权法在引渡适用中的发展，对于国内引渡制度和实践提出完善建议，强化对于引渡请求的人权审查，从而使一国引渡制度及实践符合其所承担的国际人权法义务。

本书的研究主要是通过对于国际人权法纳入和适用于引渡实践的历史及现状的考察，来探寻国际人权法对于引渡的影响，以及国家如何在制度和实践层面进行相应的调整，从而实现国家引渡利益与人权保障的平衡。具体内容包括：

第一章，概述人权原则与引渡制度互动的历史发展。一是讨论现代引渡制度是如何逐步转型确立的；二是考察人权原则如何在引渡制度中得以被逐步承认的；三是分析人权原则对于引渡原则的影响。

第二章，探索国际人权公约对于引渡条约和国内引渡制度的影响。一是梳理影响引渡制度的国际人权法渊源；二是考察国际人权法对于引渡条约的影响；三是考察国际人权法对于国内引渡制度的影响。

第三章，考察国际人权法适用于引渡产生的影响，探索人权机构审查引渡案件的突破和意义。一是回顾国际人权法适用于引渡案件的开创性案例及其对于引渡制度结构性的变革；二是梳理国际人权机构审查引渡案件的渠道。

　　第四章，研究国际人权法对于引渡产生影响的具体人权。一是对于免受酷刑的权利在引渡案件中适用的研究；二是对于生命权在引渡案件中适用的研究；三是对于公正审判权在引渡案件中适用的研究。

　　第五章，探讨国际人权机构审查引渡案件的标准。一是分析人权机构对引渡案件进行实质审查的标准；二是分析人权机构对引渡案件进行形式审查的标准。

　　第六章，讨论国际人权法对于中国引渡制度和实践的影响和对策。一是考察中国的引渡条约和国内引渡制度及其对于人权的保障；二是分析中国引渡制度中目前存在的需要进一步强化人权保障的问题，并提出完善对策。

# 目　录

**第一章　人权、国际人权法与引渡的概念及历史互动**…………………… 1

　　第一节　人权、国际人权法与引渡的概述 ……………………… 1

　　第二节　人权、国际人权法对于引渡原则和理念的影响 ……… 31

**第二章　国际人权法对于引渡制度的影响** …………………………… 50

　　第一节　国际人权法影响引渡的法律渊源 …………………… 51

　　第二节　国际人权法对于引渡条约的影响 …………………… 65

　　第三节　国际人权法对于国内引渡制度的影响 …………………… 80

**第三章　国际人权法适用于引渡的影响和途径** ……………………… 104

　　第一节　国际人权法适用于引渡的突破及其影响 …………… 104

　　第二节　国际人权机构审查引渡案件的途径 ………………… 119

**第四章　国际人权法中影响引渡的权利及其保障实践** ……………… 129

　　第一节　免受酷刑的权利 ……………………………………… 131

　　第二节　生命权 ………………………………………………… 147

　　第三节　公正审判权 …………………………………………… 153

**第五章　国际人权法适用于引渡的审查内容和标准** ………………… 168

　　第一节　对于引渡案件的程序性审查 ………………………… 168

　　第二节　对于引渡案件的实质性审查 ………………………… 178

第六章　国际人权法对于中国引渡制度与实践的影响·················· 206

　　第一节　中国引渡制度与实践在人权保障方面的现状··········· 206

　　第二节　中国引渡制度与实践在人权保障方面的问题及完善

　　　　　　对策···························································· 218

参考文献 ······································································· 234

# 第一章　人权、国际人权法与引渡的
# 概念及历史互动

## 第一节　人权、国际人权法与引渡的概述

引渡是一项较为古老的法律制度和实践，最早的实践可以追溯到公元前 13 世纪，而人权，其思想萌芽于文艺复兴时期，后于 18、19 世纪在法国、美国等国的国内法中得到保障，并于二战后逐步形成了国际人权法体系。将国际人权标准适用于引渡这一国家间的合作行为展现了国际法发展的人本化倾向，并对引渡的理念、制度与结构产生了深刻的变革。

### 一、人权、国际人权法与引渡的概念及其发展历史

引渡关注的是国家的利益，而人权关注的是国家与个人之间的关系及个人权利。人权思想与引渡的第一次碰撞便产生了"政治犯不引渡原则"，从而翻开了引渡制度与实践发展的新篇章。

#### （一）引渡的概念及其发展历史

《奥本海国际法》将引渡定义为"一个被控诉或被判罪的人由其当时所在的国家交付给对他控告犯罪或判刑的另一国家。"[1] 从其产生的

---

[1] Lassa Oppenheim, Sir Robert Jennings & Sir Arthur Watts, *Oppenheim's International Law*, Vol. 1, Peace, 9th ed., edited by Sir Robert Jennings and Sir Arthur Watts, Longman, Harlow, Essex, Oxford University Press, 1992, p. 949.

根本原因上来说，引渡源自政治共同体或国家之间的平等性，即后来的主权平等原则。一个政治共同体或者国家的形成，其重要目的和作用之一就是保证共同体成员（居民）的安全，国家承担了维护共同体内部秩序的积极义务，为此制定了规则和法律，以处罚损害共同体利益或其他成员利益的行为。然而，国际社会并不存在一个拥有实际权力的超国家主体，各个国家仅能在自己统治的范围内行使权力，施行其颁布的法律与规则。由此，便会出现一个实际问题：当一个人在本国内违反了法律和规则，却逃至另外一国，而其本国的权力又无法延伸至此人所处的国家，最终导致此人逃脱处罚的不公正结果。为解决这一现实问题，两国之间就出现了引渡的国际实践，由一国将逃犯交还给其本国，因此引渡自始带有外交与国际合作的性质。在这一过程中，被请求国是否引渡，满足什么条件后进行引渡，引渡出于何种考虑、基于何种依据以及遵循何种程序等具体问题也逐渐随之出现，而规范引渡的原因、法律根据、适用的原则、限制因素等在引渡实践的历史长河中不断发生着变化和发展，但是引渡的核心要义和制度无论如何转变都始终是围绕请求国、被请求国、被请求引渡者的关系进行构建和实践的。

1. 引渡的概念及内涵

引渡是由国际法和国内法共同组成的制度和实践。一方面，引渡是现代国家普遍接受和采用的国际司法合作的方式，属于传统国际法的重要问题之一；另一方面，在法治原则的要求下，不少国家在国内法中也对引渡进行了相应的规定。虽然不同的条约与国内法对引渡的规定和安排存在或多或少的差别，但是也正是引渡在这两个层面所体现出的联系与发展趋势，使得现代意义上的引渡涵义得以相对确定。

（1）国际法层面的引渡。有关引渡的定义大多都是学者在国际法学或国际刑法学领域给出的，引渡被认为是在刑事领域历史最悠久的国家间合作形式。总结学者所提出的引渡定义，最具代表性的包括如下几种：

哈佛大学编撰的《引渡公约草案》第 1 条，把引渡界定为"一国将个人交付给另一国，以使其受到控诉或处罚"。[1] 在该定义中，强调的是请求国引渡的目的是对被引渡者的起诉或处罚。

著名的国际刑法学者谢里夫·巴西奥尼教授给出的定义则突出了引渡的依据，"引渡是基于条约、互惠、礼让或是国内法，一国将个人交付给另一国的正式程序"。[2] 这里强调了引渡的依据包含条约、国家间的互惠、国际礼让以及国内法有关引渡的相关规定和安排。

前述《奥本海国际法》对引渡的定义则从以下三个方面进行了界定：一是指出个人被要求引渡的原因是其面临指控或是已被判罪；二是指出请求国是作出该指控或判决的国家；三是指明被引渡人当时正处于被请求国领土内。[3]

著名的国际法专家玛乔丽·怀特曼在其《国际法摘要》（又称"怀特曼文摘"）中，给出了一个较为复杂的定义，即引渡是根据条约及其所载限制之规定，一国请求另一国将处于后者管辖范围内、面临请求国刑事指控的个人进行移交的程序，以使其能够应诉或对其执行刑罚。[4] 与上面的几个定义相比，该定义有以下几个方面的特点：其一，该定义特别指出了引渡是一国"请求"另一国作出一定行为，是由请求国"启动"的法律程序；其二，明确引渡的依据仅限于国际条约，这一点是美国对引渡理解的典型表现，事实上"怀特曼文摘"本身就是由美国国务院出版的；其三，指出被引渡人应当是处于被请求国"管辖范围"内，而非其"领土"上，进一步扩大了可引渡的区域范围；其四，指出了引渡的原因为被引渡者被控违反了刑法；其五，规定了引

---

〔1〕 "Draft Convention on Extradition", *The American Journal of International Law*, Vol. 29, 1935, p. 21.

〔2〕 M Cherif Bassiouni, "The Legal Framework of Extradition in International Law and Practice", in M Cherif Bassiouni, *International Extradition: United States Law and Practice*, Oxford University Press, 2014, p. 2.

〔3〕 Lassa Oppenheim, Sir Robert Jennings & Sir Arthur Watts, *Oppenheim's International Law*, Vol. 1, Peace, 9th ed., edited by Sir Robert Jennings and Sir Arthur Watts, Longman, Harlow, Essex, England, 1992, p. 949.

〔4〕 Marjorie M. Whiteman, *Digest of International Law*, U. S. Department of State, 1965, pp. 727~728.

渡的目的是对其进行刑事诉讼或执行刑罚判决。

萨蒂亚·贝迪给出的定义则既包含了引渡的结果也涵盖了其过程。其指出，引渡不仅包括"国家将可能触犯请求国刑法的逃犯交还给请求国的行为"，还包含"在收到引渡的正式要求后，一国将在其境内寻求庇护的涉嫌犯罪者交付给请求国进行审判的准备行为或过程"。[1]

综上所述，现代意义上引渡的概念大致存在如下四个方面的公认要素：①引渡的主体是国家；②引渡的对象是个人，且此人受到请求国刑事指控或判决；③引渡的原因或目的是请求国意图对相关个人进行刑事指控或执行刑事判决；④被引渡者应当处于被请求国管辖范围内，此处多数情况是其处于该国境内。与此同时，引渡在概念上也存在着差异，主要表现在引渡的依据是否仅限于国际条约，以及是否需要强调其为整个过程。

对于引渡的法律依据进行分析，可以发现其主要是以条约为基础的国际法规则。从整体来看，引渡尚未成为国际习惯法，国际法没有施加给国家将被他国控诉或判罪的人引渡给该国的义务；相反，在主权平等原则下，各国有权决定是否给予处于其管辖范围内的个人以庇护。因此，能够使这一刑事司法合作形成国际法义务的法律渊源只能是国际条约。有关引渡的双边条约是目前为止国家间最为普遍和常见的形式，条约双方将引渡的原则、条件、程序等问题进行具体约定，并以此为依据形成了对缔约双方的法律约束力，在满足条约规定的情形时，被请求国有义务将被请求人引渡给请求国。另外，在一些具有相似经济、社会、文化及政治制度的区域国家之间，也出现了区域性的有关引渡安排的多边公约，如《美洲国家间引渡公约》《欧洲引渡公约》以及《西非国家经济共同体引渡公约》等。需要指出的是，一些多边条约，如《联合国打击跨国有组织犯罪公约》，把自身界定为"可以"适用的引渡法律依据，并留待被请求国国内法的相关规定或其自身意愿决定是否适用。进入 21 世纪以来，一些国家和区域通过条约将引渡的程序大大简化，

---

〔1〕 See Satya Deva Bedi, *Extradition in International Law and Practice*, Dennis & Co, 1968.

例如 2001 年的《关于欧洲逮捕令和成员国间遣返程序的委员会框架决定》，以及 2002 年的《英联邦内伦敦引渡计划》，以促进国家间的引渡合作。

对于两国之间不存在国际条约的情况，引渡也可以根据国际礼让或互惠的形式进行。然而依据国际礼让和互惠所进行的引渡与依据国际公约进行的引渡有着本质的区别，后者因遵循"有约必守"原则形成了有关引渡的强制性义务，而前者则由被请求国自主决定是否遵循国际礼让或互惠而进行引渡，并不形成法律性质的引渡义务。一般而言，普通法系国家大多仅允许以条约为依据的引渡，即所谓"条约前置主义"，此以美国为典型代表；而民法法系国家除承认以条约为法律依据外，还允许基于国际礼让与互惠进行引渡，对于这一问题不少国家均在其相关的国内法中予以明确规定。

对于引渡的主体、引渡的对象以及引渡的目的这三个方面的问题，则可以从引渡这一法律实践出现的原因来理解。根据刑法学的法益保护理论，当某一犯罪行为侵害了国家、社会或是个人的受到刑法保护的利益，国家有积极义务保护受到损害的法益，对行为人进行追诉并执行刑罚，以维护共同体内部秩序、实现公平正义，这就是引渡的本质目的。然而，当犯罪行为人处于他国的主权管辖之下时，这种追诉或判决无法实现，为实现此目的就需要被请求国将其"递交"给该国。因此，引渡的主体一般是两个主权国家，一方的利益受到犯罪行为损害，另一方则对犯罪行为人拥有属地管辖权。而引渡对象，应当是受到请求国刑事指控或者被判处刑罚但未能执行的个人，以区别国家基于外交保护的撤侨行为。与此同时，此人应当处于被请求国的管辖范围内，如此引渡在逻辑上才有实现的必要性和可能性。

综上所述，通过对于引渡概念的深度分析，可以发现大部分关于引渡的原则和制度都与引渡的主体、对象、依据、目的这四个方面直接联系。引渡的目的问题引申出了或引渡或起诉原则、一事不再理原则等，主体问题引申出了本国国民不引渡原则、双重犯罪原则等，对象问题引申出了死刑不引渡原则、政治犯不引渡原则、军事犯罪不引渡原则、特定性原则等，依据问题则引申出了条约前置主义等规则。

（2）国内法层面的引渡。无论在国际层面是否采用"条约前置主义"或承担何种引渡义务，多数国家都会在其国内法中对于引渡进行或具体或原则性的规定。根据内容的不同，这些国内法规定大致可以分为两部分：一部分是关于本国向其他国家请求引渡的规定，在学理上称之为"主动引渡"；另一部分是关于本国处理其他国家提出的引渡请求的规定，即"被动引渡"。一般来说，相关法律不仅会规定可予引渡的罪名等实体性问题，也会对本国处理引渡事务的主体、手续等程序性事项作出安排。这些国内法关于引渡的原则性和具体性的规定，也是国家缔结引渡条约和进行引渡实践的基础。[1]如果说国际法层面的引渡主要从请求国的角度进行理解，其意图是寻求国际司法合作，包括其应当以什么为依据、基于什么目的、向谁提出引渡的要求；那么国内法层面的引渡则主要从被请求国的角度进行理解，其作为收到引渡请求的国家，决定引渡需要满足的条件、是否同意引渡、遵循什么样的程序等，这些都是该国主权范围内的事项，由其国内法予以规定。当然，正如前文所述，国内法也会包含"主动引渡"的内容，但这部分以程序性规定为主，实质性的部分需要回到引渡的国际法层面上以及对方国家的国内法层面上。由此可见，引渡的完整过程是由国内与国际法律制度共同规制的。

对引渡而言，一个核心问题是作为法律效力限于本国主权范围内的"单边性"的国内法规定，在多大程度上能够对引渡这种"双边性"的国际合作产生效果和约束力。这通常在引渡条约对相关内容未予规定，或者在双方未缔结条约的情况下进行引渡时，会引发一国的国内引渡制度如何适用的问题。一般来说，国内法中关于引渡的规定主要包含实质性和程序性两方面的内容。

第一，国内法关于引渡的实体性规定。在引渡的实质性要求方面，

---

[1] Lassa Oppenheim, Sir Robert Jennings & Sir Arthur Watts, *Oppenheim's International Law*, Vol. 1, Peace, 9th ed., edited by Sir Robert Jennings and Sir Arthur Watts, Longman, Harlow, Essex, England, 1992, p. 954.

国内法主要关注的是作为被请求方的本国，在什么条件下允许引渡，其多以原则或规则的形式予以规定：首先，双重犯罪原则或规则。该原则或规则要求引渡请求中所涉及的引渡对象的行为，不仅依请求国法律构成犯罪，依照本国法律也构成犯罪。起初，一些国家以"列举式"的方法，将可予引渡的罪名明确列举出来，以限定可引渡的犯罪的范围，主要有美国、荷兰、比利时、澳大利亚等以英国的引渡法规范为立法例的国家；后来，各国多采取"排除法"的方式，通过限制可能判处的最高和最低刑期，来限制可予引渡的犯罪范围，但这一方式依然是以满足双重犯罪原则为前提。其次，罪行特定原则或规则，又称为引渡与追诉一致原则。该原则指的是在将被引渡人交付后，请求国只能针对向本国申请引渡时所述的罪行进行追诉或执行刑罚，否则应当将其交还给本国。与此同时，国内法还规定了不准予引渡的情形。相较于上述肯定性的原则，这些具有否定性的例外规则更为具体，也受到更多的关注。以拒绝引渡的理由为区分标准，可以分为以下四类情形：首先，出于特殊的犯罪性质原因不得引渡，具体包括政治犯罪不引渡、军事犯罪不引渡、财经犯罪不引渡。其次，出于被引渡人的身份原因不得引渡，包括本国国民不引渡、某些因执行公务或特别职位而根据国际法享有豁免权的不引渡。[1] 再次，出于刑事诉讼规则的原因不得引渡，包括禁止双重危险原则以及以"双重犯罪原则"为基础涉及的本国刑事诉讼原则或规则。[2] 最后，出于被引渡人面临的刑罚或待遇原因不得引渡，包括死刑不引渡、可能遭受酷刑或者其他残忍、不人道或者有辱人格的待遇或处罚（防止酷刑条款）等。

　　第二，国内法关于引渡的程序性规定。对于引渡的程序性方面的要

---

　　〔1〕　这种情况主要包括国家首脑和外交人员，但在此类人员涉及种族灭绝罪、反人类罪、战争罪的情况下，或者两国之间有条约特别规定的，不享有豁免权。

　　〔2〕　通常来说，双重犯罪原则不仅要求引渡所涉及的行为依双方国家的法律都构成犯罪，而且要求依据两国的法律均具有可罚性和可诉性。如果国家进一步要求这二者应当是具体的，则基于可罚性可以引申出法不溯及既往原则，基于可诉性可引申出超出诉讼时效、辩诉交易等情况；此外，大赦与赦免也可能构成不予引渡的情形，其既是可罚性也是可诉性的阻却事由。

求，国际条约、一国专门的引渡法、刑法及其刑事诉讼法都会涉及，但是有关一国国内的引渡程序一般由其国内法作出安排。首先，国内法需要对主管引渡事宜的部门作出安排和分工。因为引渡本质上具有国际性，且引渡请求一般也由外交渠道接收，多数国家将行政机关，特别是外交部门作为主管机关。其次，国内法会明确本国国内机关在处理引渡请求的整个过程的具体分工和权限。最后，国内法还会规定一些审查程序等具体的环节。

世界上大多数国家在国内程序上采取双重审查制，行政机关对引渡在外交政策及其合目的性问题上进行审查，司法机关则负责审查引渡的合法性问题。除了引渡的国内主管与审核机关及其分工问题外，国内法在引渡的程序性内容方面还会涉及引渡的依据或接收的合作方式、引渡拘留、听审与上诉程序以及引渡的执行等问题。

综上所述，引渡是国内与国际法律制度和实践的总和，对于引渡问题不应当将二者完全割裂。事实上，上述大部分有关引渡的规则或原则既出现在国内涉及引渡的法律中，也规定在国际条约中。总体来讲，国际法与国内法层面引渡制度在如下两个方面发生互动关系：一是与国际条约的国内适用问题相关。对于需要将条约转化并入国内法的国家，国内法中有关引渡的规定起到了主要作用；而对于国际条约不需转化、可以直接适用的国家来说，国内法主要起到补充条约中未约定事项的作用。更重要的是，有关引渡的国内法对不应由条约约定的事项进行规定，例如涉及国内引渡程序的安排等。二是与是否采"条约前置主义"有关。如美国等以条约作为引渡的唯一法律基础的国家，国内法层面的引渡规定主要发挥补充作用；对引渡采"非条约前置主义"的国家，其在国内法中还会特别规定基于国际礼让和互惠进行的引渡的事项。

（3）引渡的定义及其与相关概念的区别与联系。应当明确的是，定义的目的是要帮助从内涵方面明确概念，而明确概念的一个最基本的标志就是把所定义的概念与其他概念区别开来，从而在客观上能够把所指向的对象与其他对象区别开来。从这一理念出发，结合国际法和国内法层面的引渡问题的不同方面来考察会发现已有概念中对于引渡的界定实际上牵涉了各种不必要的要素。例如，其所依据的法律基础、被引渡者所处的国家，乃至"触发"引渡程序的条件等，可以说对引渡这一概念区别于其他概念起不到决定性的作用。例如，引渡依据更多涉及的是各国在引渡制度上的选择，这一选择基于国家自己对引渡含义、渊源、必要性等问题的理解以及对本国政治制度的考虑，因而对于引渡的定义而言其并不是必需的要件，进一步说，这只是引渡的国内法层面的问题。因此，基于上述分析以及考虑到引渡的核心要素，本书认为引渡指的是：一国将个人交付给另一国，以协助后者对其进行刑事指控或刑事判决的执行。

在厘清引渡的定义之后可以辨析，引渡与遣返、驱逐等概念既具有区别又存在联系。驱逐主要指的是，一国要求居留在本国领土上但不具有本国国籍的人离开其领土的法律行为，通常是基于国家认为此人"不受欢迎"或对本国构成威胁的原因而作出的。[1] 遣返的涵义与驱逐基本相同，也是指要求非本国公民离开本国的行为，但遣返一般是针对当事人非法入境的情况。[2] 应当说这两者的涵义有重叠之处，普通法系国家通常将驱逐与遣返作为可以互换的两个概念。[3] 此处主要分析的是引渡与遣返、驱逐的区别，而非后两者之间的区别。

第一，引渡与驱逐和遣返存在不同之处。首先，目的不同，这也是区别引渡、驱逐和遣返的根本要素。根据前文的分析，引渡的目的是对被引渡者进行追诉或执行刑罚，其主要维护和实现的是请求国而非本国的利益；而驱逐和遣返则是出于本国公共安全与秩序考虑采取的措施，

---

[1]　See Eugenio Selvaggi, Miroslav Kubicek, and Erik Verbert, " Disguised Extradition, i. e. Surrender by Other Means Some Ideas to Start a Discussion", PC-OC（2011）09rev, *Council of Europe*, 2011, p. 2; See also, United Nations, "Text of the Draft Articles on the Expulsion of Aliens", in Report of the International Law Commission, A/69/10（2014）, 11~138, p. 12; See also, Maurice Kamto, " Preliminary Report on The Expulsion of Aliens", A/CN. 4/554（2005）, pp. 196~197.

[2]　See Eugenio Selvaggi, Miroslav Kubicek, and Erik Verbert, " Disguised Extradition, i. e. Surrender by Other Means Some Ideas to Start a Discussion", PC-OC（2011）09rev, *Council of Europe*, 2011, p. 2.

[3]　See Maurice Kamto, "Second Report on the Expulsion of Aliens", A/CN. 4/573（2006）, p. 244.

其直接目的是维护本国利益。这一点也从侧面体现出在引渡定义中对其目的描述的必要性。其次，程序不同。引渡自始至终具有国际性，是一种国际司法合作的方式，并且外交手段在其中起到不可或缺的作用。驱逐和遣返则是国家单方面的主权行为，在多数情况下主要涉及的是本国的移民法。

第二，引渡与驱逐和遣返存在联系。首先，尽管引渡、驱逐和遣返可能存在着上述法律根据、程序和目的等一系列的不同，但是不可否认的是它们都涉及将个人递解至其他国家的情形。实践中，不歧视原则、禁止酷刑原则等既适用于引渡也适用于驱逐和遣返。其次，在引渡、驱逐和遣返中，当事人通常享有较为相似的诉讼权利以及其他实体性和程序性的人权保障。实践中，引渡和驱逐案件是作为同类案件在人权机构进行审理的，适用的人权规则也基本一致。最后，也是最值得关注的问题——实践中普遍存在着将驱逐和遣返作为引渡替代方式的做法。引渡、遣返和驱逐通常指向同一个结果，即当事人重新回到其原国籍国，因此，现实中，面对采取"条约前置主义"为引渡原则的国家，以及相对复杂的引渡程序，部分国家会通过协商以驱逐或遣返的方式实现"引渡"的目的。相比较而言，驱逐和遣返一般涉及的仅是国内的移民法，实质上是通过行政或司法程序否定、剥夺当事人进入或居留本国的权利，无论是在原则还是具体流程与证据标准方面都与引渡有所不同，具有相对简便的"优点"。也正因如此，实践中这种"包装成遣返的引渡"也开始逐渐受到限制，防止国家借此滥用引渡、遣返和驱逐之间存在的差别，导致当事人的人权受到严重侵害。当然，"包装成遣返的引渡"在本质上并非天然地具有非法性，因此需要确保其不是以恶意规避引渡条款为主要目的。

2. 引渡的发展历史

关于引渡这一国际实践出现的历史，西方学界有着两派截然不同的观点，二者的主要分歧在于引渡出现的时期，即欧洲近代以前是否存在引渡。一派以格老秀斯、让·博丹等学者为代表，主张在古代时期欧洲国家之间就有着引渡的实践，虽然此时并不存在系统的引渡规则或者专门的引渡条约，甚至没有"引渡"这一专门概念。另一派以艾伯特·毕乐（Albert Billot）[1]、M. 维尔福（M. Villefort）[2]、费尔南·德卡尔达亚克（Fernand de Cardaillac）[3]、帕斯奎尔·菲奥里（Pasqualé Fiore）[4] 等学者为代表，认为现代意义上的引渡应当产生于19世纪前后，在此之前出现的国家之间类似引渡的行为与现代引渡的内涵完全不同，主要表现在以下三个方面：首先，近代之前类似引渡的行为无固定模式可言；其次，这些行为大都是基于政治原因，或者说被引渡者多是政治犯，并非因其他普通犯罪而被请求国要求递解回国；最后，要求引渡的基础多是军事实力及威胁，而不是具有法律约束力的条约乃至某种国际义务。

尽管现代意义上的引渡及其制度直到法国大革命后的近代才逐渐开始形成，但如果抛开引渡的原因、基础等要素而关注其最核心的涵义——一国要求另一国将处于其管辖范围内的某人交给该国，那么可以认定这种国际实践在近代以前就已经存在。对这一阶段的考察，有助于理解现代引渡涵义的形成背景，特别是国际实践为何在政治犯罪引渡的问题上会出现颠覆性的变化。纵观引渡的发展历史，其大致可以分为这样三个阶段：第一阶段为公元前13世纪至19世纪，第二阶段为19世纪到二战结束，第三阶段为二战后至今。

（1）公元前13世纪至19世纪：以政治原因为主的引渡实践。引渡的雏形最早可见于《旧约》中的《士师记》，以色列的利未支派要求另一支派便雅悯交出凌辱其成员的凶手，遭拒后引发了基比亚战役，最终导致便雅悯支派几近全灭。此事件的双方并非两个"国家"——事件所涉及的当事人是被请求方的成员，这与现代意义上的引渡有着较大的差别，但是仍可包含在引渡的最基本的涵义内。以条约形式规定引渡的实践最早可上溯至古埃及时期。公元前1260年前后，法老拉美西斯二

〔1〕　Albert Billot, *Traité de l'Extradition*, Paris, 1874.

〔2〕　M. Villefort, *Des Traités d'Extradition de la France avec les Pays Etrangers*, Paris, 1851.

〔3〕　Fernand de Cardaillac, *De ' Extradition*, Tarbes, 1878.

〔4〕　Pasqualé Fiore, *Traité de Droit Pénal International et de l'Extradition*, Paris, 1880.

世与赫梯在战争后缔结了和平条约，其中就涉及了有关引渡的规定，要求双方归还于各自领土内发现的异教徒、阴谋叛乱者等。[1]

到了中世纪后，随着政治共同体逐渐具备了"国家"的形态和要素以及国际交往的增多，有关引渡的安排开始出现在一些双边条约中，例如 1174 年苏格兰国王威廉一世与英格兰国王亨利二世签订的《法莱斯条约》，再如 1303 年法国的腓力四世与英格兰的爱德华一世签署的《巴黎条约》。其中比较有名的是这一时期英国与荷兰、丹麦的引渡实践。1649 年英国国王查理一世被推上断头台，英国成立了共和国，然而此后不久君主制又得以复辟，于是英国依据 1661 年与丹麦、1662 年与荷兰签订的条约，要求两国交出参与杀害查理一世的凶手。到了 18 世纪，欧洲各国开始了混战，其中知名的欧洲大战包括西班牙王位继承战争、北方战争、奥地利王位继承战争、七年战争、第一次反法同盟战争等，在此背景下，18 世纪~19 世纪的一些条约中出现了涉及引渡逃兵和军事罪犯的条款。

这一时期的引渡具有引渡原因的政治性和引渡依据的多样性两大特点。首先，引渡原因的政治性。19 世纪前大部分引渡理由都是叛国和造反等政治罪行，引渡对象大多是当权者在政治或者宗教上的反对势力，乃至当权者本人的"仇人"，一般是被认为危害了本国的政治稳定，因此引渡原因的政治性在中世纪及其后一段时间的欧洲引渡实践中表现得尤为突出。虽然这一时期引渡以政治犯罪为主，但也存在引渡普通犯罪的条约规定与实践，只是未受到国家间系统的关注。这主要是因为，对于关系越是紧密的两国来说，彼此利益休戚相关，越是危害对方政治利益和稳定的犯罪，越是直接地涉及本国利益，因此对于引渡政治犯的问题自然会高度重视和合作。[2] 相比于此，引渡其他普通的犯罪

---

〔1〕 S. Langdon, and A. H Gardiner, "The Treaty of Alliance between Ḫattušili, King of the Hittites, and the Pharaoh Ramesses II of EGYPT", *The Journal of Egyptian Archaeology*, Vol. 6 (1), 1920, pp. 179~205.

〔2〕 See M. Cherif Bassiouni, "The Legal Framework of Extradition in International Law and Practice", in M Cherif Bassiouni, *International Extradition: United States Law and Practice*, Oxford University Press, 2014, p. 5.

得不到重视，是因为这些犯罪大多危害的只是对方国家的居民，而不涉及本国的统治秩序和社会稳定。其次，引渡依据的多样性。正如前面所述，中世纪以来出现了一定数量的条约涉及两国间的引渡安排，也有不少引渡是基于国际礼让或互惠进行的，有的甚至是以战争等强制手段为威胁提出的。总的来说，这一时期的引渡更具有政治性，其"法律"特性尚未完全形成。

（2）19 世纪至二战：现代意义上的引渡的形成。1789 年~1799 年的法国大革命对欧洲大陆产生了巨大的影响，拉开了现代社会的序幕，使得民主自由的思想得以广泛传播，极大地刺激了 19 世纪各国的民主化进程。也正是以法国大革命为分界线，引渡出现了颠覆性的变化，政治犯不引渡逐渐成为一项原则，并由此改变了引渡实践作为政治交易的主旋律，转而成为以引渡普通犯罪为主的国际合作形式，并逐渐朝着现代化和制度化的方向发展。引渡在这一时期最大的亮点就是政治犯不引渡原则的产生，并转向了与前一时期完全相反的发展方向，这主要归因于思想理念和物质基础两方面的变化。

一方面，18 世纪中后期，卢梭、苏亚雷斯等政治理论学家的自然权利理论和人民主权思想深刻影响了欧洲国家，并成为了法国大革命的思想基础之一。法国大革命推翻君主专制的正当性与合法性正是在于国家是人民订立契约而产生的，人民有权推翻不代表其意志的政权。基于这种立国的政治思想基础，法兰西第一共和国对于因对抗君主专制、争取自由而被迫逃亡的其他国籍的居民自然会给予同情和支持。为此，法国在 1793 年《宪法》（雅各宾宪法）中规定"法国给予为了争取自由而从其本国流亡到法国的外国人以庇护"[1]，不将其引渡回母国。

随着法国大革命影响在欧陆的扩大，1833 年比利时有了第一个明文规定政治犯不引渡的国内立法，1834 年法国与比利时签订了第一个明确政治犯不引渡原则的双边条约。当然，同一时期的许多君主制国家并未接受此原则，仍然延续引渡叛国等政治犯罪的传统。此后随着民主

---

〔1〕 周鲠生：《国际法》（上册），商务印书馆 1976 年版，第 310 页。

制为越来越多的国家接受，政治犯不引渡的原则也逐渐得到广泛的认可。

另一方面，同时期的第一次工业革命对引渡的发展产生了物质基础上的影响，这种影响是从两个层面进行的：首先，工业革命极大地刺激了资本主义工业化，欧洲国家率先从传统农业社会向现代工业社会转变。在社会分工细化、新的社会阶层出现的同时，社会关系也逐步复杂化，并随之出现了更多侵犯社会共同利益的犯罪种类和情形。此前，除政治性罪行外，引渡所针对的严重犯罪主要包括谋杀、强奸、绑架等侵害他人身体安全的恶性行为，而这一阶段部分严重危害商业利益的犯罪行为也被纳入可予引渡的罪名之中。[1] 其次，与引渡的发展联系更为直接的是交通工具的发展，其为犯罪分子的逃匿提供了更便捷的工具。以蒸汽机为动力的轮船和火车的出现为人们长距离的移动提供了更加省时、便利的条件，使犯罪者通过潜逃至他国以逃避法律惩罚具有了更大的可能性。因此，国家需要通过引渡对这种趋势予以遏制，而两国间基于互惠的形式互相将潜逃至本国的犯罪者进行引渡符合双方的共同利益。

总之，法国大革命时期的人民主权等理论为引渡中出现政治犯不引渡原则奠定了思想基础，而工业革命则为引渡逐步转变为惩罚普通犯罪的国家间合作形式奠定了物质基础。这两者共同构成了 19 世纪至二战这一时期的引渡在本质上和内容上产生变革的原因。

随着引渡开始向引渡普通罪犯趋势的发展，这一时期引渡呈现出法制化、规范化的特点。就总体而言，这一阶段出现了关于引渡依据的两大类实践，一类做法以法国等大陆法系国家的实践为代表，另一类做法以美国的实践为代表，二者的不同就在于是否将条约作为引渡唯一的合法性依据，即是否采用"条约前置主义"。其中，法国等大陆法系国家由于最初受格老秀斯、让·博丹等学者理论的影响，认为引渡潜逃的犯罪者符合国际社会整体利益，是国家基于"自然法"的当然义务。因

---

〔1〕 See Satyadeva Bedi, *Extradition in International Law and Practice*, Discovery Publishing House, 1991, Vol. 1, p. 7.

此在具体实践中，国家可能出于国际礼让、国家间的互惠以及条约考虑来决定是否引渡，这种"天然的义务"决定了引渡的依据并非只源于条约对缔约国的法律约束。虽然后来法国逐渐摒弃了这种"天然的义务"理论，但仍延续了条约不是引渡的必要条件的传统，并以国内立法的形式确立了引渡的依据，明确在没有条约作为法律基础的情况下，引渡可依国际礼让或者互惠而进行。

在这一时期获得独立的美国因受到三权分立思想的影响则采取了截然不同的态度，其认为条约是引渡的唯一法律依据，引渡只能在美国和与其有双边或多边引渡条约的国家之间进行，以便通过立法和司法权力限制行政权力对于引渡的擅断。19 世纪前期，美国社会对在没有条约的前提下能否开展引渡进行了激烈的争论，但是 1840 年联邦最高法院通过判决明确了"条约前置主义"，即美国不能向与其不存在条约关系的国家实行引渡。[1] 美国实行"条约前置主义"此种立场，是因为根据美国宪法，缔结国际条约虽然是由行政机关进行的，但该条约最终产生约束力还需要立法机关即国会的通过，由此可以免于行政权在引渡上的独断。同样地，国际礼让和互惠主要为外交部门职责，如果将礼让或互惠作为引渡的基础，将给予行政机关不受限制的处分个人人身自由的权力，有违权力制衡的基本立国理念。因此，美国直到今天在引渡问题上仍然遵守"条约前置主义"，使引渡决定受到监督。但值得一提的是，这种"条约前置主义"的效力仅是单向的，美国在拒绝向未与其签订引渡条约的国家实行引渡的同时，却会要求此类国家向美国进行引渡，而这显然是有违互惠原则的。

综上所述，法国大革命后直至二战结束，逐渐形成了现代意义上的引渡，其主要表现为在内容上确立了"政治犯不引渡"的原则，在形式上以国内法或国际条约为依据，并开始规范化的发展进程。

（3）二战结束后至今：人权保障的纳入。鉴于二战期间对人权的无视和蔑视导致了震撼人类良知的暴行，联合国在成立不久后的 1948

---

〔1〕　See Holmes v. Jennison, 39 U. S.（14 Pet.）540（1840）.

年发布了《世界人权宣言》，其标志着人权的价值、规范等开始全面进入国际法领域，并引起国际社会的广泛重视。

此前两个阶段，特别是引渡实践发展的前期，被请求人主要是作为引渡的客体，国家间的引渡实践缺少对被引渡者权利予以保障的意识。而随着引渡逐渐法制化与规范化，被引渡者可以依据引渡条约及相关国内法享有一定的实体或程序性权利。此后，由于人权原则在国际法和国内法中的地位不断提升，以及国际人权法的普遍和接受实施，引渡制度和实践中对于被引渡人的权利保障得到进一步强化。在此基础上，引渡实践中先后出现了关于死刑不引渡、禁止酷刑、保障公正审判权和基本诉讼权利等人权保护方面的要求，并逐渐被引渡条约和国内法所吸纳和实践。梳理人权的概念和体系，对理解人权原则逐步进入引渡的制度与实践、历史与价值具有基础性的意义。

（二）人权、国际人权法概念的发展历史

人权的本质是自由与平等，它源于人的基本尊严。人权的制度保障最早是在 1789 年法国的《人权与公民权利宣言》中得以确立的，而人权的国际保障体系则是于二战后逐步建立的，后者为人权保障提供了国际标准的监督机制。

1. 人权的概念与理念

人权是一个相对宽泛的概念。一般认为，与人权相对的概念并非是"动物权利"或"自然界的权利"等主体为"非人"的权利，人权与主体的特定身份并不相关，其概念的核心应是其基本性和应然性。人权的上述特性表明人权与其他法律权利在概念上是不同的，后者通常与主体在社会中的某一身份或角色相联系，例如，与出租人和承租人相关的权利、基于雇主与劳动者关系的权利、作为公司股东的权利、甚至作为本国公民的权利，而人权则意味着只要是"人"便享有此种权利，不需要其他身份和要求，也正因如此，人权在理论上具有天然的普遍价值。人权的概念可以理解为人之为人所享有的权利，权利主体仅依据其是"人"的这一属性即具有的权利。理论上，这一权利的存在无须以法律赋予或法律确认为前提。换言之，人权是不可被剥夺的，否则人不可能过上一种称之为"人"的生活。

应当说，人权这一概念具有的模糊性是由于其混合了法律与哲学性要素的缘故。[1] 一方面，人权源于自然法理论，其主张人权的内容是"天赋"的、先验的，作为西方启蒙运动的重要成果，人权强调了人的主体性地位和应然性。另一方面，人权的内容更直接地表现为各国国内法以及国际人权法所载的基本权利与自由，这些人权存在于实在法之中。第二次世界大战后，特别是以《世界人权宣言》的通过为标志，人权迅速得到了国际社会的认可和接纳。当下，即使对人权的具体内容、标准、优先性等问题存在一些不同看法与意见，也没有任何一个国家对人权本身的重要性有异议。

通常认为，人权包含以下两个方面的重要理念：人的尊严与自由精神。对于人权的来源问题，不同时期的学者从不同角度给出了各自的答案，国家基于政治、历史、文化等原因，对这一问题的立场也或多或少的有所差别。目前较为普遍接受的解释是，人是基于其尊严而享有人权所包含的基本权利与自由的。当然，人的尊严是一个具有价值判断的命题，与宗教、文化以及哲学有着紧密的联系。人类所有成员所固有的尊严这一理念从根本上影响甚至决定了人权的性质：首先，人的尊严意味着人与人之间的平等性，所有个人具有完全相同的价值，并不存在一个人的尊严凌驾于另一人之上。其次，所有人对其固有尊严的平等享有构成了人权具有普遍性的基础。最后，因为人权是实现人的尊严的手段，所以人权相较于其他权利具有特殊的地位，其不能因政治妥协和协商而减损，具有不可剥夺性。

尊重人的尊严就需要将人作为能够对自己负责的主体对待，使其享有自由且平等的自治权。正如《世界人权宣言》第1条所说的"人人生而自由，在尊严和权利上一律平等"，自由与平等是将人的尊严转化为具体人权标准的两项重要原则。所有人权都可以认为是有关于"自由"的权利，有的权利与自由的联系较为直接和明显，例如，宗教信仰

---

〔1〕　See Tom Zwart, "Using Local Culture to Further the Implementation of International Human Rights: The Receptor Approach", *Human Rights Quarterly*, Vol. 34 (2), 2012, p. 553.

自由、表达自由、集会自由以及免受酷刑的自由等。有的权利与自由的联系则是间接的，比如公正审判权为自由提供了有效保障，为此人们不再恐惧于当权者的压迫及其任意妄为，再如社会保障权，其目的是使人们不会因为经济原因而陷入依赖他人的有辱尊严的境地，扩大了自由的空间。[1] 同样地，平等原则也贯穿于人权的全部，每个人的自由应得到不受歧视的平等尊重。这里的平等并不是说要达到人与人之间的"完全等同"，而是指人们应当有同等的机会实现其人生规划，并且依自己的理念生活。

自由与平等实际是人之为人的权利的核心要义的自然延伸。它是人不同于动物的、自由的、有尊严的生活的保障，也是人因尊严的平等所带来的权利平等的结果。人权所包含的自由理念并非是个人主义，而是既涵盖了人们的个人生活，也包括了其社会生活，因此，人权并没有将人们分割开来而破坏人与人组成的社会共同体，或者忽视共同体的存在与意义。除生存权、发展权、环境权等集体人权外，一些人权在保障个人权利的同时也促进了共同体的形成，例如，婚姻与家庭生活权，结社自由权等。强调人权的尊重与保障，旨在对抗国家公权力行使的任意性倾向，符合现代国家治理理念所普遍接受的"法治"观念，以夯实国家存在的价值和行使国家权力的合法性基础；同时，强调人权是强调人的主体性价值，并不是强调人权的绝对性，在公共利益、公共安全以及他人的人权面前，人权也是要受到合理限制的，以促进人权的普遍实现与和谐共存。

2. 人权与国际人权法的历史发展

虽然人权所包含的基本精神及其内容在不同文化中都可以找到相似的阐述与发展，但"人权"这一概念本身源自西方文化体系。现代人权理论一般认为人权真正兴起于 18 世纪欧洲的启蒙运动。[2] 然而，在

---

[1] See Berma Klein Goldewijk, Adalid Contreras Baspineiro, and Paulo Cesar Carbonari (eds.), *Dignity and Human Rights: The Implementation of Economic, Social and Cultural Rights*, Intersentia, 2002.

[2] See, for instance, Stefan-Ludwig Hoffmann (ed.), *Human Rights in the Twentieth Century*, Cambridge, 2011, p. 4.

言必称古希腊、古罗马的欧洲思想文化看来，人权的精神与理念滥觞于古希腊、古罗马时代的思想。从总体来看，人权的思想与保障可以分为以下三个发展阶段：

（1）人权思想理念的萌芽：公元前4世纪与中世纪。人权的思想渊源可以上溯至斯多葛学派的思想。斯多葛学派承继了古希腊、古罗马自苏格拉底以来把人类认识事物的眼光从自然转向人类自身的理念和道路，其基于人所拥有的、区别于其他动物的同等理性，得出人与人之间处于平等地位的结论。这种关于人的理性与平等的观点随着文艺复兴对古希腊、古罗马思想的继承与重兴，影响了随后的启蒙运动。而斯多葛学派提出的"自然法"的理论，与后来启蒙运动中的自然权利一同构成人权思想及其道德性的重要理论渊源。

到了中世纪，随着基督教在欧洲的兴盛，基督教教义愈发影响甚至支撑了法律的理论，法律与宗教变得密不可分。这一时期，自然法的地位下降，让位于法律神学理论所提出的永恒法，即上帝理性与意志的体现，这是其统治和支配宇宙的法则。另一方面，基督教在上帝创世意义上支持了人人平等的主张，对后世人权思想具有很大的影响。

（2）人权概念的形成与反复：18世纪至二战。在14世纪~16世纪期间宗教改革及文艺复兴运动的基础上，宗教对世俗政权的控制与影响力减弱，而古希腊、古罗马的思想于同一时期在思考与检讨的基础上得以复兴。

18世纪启蒙运动前后，在自然法理论的基础上出现了自然权利理论，此为近代人权概念形成的重要开端。霍布斯、卢梭与洛克提出了著名的"社会契约论"和自然权利理论，这一系列理论对于近代人权概念产生了深刻的影响，自然权利所假设和推论出的具体权利被认为是人权的基本内容，重塑了国家权力的合法性来源，该理论成为人权的道德性、普遍性以及反抗性的理论基础。正因如此，其在18世纪末期的美国独立战争以及法国大革命中得到了实践应用。美国的《独立宣言》以人人平等与天赋人权为基本精神；法国大革命则是人类历史上一场名副其实的人权革命，1789年的《人权与公民权利宣言》以全人类的名义宣布了所有人应当享有的人权。

在国际层面，虽然自 19 世纪起一些国家开始废除奴隶制，如英国 1833 年在其全部殖民地废除了奴隶制，法国 1848 年前后也在其殖民地对奴隶制进行废除，但是这些废奴运动并非是以人人平等的人权思想为动机进行的。正如托克维尔所指出的，并非是法国大革命中的人权思想引发了废除奴隶制的运动。[1] 事实上，这一时期欧洲国家废除奴隶制是为了其"文明使命"所服务的，打着将非洲当地人民从封建统治中解放出来的人道干涉旗帜，成为后来欧洲国家争夺、扩大殖民地的借口。此外，19 世纪的欧洲国家将世界各国区分为了"文明"国家与"非文明"国家——前者主要是以欧洲国家为主的基督教国家，而后者是欧洲之外的非基督教信仰国家。在此基础上，该时期的理论认为文明国家的人民所享有的权利，并不能为非文明国家所同样享有。举例来说，这一时期欧洲国家间以降低残忍程度为目的开始对战争和冲突进行一定的限制，然而这些限制仅适用于文明国家间的战争，其在镇压各自殖民地的抵抗运动时依然是血腥和残暴的，甚至具有某些种族灭绝的特征。

随后 20 世纪的两次世界大战更是严重践踏了人权。虽然现代意义上的民族国家的概念在此之前早已产生，但在第一次世界大战期间一些民族表现出了特别强烈的独立愿望。他们希望成为独立的民族国家，而不是某个强大帝国的组成部分。应当说，第一次世界大战为这些民族实现建立民族国家的梦想提供了契机，一战导致了奥匈帝国、奥斯曼帝国、沙皇俄国三个大帝国的垮台，战后的中欧及东欧纷纷出现了许多新独立的民族国家。然而，伴随民族国家诞生的是国内少数民族以及难民权利的保护问题，如马克·马佐尔所说的那样，"《凡尔赛和约》给予了六百万人民自己的国家，却同时使得另外两千五百万人民成为少数族裔"[2]。在此背景下，这一时期种族主义开始蔓延，并演化成为民族冲

---

〔1〕 See Alex de Tocqueville, "The Emancipation of Slaves (1843)", in Tocqueville, *Writings on Empire and Slavery*, ed. and trans. Jennifer Pitts, 2001, 199~226, p. 209.

〔2〕 Mark Mazower, *Dark Continent: Europe's Twentieth Century*, Penguin, 1999, p. 42.

突、排外主义甚至种族清洗、种族屠杀的根源。

（3）现代人权的发展：国际人权法在战后的产生。两次世界大战给人类所带来的灾难，使人们认识到对人权的无视与蔑视是导致人类暴行的根本原因之一。随着联合国的建立，以《世界人权宣言》的通过为标志，人权得到了广泛的认可与发展，和平、发展与人权逐渐成为联合国事务的三大支柱。这一时期人权的发展有以下两方面的特点：其一，人权的道德性重新得到了强调。二战后，人们从纳粹残忍的法律中认识到，法律也可以被用来推行专制与暴行，因此，法律所应当含有的价值成分又重新得到人们的重视，引发了自然法学的复兴。其二，人权得以法律的形式进行保障。自然权利与自然法理论中对"自然状态"的假设以及对自然权利应当包含内容的推定使人权仅具有道德上的说服力，因而难以真正落实。这一时期，在对人权的道德性予以重视的同时，国家层面以宪法或法律的形式对人权或人权所包含的内容予以确认，国际层面以联合国为核心，通过了一系列具有法律约束力的人权条约，并配套以相应的实施监督机制。

在国内层面，国家作为人权保障义务的直接主体，无论是根据国内法还是国际法都有义务采取一切措施来提升人权状况，保障人权的普遍享有。与国家的立法权、行政权和司法权相对应，人权的国内保障体系也主要是从这三个层面来构建的。在立法层面，各国主要通过两种方式来确认对于人权的保障：一种方式是在宪法文本中明确规定公民享有的权利与自由，例如，美国宪法第一修正案，以及部分国家在宪法中概括性和原则性地对人权保障予以确认。我国《宪法》目前既对人权保障予以概括性的确认，也在《宪法》文本中规定了公民的权利与自由。另一种方式是制定专门的人权法，采用这种方式的典型是英国，其于1998年通过的《人权法案》直接将《欧洲人权公约》纳入，解决了国际人权条约需要转化为国内法才能发生效力的问题。当然，如果一国国内没有专门人权法，甚至宪法中也没有明确规定保障人权的原则与理念，并不代表该国人民的人权没有法律上的保障。从宽泛的意义上讲，包括刑法、刑事诉讼法、行政法在内的许多与个人权利与自由相关的法律，都可以为人权提供立法保障。在行政层面，《维也纳宣言和行动纲领》倡导各国制定国家行动计划，明确本国为促进和保护人权所应采取的步骤。对此，各国纷纷制定专门的人权行动计划，从而促进国家通过一切适当的方式，号召社会各界广泛参与来实现对于人权的保障和人权状况的提高，从而有步骤地促进本国人权事业的发展。在司法层面，司法是维护社会公平正义的最后一道防线，受到侵害的人权需要通过司法机关予以救济，涉及人权的法律需要司法机关予以解释与适用。提高人权的司法保障也是近年来各国人权保障最重要的一个方面。作为国内法的组成部分，引渡（国内）制度或与一国刑法重合或归于国际司法合作制度，也从不同程度上受到了国内人权保障体系和原则的深刻影响。

在国际层面，人权思想和保障在这一阶段最大的突破就是国际人权法的产生。基于对于人权与和平的思考，人权作为世界和平基石的重要地位被确立下来。这是人类在经历了惨绝人寰的二战以后最重要的反思成果，它直接促进了国际人权法的产生及其法律体系的建立。国际人权法的形成意味着国际社会对于人权保障的价值形成了普遍认可，并就建立国际标准和机制来尊重和保障人权达成了共识。

### 3. 国际人权法的概念及体系

国际人权法是对人权进行国际保护的法律制度的总称。它既包括《联合国宪章》《世界人权宣言》《公民权利和政治权利国际公约》等一系列人权公约，也包括监督这些人权公约的实施机制。国际人权法的产生和发展旨在敦促各国在国际层面作出尊重保护人权的承诺，并接受国际层面的监督，从而促进人权状况的提高。国际人权法主要包括人权公约在内的"实体法"，也包括监督公约实施的"程序法"。从广义上讲，国际人权法既包括国际层面的人权公约和实施机制，也包括区域层面的人权公约及实施机制。区域人权法，主要包括以欧洲、美洲和非洲区域组织为依托，以其组织宪章以及区域人权公约为依据而建立起来一整套区域性的人权标准及其实施机制。鉴于国际和区域的人权监督机制及其实施方法具有一定的相似性，例如，公民、政治权利与经济、社会和文化权利多是分而治之的状态，并采取了大致相同的国家报告制度、个人

（或集体）来文机制、国家间来文机制来监督成员国保障人权的情况，从而引导和敦促国家更好地履行国际人权义务；而联合国人权机构覆盖的成员国范围最广泛、监督体系更加完整，也是最重要的国际人权保障机制，因此，特以该机制为例来分析国际人权法的实施机制，权作管中窥豹，为国际人权法规制国家引渡实践的研究提供分析框架。

应当说，现阶段国际层面的人权规范体系框架已经基本建立，重点是如何监督和敦促各国尊重、保护与实现人权的问题。纵观国际人权法，其主要是由联合国核心人权公约以及其他人权公约组成的。其中联合国的人权公约包括，《消除一切形式种族歧视国际公约》《经济、社会、文化权利国际公约》《公民权利和政治权利国际公约》《消除对妇女一切形式歧视公约》《禁止酷刑和其他残忍、不人道或有辱人格的待遇或处罚公约》（以下简称《禁止酷刑公约》）《儿童权利公约》《保护所有移徙工人及其家庭成员权利国际公约》《残疾人权利公约》《保护所有人免遭强迫失踪国际公约》等。其他人权公约则包括：《关于难民地位的议定书》《禁止并惩治种族隔离罪行国际公约》《男女工人同工同酬公约》《防止及惩治灭绝种族罪公约》《关于难民地位的公约》等。其中部分人权公约中规定的生命权、禁止酷刑的权利、公正审判权、法律面前一律平等的权利、获得法律救济的权利等对引渡产生着重要的影响，而负责监督上述人权义务的国际人权机构对于引渡中的人权也负有保障义务。

在联合国层面，人权机制主要可以分为"宪章机制"和"条约机制"两大部分。这两部分都承担着监督引渡中的人权保障的职能。

第一，宪章机制。宪章机制主要指的是以《联合国宪章》为基础、以联合国负有人权职责的机构为依托建立起来的人权保障机制。[1] 宪章机制下的人权保障任务主要是由人权理事会来负责实施的。人权理事会由联合国大会于2006年通过第60/251号决议创立，在取代了其前身人权委员会的同时，也接管了前人权委员会的部分任务、机制、职能和

--------

〔1〕　孙萌："论联合国人权机制的整合"，载《世界经济与政治》2017年第7期。

职责。人权理事会是联合国负责处理人权事务的主要政府间机构[1]，由 47 个成员国组成，其主要职能包括监督国家尊重和保障的人权的状况，应对系统性的严重侵犯人权问题，以及在联合国系统内促进人权事务的有效协调和将人权问题主流化。人权理事会每年至少举行 3 次届会，每次届会会期 10 周，集中对于人权问题进行探讨。

人权理事会框架下主要包括如下三种具体的人权监督机制，它们分别是普遍定期审议机制、特别程序和申诉程序。普遍定期审议机制，是根据联合国大会第 60/251 号决议新成立的人权机制，主要是通过全面定期（四年半的时间）审议 193 个联合国成员国履行人权义务和承诺的情况并提出建议来推动人权的发展。普遍定期审议机制建立在对所有国家一视同仁的基础之上，所有国家都可以借此机会表明其为改善国内人权状况遇到的挑战和作出的努力，也有权利对于其他国家的人权问题进行建议和监督。普遍定期审议机制对每个国家的审议由理事会的 47 个成员组成的工作组负责完成。在审议期间，任何联合国成员国都可向受审议国家提问、发表评论或建议，工作组根据《联合国宪章》《世界人权宣言》以及该国已批准的国际人权条约、该国自愿作出的保证和承诺（例如国家人权政策以及所适用的国际人道法），对于受审议国家所提供国家报告、联合国关于该国的信息汇编（包括条约机构、特别程序专家的报告等）以及非政府组织和国家人权机构等其他利益攸关方提供的信息进行审议，并结合参会国家的意见通过关于一国的审议结果文件。普遍定期审议机制，同样会涉及由于引渡或遣返问题所导致的人权侵害问题，并通过国际对话以及写入审议工作报告等形式来对有关国家施加影响、促进问题的改善。例如，在对加拿大的普遍定期审议中，部分国家就对该国在驱逐难民时存在歧视的问题提出了建议，但是并未得到加拿大的承认和认可。

特别程序是人权理事会从其前身人权委员会"继承"而来的人权

---

[1] 由于和平、发展与人权是联合国的三大支柱，因此有不少观点认为人权理事会具有或至少应当具有与安理会、经社理事会同等的重要性。但是从机构设置来看，人权理事会只是联大的附属机构，在地位上低于安理会和经社理事会。

专家机制，任务类型分为"专题任务"和"国家任务"（或称"国别任务"），前者以某一具体人权议题为任务进行研究，例如赤贫问题特别报告员、食物权特别报告员等，不局限于某一特定国家；而后者则以某一国家全面的人权问题为研究对象。目前，共有 45 个"专题任务"和 14 个"国家任务"。[1] 特别程序机制主要的工作包括：接受和分析有关人权信息，发现侵犯人权的问题并与有关当事国进行沟通；就人权理事会关注的人权议题进行调查并在理事会届会期间进行报告；国别访问，向某国政府发函请求访问，获得同意后通过实地考察以及会见政府工作人员、非政府组织、受害者、当地联合国机构人员，评估人权在具体制度、法律、司法、行政方面的情况，以及该国事实上的人权状况；向人权理事会提交任务报告，汇报其调查结果和建议等。在特别程序中，酷刑和其他残忍、不人道或有辱人格的待遇或处罚特别报告员、移民人权特别报告员、歧视妇女和女童问题特别报告员等会处理与引渡、驱逐相关的人权问题。

　　第二，条约机制。条约机制是以核心国际人权公约为基础、以其条约机构为依托建立起来的人权监督机制。条约机制旨在通过条约机构及其监督机制促进国际人权公约在国际和国内层面的实施。将宪章机制与条约机制进行比较可以发现，前者主要是由政府代表通过政治方法进行监督，并将人权事务转换成为公开讨论的国际议题，从而推动《联合国宪章》《世界人权宣言》中的人权原则及相关国际人权公约在各国的实施[2]；而后者则更倾向于由独立工作的专家通过法律方法进行监督，为国际人权法在国际和国内层面的实施提供专业性的、准司法性的保障和救济。条约机制主要包括国家报告机制、国家来文和个人来文机制以及调查机制。

　　其中，国家报告机制是一个周期性的监督机制，条约机构专家组成的工作组通过定期审理国家的履约报告，并提出国别结论性意见，以促

---

〔1〕　See https：//www.ohchr.org/en/special-procedures-human-rights-council，最后访问日期：2023 年 7 月 20 日。

〔2〕　徐显明主编：《国际人权法》，法律出版社 2004 年版，第 112 页。

进缔约国保障人权的状况。在这一机制中，也会涉及国家引渡中侵犯人权的案件问题，例如，摩纳哥根据《禁止酷刑公约》第19条提交第四次和第五次定期报告时，缔约国援引了这方面可适用的程序，认为"这一救济途径适当修正可以适用于引渡决定，正如缔约国所说的只要实际具有中止效果的救济就是有效的救济"。[1]

个人来文是条约机构监督国家引渡行为是否侵犯人权问题的最重要的途径，该监督机制不仅为国际人权法的适用提供了新的理论与实践，并从某种程度上影响了引渡制度乃至国际法的发展。本书中关于国际和区域人权机构对于引渡案件的审查都是通过个人来文机制完成的，并在后续章节中会进行详细探讨。此外，国家间控诉和调查机制尽管也是非常重要的人权机制，但是在实践中较少援用，在引渡领域缺乏相应实践。

## 二、人权、国际人权法纳入引渡的过程和路径

如果说人权思想在引渡制度中的确立之初就改变了政治犯被引渡的命运，那么国际人权法被纳入引渡制度则为保障所有被引渡人的人权提供了制度性的保障。

### (一) 人权在引渡中的兴起和发展

对引渡和人权发展历史的回顾可以看出，启蒙运动及法国大革命使人与国家的关系产生了新的观点与实践，可以说在此基础上，近代形成的引渡制度与人权理念产生了交集。法国大革命及其后一段时间，人权成为推翻君主专制、争取民主自由的旗帜，而"政治犯不引渡"原则的逐步确立则为对抗本国专制、争取人权的人们提供了庇护。此后19世纪的欧洲处于争取民主、建立民族国家的动乱之中，那些试图使用暴力手段推翻专制政权的人往往被其他国家当作爱国和民主人士看待。在这一时期的背景下，"政治犯不引渡"作为引渡的排除情形，其目的正是为了保护争取民主自由的人士。因此，人权理念在引渡中的兴起逐步改变了引渡制度作为一种政治交易工具的本质。在人权思想的影响下，

---

[1] S. A. C v. Morocco, Communication No. 346/2008, CAT/C/49/D/346/2008, para 7. 2.

引渡从对政治犯的惩罚逐步发展到对于争取民主自由人士的保护，可以说，人权与引渡的第一次碰撞就擦出了久久不息的火花。

应当说，"政治犯不引渡原则"的历史意义不仅在于其本身对于民主与自由的肯定和支持，更在于这一原则彻底颠覆了法国大革命前引渡实为政治交易工具的本色，使其逐渐转变为主要依托被请求国司法机关进行裁判的法律问题，并随之带来了与人权的司法保障相关的一系列引渡制度的变迁。回顾历史，尽管国内的人权保障制度和实践的发展也对引渡制度发生了潜移默化的影响，但是正是国际人权法的建立和普遍实施才促进了引渡对于人权的尊重和保障。

（二）国际人权法影响引渡的路径

回顾引渡的发展过程，其与人权交集的两个重要历史节点对引渡原则产生了革命性的影响。第一是法国大革命后，人权理念作为推翻君主专制、争取民主自由的思想旗帜在引渡中的兴起，促进了"政治犯不引渡"原则的确立，改变了引渡制度作为一种政治交易工具的本质，促进引渡制度的现代化转向，使引渡从政治问题转变为可裁判的法律问题。[1] 第二是国际人权法的建立和普遍实施对于引渡产生的制度性、实践性和理念性的变革。回顾历史，尽管国内人权保障制度和实践的发展也对引渡原则产生了潜移默化的影响，但正是国际人权法的产生改变了国际法的整体风貌，其通过将部分人权义务纳入引渡条约及国内法中，以及在引渡案件中的适用，提升了国家在引渡中对于人权的尊重和保障，并对引渡原则发挥了重要的"塑形"作用。

1. 国际人权法纳入引渡条约和国内法

现代引渡制度的一个基本特征是将被引渡者作为权利主体对待，人权保护条款越来越受到重视，相关规定也变得更为细致和具体。[2] 其中最显著的变化就是，国际人权法所规定的部分人权义务在引渡条约和国内法中得到普遍承认和落实。

第一，国际人权法中的人权义务写入引渡条约和国内法，成为被请

---

〔1〕 刘亚军：《引渡新论——以国际法为视角》，吉林人民出版社 2004 年版，第 2~3 页。

〔2〕 参见黄风：《引渡问题研究》，中国政法大学出版社 2006 年版，第 18 页、第 68 页。

求国拒绝或者限制引渡的理由。这些人权义务包括普遍接受的基本人权原则以及与引渡具有紧密联系的人权标准。例如，联合国 1990 年《引渡示范条约》在第 3、4 条关于拒绝引渡的理由中，涵盖了若干人权保障条款，其中禁止歧视原则规定如下，"被请求国有充分理由确信，提出引渡请求是为了某人的种族、宗教、国籍、族裔本源、政治见解、性别或身份等原因而欲对其进行起诉或惩处，或确信该人的地位会因其中任一原因而受到损害"。该原则还出现在 1957 年《欧洲引渡公约》、1985 年《美英补充引渡协定》《美洲国家间引渡条约》以及 1990 年《英联邦引渡刑事逃犯规划》等条约中。又如，对于生命权的尊重和保障推动了废除死刑浪潮，由此，20 世纪 50 年代前后，一些国家的双边引渡条约中逐步纳入了死刑不引渡的规定，1957 年的《欧洲引渡公约》第 11 条也对死刑不引渡进行了相应规定[1]。此外，受国际人权公约以及引渡条约的影响，国内引渡立法也增加了相应的人权保障条款。一些国家的引渡法律规定，当被引渡者的人权在请求国面临侵犯风险时，应拒绝引渡请求。例如 1981 年《瑞士联邦国际刑事协助法》规定了死刑不引渡以及禁止酷刑原则；1985 年《西班牙被动引渡法》包含了死刑不引渡、禁止酷刑原则、禁止歧视原则的规定；我国《引渡法》第 8 条第 4 款在充分考虑到国际人权条约中有关平等和不歧视的原则的基础上，通过拒绝引渡而防止被请求引渡人可能因其种族、宗教、国籍、性别、政治见解或者身份等原因而在刑罚和司法程序中受到不公正待遇；2003 年英国《引渡法》第 81 条也明确规定若被请求人单纯因性别、性取向、宗教种族、国籍等因素而在引渡过程中或审判中遭受上述歧视或伤害，可终止引渡程序；奥地利、德国等国家的引渡立法中，也包含了欧洲人权公约中的程序性保障的内容。[2]

　　第二，国际人权法纳入国内法，促进了国内的司法制度改革，为引

---

〔1〕 Article 11 of the European Convention on Extradition, *Paris*, 13. XII. 1957, retrieved 4 February 2023, from https：//rm. coe. int/1680064587.

〔2〕 See Charles Colquhoun, "Human Rights and Extradition Law in Australia", *Australian Journal of Human Rights*, Vol. 6（2）, 2000.

渡原则的贯彻和孕育新规则提供了良好的法治环境，同时也为引渡程序的公正性和被请求人获得一定标准的人权待遇提供了实体性和程序性的保障。各国对于引渡问题的处理，有的可以援引引渡的特别法，有的可以援引普通刑法等，这些国内法均涉及被剥夺自由的个人的羁押待遇、获得公正审判等人权问题。而《公民权利和政治权利国际公约》《欧洲人权公约》《美洲人权公约》关于生命权、人身自由权、公正审判权、免受酷刑的权利以及获得法律救济的权利在各国国内法中的落实，不仅提高了一国刑事司法水平，切实推进了引渡在司法程序中的人权标准，而且也为死刑不引渡、酷刑不引渡等引渡原则的普遍承认和实施提供了法律根据和实践基础。因此，国际人权法进入引渡条约和国内引渡制度，不仅为被请求人提供了立法上层面上的保护，还提供了司法层面上的救济和保障。

相较于一国的国内法对于引渡原则的有限影响，将国际人权法直接纳入引渡制度与实践大大拓展了人权原则对于引渡的影响途径、范围和力度。前者是通过双边关系传导和扩散人权保障的精神和规则，而后者则是通过国家各自的人权义务来实现对于人权的普遍性保障，这无疑强化了各国在引渡中保障人权的信念和规范。

2. 国际人权法适用于引渡案件

国际人权法适用于引渡案件主要是指有关机关援引国际人权标准对引渡案件的审查，旨在评估被请求国的引渡行为是否符合其承担的国际人权义务。这样的适用可能会阻止被请求国进行引渡，也可能在得到请求国消除人权风险的外交保证后继续引渡。

实践中，国际人权法在引渡案件中的适用主要分为在国内层面的适用、国际和区域层面的适用。前者主要发生于国际人权法在国内具有直接效力的国家，即国际人权法可以作为国内引渡案件中的法律依据直接予以适用，例如荷兰的国内法庭就可以直接援引国际法进行裁判。在著名的"荷兰诉肖特案"（Netherlands v. Short）[1] 中，被引渡人是美国派往北约在荷兰执行任务的士兵，根据 1951 年荷兰和美国签署的《北约部队地位协定》，他被要求引渡。由于美国当局拒绝作出不判处或不执行死刑的任何保证，荷兰法院认为，由于荷兰批准了旨在废除死刑的《欧洲人权公约第六议定书》，因此裁判荷兰有关部门不得引渡，否则违反《欧洲人权公约》第 2 条及其第 6 号议定书关于保障生命权、废除死刑的义务。但是这样的实践在世界范围内来说相对较少，对于多数国家而言，国际人权法一般是被纳入或者转化为国内法后再适用于引渡等案件之中。因此，国际人权法在引渡中的适用更多是指国际和区域人权机构对于成员国在引渡过程中履行人权义务的监督。从广义上讲，它应该包括国际和区域人权机构中所有拥有职权的机构根据际人权标准对于引渡案件的审查；从狭义上讲，它主要是指联合国条约机构以及区域人权法院对于引渡案件的审查。

在国际和国内层面，将国际人权法适用于引渡案件的目的就在于审查被请求国的引渡行为有否违背其所承担的国际人权义务，并作出相应的裁判。在此背景下国际人权法的适用主要着重两方面的审查：其一，被请求国在处理引渡请求过程中是否遵循相应的人权义务。其二，被请求国关于被请求人引渡的决定是否符合其人权义务。这两个审查虽然都是针对被请求国的，但是前者是对引渡前被请求人在被请求国的待遇问题的人权审查；后者是实质针对引渡后的、在请求国可能的人权待遇的审查。对于前者，国家因批准和加入了相关国际人权条约，而承担在其领土和管辖范围内尊重和保障人权的国际义务，对此，被引渡人因处于被请求国实际管辖下，应当享有相应的人权保障，包括人身自由权、公正审判权以及获得有效救济的权利等。但是对于后者，则意味着被请求国对于被请求人在引渡后的人权待遇具有预见性的义务，从而确保被引渡人不因该国的引渡行为而面临人权风险。

---

[1] See Leonard H. W. Van Sandick, "The Netherlands: Opinion of the Advocaat-Generaal and Supreme Court Decision in the Netherlands v. Short", *International Legal Materials*, Vol. 29 (6), 1990, pp. 1375~1389.

在国际人权法适用于引渡的大量实践中，很多案例都是涉及对于被请求国的引渡决定是否使被引渡人遭受人权风险进而违反国际人权义务的审理。针对这种国际人权法的"域外"适用问题，欧洲人权法院早在"索林诉英国案"（Soering v. the United Kingdom）[1] 中就给出了肯定性的答案。该案的重要意义不仅在于确立了被请求国应确保被请求人不应因为引渡而面临酷刑等人权风险的义务，从而限制了国家的引渡利益；而且确立了人权义务在引渡案中法律地位，明示了人权保障的价值在引渡中的重要性，并对部分引渡原则产生了实质性的影响和深刻变革。

在国际人权法影响引渡制度的过程中，无论是引渡条约和国内法中纳入人权保障条款作为引渡的阻却理由的"立法"实践，还是国际和国内有关机关审查被请求人人权待遇的"司法"实践，都意在主张引渡被请求人的人权得到应有的尊重和保障。国际人权法在国际和国内层面的适用，互为补充、互相促进，不仅直接赋予了被请求人某些人权保障，而且从某种程度上改变着引渡的价值取向，促进了被请求国引渡义务与人权义务的平衡。纵观国际人权法对于引渡的影响，已经超越了国内引渡制度、国际人权法的范畴，而对于国际层面的引渡原则也产生了深远的影响，并形成了新的引渡原则，指导引渡义务的履行。

## 第二节 人权、国际人权法对于引渡原则和理念的影响

以国际人权法的实施为主导的人权保障条款在引渡制度中被尊重和适用，不仅直接赋予了被请求人某些人权保障，而且还从总体上改变着引渡的价值取向，它不仅凸显了被请求人在引渡中的一定地位，而且还促进着引渡义务与人权义务的平衡。在国际人权法的影响下，引渡制度中的基本原则展现出更多的对人的尊重和人道主义的内涵。

### 一、人权、国际人权法对于引渡原则的影响

国际人权法被纳入引渡条约和国内法并适用于引渡案件，不仅强化

---

[1] Soering v. the United Kingdom, ECHR, Application No. 14038/88.

了政治犯不引渡原则、罪行特定原则、双重犯罪原则与禁止双重危险原则等原有的引渡原则对于人权的尊重和保障，而且还直接产生了以保障被引渡人的人权为导向的引渡原则——禁止歧视原则、死刑不引渡原则和酷刑不引渡原则。

（一）国际人权法对于已有引渡原则的影响

在王铁崖先生编纂的《国际法》中，引渡原则包括政治犯不引渡原则、本国人不引渡原则、罪行特定原则以及双重犯罪原则等。[1] 这些原则调整的是国家间的利益和引渡秩序，本身也具有一定的人权意蕴，但在国际人权法的纳入和实施过程中其对于人权的尊重和保障得到了进一步的强化。

1. 政治犯不引渡原则与罪行特定原则

政治犯不引渡原则主要是指当被请求国根据其本国法认为引渡请求所针对的犯罪行为属于政治性罪行时，应当拒绝请求国的引渡请求。而对于罪行特定原则，国际刑法学界一般认为其是与政治犯不引渡原则相关联而逐渐形成的。该原则要求请求国对被引渡者所进行的追诉或惩罚必须与引渡请求所指明的犯罪相一致。因为如果不能对当事人在被引渡后以何种罪行接受追诉或惩罚进行限制的话，有可能导致政治犯不引渡原则的名存实亡。[2]

（1）政治犯不引渡原则。尽管政治犯不引渡原则是在 18 世纪争取人权、民主和自由的历史背景下产生的，但是作为引渡制度的一般性原则，各国对于该原则的接受和执行在很长一段时间内并非侧重于对被引渡人的人权保障，而是融合了尊重他国人民追求自由和民主的价值以及维护国家利益的深刻内涵和要求。由于不同国家之间在政治制度、意识形态上的差别，一国所认定的威胁本国政权与安全等与政治问题相关的犯罪，在另一国却不一定被认为是犯罪行为，甚至可能被认为是反抗压迫和暴政的正义之举。因此，为了协调国家间在此问题上的分歧，政治犯不引渡原则的产生和适用不仅使被请求国能够坚持本国一贯的政治主

----

〔1〕　王铁崖主编：《国际法》，法律出版社 2004 年版，第 135 页。
〔2〕　彭峰：《引渡原则研究》，知识产权出版社 2008 年版，第 77 页。

张并具有合法理由给予被引渡人以庇护，而且还能使其自身避免卷入请求国内部的政治斗争，因此该原则被国际社会广泛接受。

尽管在现实中，政治犯不引渡原则的实施不可避免地掺杂着政治考量，甚至可能成为干涉他国内政的工具并引发政治分歧，但是不可否认的是该原则是在追求人权的精神滋养下产生的，并在今天仍旧发挥着保障人权的作用。政治犯不引渡原则所蕴含的人权价值在《世界人权宣言》的第14条中得到了明确的认可和发展，该条规定，"（一）人人有权在其他国家寻求和享受庇护以避免迫害。（二）在真正由于非政治性的罪行或违背联合国的宗旨和原则的行为而被起诉的情况下，不得援用此种权利。"具体来说，政治犯不引渡原则的人权价值体现在两个方面：一方面，该原则确认了反抗压迫、争取自由的人民自决权的正当性、合法性；另一方面，该原则发挥着保障被引渡人人权的实际意义。拒绝引渡政治犯罪当事人可以避免被引渡者面临"胜利者正义"的审判，保护个人的公正审判权以及得到法律平等保障的权利。

正是基于上述国家利益和保障人权的价值考虑，各国在双边、多边引渡条约和国内法中均规定了政治犯不引渡原则，即如果被请求国认为作为请求引渡原因的犯罪行为属政治罪行时，不得准予引渡。在引渡条约和国内法中，政治犯罪通常可以表述为"政治犯罪"[1]"与政治犯罪相关的犯罪"[2]"具有政治特点的犯罪"[3]以及"政治性质

---

〔1〕　例如美国与英国2003年引渡条约第4条1款的规定。Article 4（1）of the Extradition Treaty Between the United States of America and the United Kingdom of Great Britain and Northern Ireland, retrieved 4 February 2023, https：//www. congress. gov/treaty－document/108th－congress/23/document－text.

〔2〕　例如德国1994年《刑事案件国际司法协助法》第6条的规定。Section 6（1）of Act on International Mutual Assistance in Criminal Matters, retrieved 4 February 2023, https：//www. gesetze－im－internet. de/englisch_ irg/index. html.

〔3〕　例如加拿大1999年《引渡法》第46（1）（c）的规定。Article 46（1）（c）of the Extradition Act 1999, S. C. 1999, c. 18, retrieved 4 February 2023, https：//laws－lois. justice. gc. ca/eng/acts/e－23. 01/.

的犯罪"[1] 等。其中部分规定还特别强调此种犯罪行为的政治性应当是由被请求国来认定的，从而给予被请求国更多的裁量权。例如联合国《引渡示范条约》《欧洲引渡公约》及瑞士《国际刑事案件司法互助联邦法》等。

近年来，为了保障国际社会的整体安全、各国人民的集体性人权，维护国际和平与安全、各国人民的自决权以及人类环境和基本秩序，国际社会在引渡中逐步缩小了政治犯不引渡原则的适用，将种族灭绝罪、危害人类罪、战争罪、侵略罪等严重的国际罪行以及恐怖主义犯罪、腐败犯罪等排除在政治犯罪之外。其主要目的是避免使政治犯不引渡成为犯罪分子逃避法律制裁的护身符，强化对于上述罪行的国际刑事司法合作，各国通过达成对打击恐怖主义、严重国际犯罪以及腐败犯罪的共识，有效发挥刑事司法的威慑作用，旨在保障人类整体和每个个体的安全和人权，保障民众的包括公民、政治、经济、社会、文化和发展权利在内的多项人权。总之，政治犯不引渡的产生植根于对人权的追求，而此后的发展更是受到了国际人权法所产生的持续的、深刻的影响。

（2）罪行特定原则。罪行特定原则主要是针对请求国的引渡规则，实质上是对请求国引渡行为的限制，是请求国和被请求国双方在引渡合作中建立互信的制度安排之一。该原则对于保证当事人被引渡后不受政治迫害有着重要的意义。

该原则主要从三方面对请求国在引渡被请求人后的行为进行限制：其一，对于刑事追诉或惩罚的限制，即请求国不得就引渡请求所述之外的犯罪对被引渡者进行追诉或处罚。当然，这里所针对的其他犯罪指的是引渡之前实施而未在引渡请求中列明的，引渡之后当事人新的犯罪行为不受本原则约束。如中国与俄罗斯1995年签订的引渡条约第15条规定，"未经被请求的缔约一方同意，请求的缔约一方不得对已经移交的

---

[1] 例如联合国《引渡示范条约》第3条（a）款的规定。Article 3（a）of the Model Treaty on Extradition，A/RES/45/116（1990），retrieved 4 February 2023，https：//www.unodc. org/pdf/model_ treaty_ extradition. pdf.

被引渡人在引渡前所犯的非准予引渡的罪行追究刑事责任或者执行刑罚"。[1] 其二，对于刑事强制措施的限制，请求国不得以引渡请求所载之外的犯罪为由限制被引渡者的人身自由。这一点主要是为了防止引渡被滥用，更加明显地体现了该原则对人权的保障作用。例如，1975 年签订的澳大利亚与奥地利的引渡条约第 10 条 1 款（a）项也规定了类似内容。[2] 其三，禁止再引渡，即请求国不得在接受被引渡人后再将其引渡给第三国。

罪行特定原则既是出于尊重被请求国主权的考虑，也是对被引渡者人权的保障。正如上文所述，引渡是建立在双方互信基础上的国际刑事司法合作。如果请求国以某罪向另一国提出引渡请求，而在引渡完成后却以他罪审判或处罚当事人，这种情况就构成了对被请求国引渡程序的滥用，破坏了国家之间合作的信义，是对他国主权的不尊重。同时，罪行特定原则也被认为是保障被引渡者人权必不可少的原则之一。[3] 首先，从该原则的产生来看，其在一定程度上是作为政治犯不引渡原则的"防线"而发挥作用的，该原则防止请求国滥用引渡达到对当事人进行政治迫害的目的，保护了被引渡者的公正审判权。其次，请求国不仅不能对引渡请求以外的政治犯罪进行追诉或惩罚，对其他任何普通犯罪同样不可追究其刑事责任，确保了被引渡者能够合理预见自己将要面临的指控。最后，罪行特定原则限制的不仅是请求国对当事人的追诉或处罚，还限制其对当事人基于引渡请求以外的犯罪行为采取人身强制措施。如果说禁止以他罪对被引渡者审判和处罚主要是为了维护被请求国的主权尊严，那么将禁止的范围扩大到对当事人的羁押，则更多考虑的是对个人人身自由与安全的保障，防止请求国不断罗织罪名以刑事调查

---

〔1〕 外交部官网，条约数据库：http://treaty.mfa.gov.cn/web/detail/jsp? objid = 1531876736438，最后访问日期：2023 年 7 月 20 日。

〔2〕 Article 10（1）（a）of Treaty between Australia and the Republic of Austria concerning Extradition, retrieved 4 February 2023, from http://www.austlii.edu.au/au/other/dfat/treaties/ATS/1975/16.html.

〔3〕 See Sibylle Kapferer, *The Interface between Extradition and Asylum*, United Nations High Commissioner for Refugees, PPLA/2003/05（2003）, para. 68.

为由持续限制被引渡者的自由。因此，罪行特定原则不仅是对被引渡人的公正审判权的保障，还是对其人身自由权与安全权的尊重。

2. 双重犯罪原则与禁止双重危险原则

（1）双重犯罪原则。《奥本海国际法》将双重犯罪原则的含义界定为，"一个人的行为按照请求国的法律是犯罪，且依照被请求国的法律也是犯罪时，才能准予引渡"。[1] 尽管双重犯罪原则的提出从本质上是对国家主权原则的尊重，从某种程度上反映了引渡双方国家共同打击犯罪行为的希望，但是该原则也体现了对于罪刑法定原则的遵循。

双重犯罪原则最早是在英国1870年的引渡法案中确立的，此后许多国家采取了相同的立法规范。[2] 鉴于双重犯罪原则在尊重和维护引渡双方国家的法律秩序方面的重要意义，该原则在引渡制度中始终具有特别地位，几乎所有的引渡条约以及国内相关法律均载有该基本原则，并默认该原则是引渡的前提条件，[3] 即使在条约未予规定的情况下仍然需要满足双重犯罪这一要求。例如，美国与加拿大引渡条约第2条规定请求引渡的罪行"在两国法律下都是可处罚的犯罪行为"。[4] 1990年联合国《引渡示范条约》在第2条"可予引渡之犯罪行为"中规定，"可予引渡之犯罪行为系指按照缔约国双方法律可予监禁或以其他方式剥夺其自由不少于〔一/二〕年、或应受到更为严厉惩罚的任何犯罪行为"。[5] 再如，1999年加拿大《引渡法》第3条（1）款（b）项，要求被引渡者的行为若发生在加拿大，能够构成可予处罚的犯罪行为。[6]

---

〔1〕〔英〕詹宁斯·瓦茨:《奥本海国际法》，王铁崖等译，中国大百科全书出版社1998年版，第342页。

〔2〕See Ivan Anthony Shearer, *Extradition in International Law*, Manchester University Press, 1971, p. 137.

〔3〕See Geoff Gilbert, *Aspects of Extradition Law*（*International studies in human rights*, 17）, Nijhoff, 1991, p. 104.

〔4〕Article 2（1）of the Treaty on Extradition Between the Government of Canada and the Government of the United States of America, retrieved 4 February 2023, from https：//www. treaty - accord. gc. ca/text-texte. aspx？id＝101323.

〔5〕Model Treaty on Extradition, A/RES/45/116（1990）.

〔6〕Article 3（1）（b）of the Extradition Act 1999, S. C. 1999, c. 18, retrieved 4 February 2023, https：//laws-lois. justice. gc. ca/eng/acts/E-23. 01/.

尽管双重犯罪原则在调整国家间引渡关系方面发挥着重要的作用，但是仅仅从维护国家利益方面去解读该原则还是不够全面的，因为如果将引渡看作是国家间合作的工具的话，双重犯罪原则的实际意义发挥着阻碍引渡的作用，并会降低两国之间合作打击犯罪的效率。该原则之所以能够在强化国际司法合作的大趋势下始终得以贯彻，还在于其具有如下两个重要的价值和依据：一方面是由于该原则来源于对于国家主权的尊重和国家间的互惠；另一方面则体现了各国对于罪刑法定作为一般刑法原则以及人权保障要求的尊重。而这两方面实际是相互联系、相互作用的。前者主要是从国家主权角度看，仅凭借另一国的要求就将处于本国主权管辖范围内的人交给对方，有损本国与请求国之间的平等地位，因此双方应当作出具有互惠性质的约定；后者则表明，即使国家间形成互惠也依然要尊重国家主权，特别是一国国内的法律秩序，其中也包括了人权保障制度。基于此，被请求国对于没有被本国法律认定为犯罪的行为，是不可能违反罪刑法定原则以破坏国内的法治原则为代价进行引渡的。

在现代法律制度中，罪刑法定居于非常重要的位置，对于推动社会法治发展具有重要意义，是防治滥用刑罚和限制司法权、保障人权的重要原则。罪刑法定的基本含义可以理解为，"法无明文规定不为罪，法无明文规定不处罚"。对此，《公民及政治权利国际公约》第15条第1款规定："任何人的任何行为或不行为，在其发生时依照国内法或国际法均不构成刑事罪者，不得据以认为犯有刑事罪。所加的刑罚也不得重于犯罪时适用的规定。如果在犯罪之后依法规定了应处以较轻的刑罚，犯罪者应予减刑。"该条第2款规定："任何人的行为或不行为，在其发生时依照各国公认的一般法律原则为犯罪者，本条规定并不妨碍因该行为或不行为而对任何人进行的审判和对他施加的刑罚。"这两款规定，又被称为"对溯及既往的刑法的禁止"[1]，包括罪刑法定原则的基本表述、罪刑法定原则的派生规定和罪刑法定原则的"法"的外延三项

---

〔1〕　[奥] 曼弗雷德·诺瓦克：《民权公约评注：联合国〈公民权利和政治权利国际公约〉》，毕小青、孙世彦译，生活·读书·新知三联书店2003年版，第374页。

基本内容。[1] 因此，罪刑法定是现代人权保障的基本要求，反映了国家运用法律这种手段来体现正义和反对专横这样两个基本目的之间的平衡。

对于被请求国而言，请求国的司法追诉或判决对被请求国并不具有法律上的约束力，被请求国限制被引渡人的人身自由并进行司法审查，必须有国内法的根据，否则不仅违背罪刑法定与正当程序原则，破坏国内法律秩序，而且还违反了被请求国在国际层面和国内层面所负有的人权义务。因此，双重犯罪原则具有保护人权和维护法治原则的重要价值，也是对国际人权标准的尊重，在引渡中具有不可削减的意义。

（2）禁止双重危险原则。禁止双重危险原则，又被称为"一事不再理原则"，指的是禁止对同一犯罪在已经审判之后进行第二次追诉。该原则最早起源于罗马法，是一项十分古老的诉讼原则，体现了诉讼本身对于"终局性"的固有要求，即定纷止争这一重要社会功能。该原则经过发展，写入了部分国家的宪法，并具有了保障刑事被告人权利的内涵，起到限制国家的追诉权、减轻被告人因刑事审判过程带来的痛苦、减少被告人被错误定罪的可能性的人权保障作用。此后，禁止双重危险原则也得到了国际人权公约的确认。

作为国家间刑事司法方面的合作，引渡制度中也纳入了禁止双重危险原则。1957 年《欧洲引渡公约》第 9 条规定，"如被请求方之主管机关已经对被请求引渡人就被请求引渡之犯罪行为作出终局判决，不应准许引渡请求。如果被请求方主管机关就同一犯罪行为决定不起诉或终止诉讼程序，可以拒绝引渡请求。"[2] 1990 年联合国《引渡示范条约》在第 3 条（d）款和第 4 条（b）款规定了类似的内容，即被请求国已经对构成请求引渡的犯罪行为作出了处理的情况，构成阻却引渡的事

---

〔1〕 石经海："我国刑法与 CCPR 之比较与对接——以罪刑法定原则为研究对象"，载《法商研究》2010 年第 3 期。

〔2〕 Article 9 of the European Convention on Extradition, Paris, 13. XII. 1957, retrieved 4 February 2023, https：//rm. coe. int/1680064587.

由。[1] 在双边引渡条约中，该原则除了体现为"被请求国已作出判决以及决定不起诉或终止诉讼程序"这两种情况外，还体现为"被请求国对当事人的诉讼正在进行、第三国已作出判决的情况"。如澳大利亚与法国 1988 年的引渡条约第 3 条、[2] 澳大利亚与德国 1987 年的引渡条约第 4 条等。[3] 在国内法方面，该原则不仅规定于许多国家的宪法和刑事诉讼法中，也得到了专门的引渡法的重申，如 2005 年丹麦《引渡法》第 8 条、[4] 2003 年英国《引渡法》第 12 条。[5]

　　在引渡制度中，禁止双重危险原则与双重犯罪原则存在一定的联系。双重犯罪原则将可予以引渡的犯罪行为限定在两国法律都认为构成犯罪这一范围中，在此情况下自然可能会产生这样一个问题，被请求国在接到引渡请求时，已经根据本国法律就同一行为对当事人作出了判决，或者正在对其进行刑事诉讼，此时若仍将当事人予以引渡，则导致此人因同一犯罪行为受到了两次审判或处罚，这是由国家主权原则及司法管辖权决定的。因此，如果相关引渡条约或国内法律未就引渡可能产生的双重危险的情况作出规定，则会导致被引渡人遭受重复审判和处罚的风险。为此，将该原则引入引渡制度中是对主权原则与人权保障两者的平衡，也是刑事司法中对于人权的保障在引渡中的体现。

　　禁止双重危险原则作为保障被告人人权的一项诉讼权利在近现代刑事诉讼法中已经普遍得到承认，同时它还是一项国际人权义务。《公民

---

[1]　Articles 3 (d) and 4 (b) of the Model Treaty on Extradition, A/RES/45/116 (1990), retrieved 4 February 2023, https：//www. unodc. org/pdf/model_ treaty_ extradition. pdf.

[2]　Article 3 of the Treaty on Extradition between the Government of Australia and the Government of the Republic of France, retrieved 4 February 2023, from http：//www. austlii. edu. au/au/other/dfat/treaties/ATS/1989/27. html.

[3]　Article 4 Treaty between Australia and the Federal Republic of Germany concerning Extradition, retrieved 4 February 2023, from http：//www. austlii. edu. au/au/other/dfat/treaties/ATS/1990/21. html.

[4]　Section 8 of the Consolidated Act of August 25, 2005, No. 833, On Extradition of Criminals, retrieved 4 February 2023, from https：//www. imolin. org/doc/amlid/Denmark_ Extradition_ Act._ June_ 2009. pdf.

[5]　Article 12 of the Extradition Act 2003, 2003 c. 41, retrieved 4 February 2023, https：//www. legislation. gov. uk/ukpga/2003/41/contents.

权利和政治权利国际公约》第 14 条第 7 项规定，任何人依一国法律及刑事程序经终局判决判定有罪或无罪开释者，不得就同一罪名再予审判或判刑。该原则通过对国家权力的合理限制，来达到保障人权的目的，同样也实现了诉讼经济价值。对同一案件原告再次提起后诉，无疑会加重被告的应诉负担，是不正义的，因为这涉及裁判的公正性问题[1]，同时也往往损及被告人的合法权益[2]。

（二）国际人权法塑造的新引渡原则

国际人权法对于引渡最大的影响就是直接产生了以保障被请求人人权为导向的引渡原则——禁止歧视原则、酷刑不引渡原则以及死刑不引渡原则。这些引渡原则的确立和实施加重了被请求国的人权保障义务，限制了请求国的引渡利益。实践中，除非被请求国提供可靠的外交保证，确保被请求人不被处于死刑或者免于酷刑，否则被请求国不得进行引渡。

1. 禁止歧视原则

引渡制度中的禁止歧视原则是指被请求国对于表面上以惩罚普通犯罪为由、实际上是以迫害或者歧视当事人为目的的引渡请求应当予以拒绝。该原则的形成很大程度上受到了旨在保障人的自由与平等的人权理念的推动。同时，对于二战的反思让人们认识到，种族主义是引发战争灾难最直接的根源，维护个人、族群间的平等，不仅是人权保障的基本要义，也是维护世界和平的基石。为免后世重遭战争给人类带来的惨痛灾难，人权以及自由、平等的价值和原则被一并写入《联合国宪章》以及《世界人权宪章》之中。其中，《世界人权宣言》第 2 条规定，"人人有资格享有本宣言所载的一切权利和自由，不分种族、肤色、性别、语言、宗教、政治或其他见解、国籍或社会出身、财产、出生或其他身分等任何区别"。作为人权保障的基本原则，类似的条款也规定在《公民权利和政治权利国际公约》《经济、社会和文化权利国际公约》

---

〔1〕 张卫平："重复诉讼规制研究：兼论'一事不再理'"，载《中国法学》2015 年第 2 期。

〔2〕 宋英辉、李哲："一事不再理原则研究"，载《中国法学》2004 年第 5 期。

以及《欧洲人权公约》等国际和区域人权公约中，它们多数都吸收了宣言中所列举的大部分歧视性理由。

回溯引渡制度的发展历史，禁止歧视原则在引渡制度中的出现与难民保护中的"不推回"原则紧密相关，而不推回原则无疑是对国际人权法关于平等和不歧视原则的落实。1951 年《关于难民地位的公约》第 33 条第 1 款规定，"任何缔约国不得以任何方式将难民驱逐或送回（'推回'）至其生命或自由因为他的种族、宗教、国籍、参加某一社会团体或具有某种政治见解而受威胁的领土边界。"与"不推回"原则立法目的相同，禁止歧视原则也是为了防止请求国以刑事追诉的名义对当事人进行基于歧视原因的迫害，或者当事人返回该国受到歧视性待遇。与不推回原则有所不同的是，引渡制度中禁止歧视原则包含了其他更多的因素，如 1957 年《欧洲引渡公约》增加了"政治见解"，1990 年的联合国《引渡示范条约》中加入了族裔本源、性别和身份的歧视因素[1]。

纵观现有的引渡原则，禁止歧视原则被认为是引渡制度在人权方面取得的最为重要的进展。[2] 该原则与政治犯不引渡原则具有性质上的区别，前者针对的是请求国的追诉活动，而后者针对的是被引渡人的行为。[3] 相较于政治犯不引渡原则，禁止歧视原则使得被请求国对于是否引渡的考虑因素不再局限于意识形态方面的动机，或者所涉及的犯罪性质问题，而扩展到其他可能使被引渡者遭受不公正待遇的社会文化因素，例如性别、种族等，因此在很大程度上扩大了人权因素在引渡中的适用范围。

实践中，禁止歧视原则是各国广为接受的引渡原则，并在绝大多数的引渡双边条约和国内法中体现。例如，美国与牙买加于 1983 年签订

---

〔1〕 Article 3 （b） of the the Model Treaty on Extradition, A/RES/45/116 （1990）, retrieved 4 February 2023, https://www.unodc.org/pdf/model_ treaty_ extradition.pdf.

〔2〕 See Di Chiara G, "Enciclopedia del diritto （II Aggiornamento）", in *Rapporti Giurisdizionali Con Autorità Straniere*, 1998, Giuffre, Milano.

〔3〕 参见黄风：《引渡问题研究》，中国政法大学出版社 2006 年版，第 20 页。

的双边引渡条约、[1] 法国与澳大利亚于 1988 年签订的引渡条约、[2] 法国与加拿大于 1989 年签订的引渡条约、[3] 以及法国与美国于 1996 年签订的引渡条约等,[4] 均包含了禁止歧视的条款。在引渡双边条约中,禁止歧视条款一般仅涵盖种族、宗教、国籍、政治见解这四项因素。在国内法中,禁止歧视条款一般规定在专门的引渡法中,相比较之下,国内法将更多的歧视性因素列入其中。例如,澳大利亚 1988 年通过的引渡法案增加了"性别"与"性取向"的因素,[5] 英国 2003 年新修订的引渡法案也纳入了相同的因素,[6] 加拿大则在 1999 年引渡法案中除性别与性取向外,还将"族裔本源""语言""肤色""年龄"以及"精神或身体残疾"认定为歧视性因素[7]。由此可见,引渡的国内制度更能充分地体现一国在平等与反歧视方面的发展状况。

近年来,禁止歧视原则在引渡实践中得到进一步的发展。鉴于因持有不同政见或参与恐怖活动而在引渡后面临更加严峻的酷刑风险的案例越来越多,国际和区域人权机构在对类似案例进行审查时坚持适用禁止歧视原则,以防止持有不同政见的恐怖分子因受到歧视而遭受酷刑等不人道待遇,并坚持要求被请求国负有一定的预见和禁止引渡的义务。例

---

〔1〕 Article 3 of the Jamaica International Extradition Treaty with the United States, signed on 14 June 1983, retrieved 7 June 2022, http://www.state.gov/wp-content/uploads/2019/09/91-707-Jamaica-Law-Enfcmt-Extradition-Treaty.pdf.

〔2〕 Article 3 (1) (b) of the Treaty on Extradition between the Government of Australia and the Government of the Republic of France, retrieved 4 February 2023, http://www.austlii.edu.au/au/other/dfat/treaties/ATS/1989/27.html.

〔3〕 Article 4 (2) of the Extradition Treaty Between the Government of Canada and the Government of the Republic of France, signed on 1989, retrieved 7 June 2022, https://www.treaty-accord.gc.ca/text-texte.aspx?id=101343.

〔4〕 Article 4 (4) of the Extradition Treaty with France, signed 1996, retrieved 7 June 2022, http://www.congress.gov/105/cdoc/tdoc13/CDOC-105tdoc13.pdf.

〔5〕 Article 7 (b) and (c) of the Extradition Act 1988, retrieved 4 February 2023, http://www8.austlii.edu.au/cgi-bin/viewdb/au/legis/cth/consol_act/ea1988149/.

〔6〕 Article 13 of the Extradition Act 2003, 2003 c.41, retrieved 4 February 2023, https://www.legislation.gov.uk/ukpga/2003/41/contents.

〔7〕 Article 44 (1) (b) of the Extradition Act 1999, S.C. 1999, c.18, retrieved 4 February 2023, https://laws-lois.justice.gc.ca/eng/acts/E-23.01/.

如，在欧洲人权法院审理的"沙马耶夫及其他人诉格鲁吉亚和俄罗斯案"（Case of Shamayev and Others v. Georgia and Russia）[1]、"拜萨科夫及其他人诉乌克兰案"（Case of Baysakov and others v. Ukraine）[2]、"克莱因诉俄罗斯案"（Case of Klein v. Russia）[3] 中，申诉人都具有曾经参与反对政府的恐怖活动的经历，欧洲人权法院对于所涉国家人权状况进行分析，发现与申诉人具有相同的"恐怖分子"身份的被羁押人员均遭遇了酷刑待遇，由此分别作出了当事国的引渡行为将违反《欧洲人权公约》第3条的决定。

2. 酷刑不引渡原则

酷刑不引渡原则是国际人权法进入引渡制度和实践所产生的新的、具"强行法"地位的重要原则。[4]

酷刑不引渡原则不仅包括禁止酷刑的义务，还包括禁止其他残忍不人道或有辱人格的待遇或处罚的义务。即在引渡实践中，如果被请求人因引渡而面临上述三种风险中的任何一种风险，那么被请求国则负有不引渡的义务。对于酷刑不引渡原则的这一解释已经由人权事务委员会和禁止酷刑委员会分别在一般性意见中予以确认。[5]

酷刑不引渡原则显示了国际社会对于禁止酷刑义务和引渡义务存在冲突时对于前者的尊重。酷刑不引渡原则的确立，首先源于禁止酷刑原则在国际人权法中所具有的不可减损的地位和坚实的基础。在国际和区域人权文件中，多项人权公约都规定了禁止酷刑的义务。以最具代表性的《禁止酷刑和其他残忍、不人道或有辱人格的待遇或处罚公约》为例，该公约不仅规定了国家禁止酷刑的义务，而且还直接规定了酷刑不

---

[1] Case of Shamayev and Others v. Georgia and Russia, ECHR, Application No. 36378/02, para. 368.

[2] Case of Baysakov and others v. Ukraine, ECHR, Application No. 54131/08, paras. 51~52.

[3] Case of Klein v. Russia, ECHR, Application No. 24268/08, para. 57.

[4] Olivier de Schutter, *International Human Rights Law*: *Cases*, *Materials*, *Commentary*, 1st edition, Cambridge University Press, 2010, p. 65.

[5] General Comment No. 20: Article 7 (Prohibition of torture, or other cruel, inhuman or degrading treatment or punishment); General Comment No. 2: Implementation of article 2 by States parties, CAT/C/GC/2 24, 2008.

引渡的义务，因此为该原则的确立提供了最直接的国际人权法根据。该公约第 3 条规定："1. 如有充分理由相信任何人在另一国家将有遭受酷刑的危险，任何缔约国不得将该人驱逐、遣返或引渡至该国。2. 为了确定这种理由是否存在，有关当局应考虑到所有有关的因素，包括在适当情况下，考虑到在有关国家境内是否存在一贯严重、公然、大规模侵犯人权的情况。"除此之外，《公民权利和政治权利国际公约》第 7 条和《欧洲人权公约》第 3 条也都规定了类似的禁止酷刑的义务，任何人均不得被加以酷刑或施以残忍的、不人道的或侮辱性的待遇或刑罚。特别是对任何人均不得未经其自由同意而施以医药或科学试验。除此之外，国际人权公约关于紧急状态下的条款也都规定了禁止酷刑义务不得克减的规定，以此强调其重要性。而禁止酷刑义务在各类案件中的不断确认和适用，则为酷刑不引渡原则的确立提供了坚实的实践基础。

尽管《禁止酷刑和其他残忍、不人道或有辱人格的待遇或处罚公约》明确规定了酷刑不引渡义务，但是迫于国家引渡利益的制衡，这一义务在早期实践中并没有得到真正的认同和实施。禁止酷刑委员会在这一问题上的沉默态度，或者说整个国际社会在禁止酷刑义务和引渡义务何者优先问题上的回避，直到 1989 年欧洲人权法院在审议"索林诉英国案"时才得到历史性的扭转。该案开创了酷刑不引渡义务在实践中得以实施的先河，并很快被联合国人权事务委员会以及禁止酷刑委员会认同和适用。

实践中，酷刑不引渡原则不仅写入了很多引渡条约和国内法中，而且得到了国家的普遍遵守和执行。而国际和区域人权机构对于该义务的监督，从某种程度上也强化了酷刑不引渡原则在引渡中的地位。正如欧洲人权法院在"哈金斯和爱德华兹诉英国案"（Cases of Harkins and Edwards v. the United Kingdom）[1] 等案中重申的那样，禁止酷刑义务是绝对性的，不能通过国家利益进行平衡和限制。它植根于对人的尊严和价值的基本尊重。

---

〔1〕 Cases of Harkins and Edwards v. The United Kingdom, ECHR, Application Nos. 9146/07 and 32650/07, 2012, para. 125.

3. 死刑犯不引渡原则

死刑不引渡原则是废除死刑的理念和人权行动在引渡领域的映射，在引渡制度中主动适用此原则的通常是已经废除死刑或事实上废除死刑的国家，但是也影响到了与其有引渡关系的其他国家。因此，死刑不引渡原则在引渡制度与实践中被主动和被动地广泛接受和适用，这既是国际人权法实施的结果，也是通过引渡实践在国家间推动的结果。

国际社会废除死刑的第一次高潮出现在 19 世纪末 20 世纪初，这一时期圣马力诺、葡萄牙、瑞士、意大利、巴西、挪威、瑞典、冰岛、西班牙、丹麦等国先后从法律中废除了死刑。[1] 对死刑的废除在这一时期也在引渡条约中得以体现，1916 年巴西同乌拉圭签订的引渡条约就率先引入了死刑不引渡条款。[2] 在二战结束后，伴随着人权理念的广泛传播以及国际人权制度的开始建立，出现了人类历史上废除死刑的第二个高峰期。[3]

死刑不引渡原则的确立实际上是随着死刑存废问题的讨论与发展而逐步确立的。而人权层面的理论与实践无疑为废除死刑的普遍接受及死刑不引渡原则的确立提供了最坚实的基础。其中，人权理论中关于生命权重要性的论证，为废除死刑的运动增添了人权方面的道德性因素，而人权保障制度与实践的发展则为落实废除死刑和死刑不引渡原则提供了基础和保障。国际人权法对于死刑不引渡原则形成的价值就在于：其一，从理论上来说，国际人权法关于生命权保障的理论与实践，使得人权保障与死刑犯的引渡问题产生了直接联系，引渡不仅是国家间合作行为，还是涉及被引渡人生命权的保障问题。对于死刑犯的引渡不再仅仅

---

〔1〕　参见张明楷编著：《外国刑法纲要》，清华大学出版社 2007 年版，第 372 页。另见，胡云腾：《死刑通论》，中国政法大学出版社 1995 年，第 63~70 页；让·克劳德·谢斯标奈："暴力的历史：各个时代的杀人和自杀"，载《国际社会科学杂志》1993 年第 2 期；〔德〕卡尔·布鲁诺·赖德尔：《死刑的文化史》，郭二民编译，生活·读书·新知三联书店 1992 年版，第 78~81 页；赵秉志等译：《现代世界死刑概况》，中国人民大学出版社 1992 年版，第 92~100 页。

〔2〕　参见彭峰：《引渡原则研究》，知识产权出版社 2008 年，第 152 页。

〔3〕　See Office of the High Commissioner for Human Rights, "Death Penalty", retrieved 10 June 2022, https://www.ohchr.org/EN/Issues/DeathPenalty/Pages/DPIndex.aspx.

是一个源于本国刑事司法制度对死刑的接受程度的问题，而成为国家间对于人权、特别是生命权保障标准的认同的问题。在现代引渡制度中，对个人生命权的保障本身成为死刑不引渡原则的正当性基础，国际人权法的实施促进了死刑不引渡原则的确立，并使引渡关注和保障的重点从国家刑事司法主权部分移向被引渡者个人权利的问题。其二，国际和区域人权机构通过的关于废除死刑人权公约的议定书，进一步强化了死刑不引渡原则的广泛适用。例如，欧洲理事会 1950 年《关于废除死刑的〈保护人权与基本自由的公约〉第六议定书》、美洲国家组织 1990 年《旨在废除死刑的〈美洲人权公约〉附加议定书》、联合国 1989 年《旨在废除死刑的〈公民权利和政治权利国际公约〉第二任择议定书》，这些任择议定书的缔约国均有义务依据条约停止适用死刑，这些废除死刑的国家也因此有义务不将被引渡者置于被适用死刑的实际风险之中。其三，从实践角度来说，国际和区域人权机构对于引渡案件的审理，例如人权事务委员会在"加拿大三案"[1] 中对于死刑问题的关注以及其后在"贾治诉加拿大案"[2] 中禁止向未废除死刑国家引渡的裁决，进一步推动了死刑不引渡原则在引渡中的适用性。

尽管死刑不引渡原则的起源与一国是否废除死刑相关，最初一般规定于国内法中，但是废除死刑运动以及人权理念的普及，特别是国际人权法的普遍接受和实施，加速了这一原则的普遍遵循，使死刑不引渡原则成为引渡条约中最常列举的阻却事由，甚至还出现在未废除死刑国家所签订的引渡条约中。另外，与禁止歧视原则、政治犯不引渡原则在实践中存在的含义和标准存在不确定性的困难相比，死刑不引渡原则的适用条件比较清晰，其包含的政治性因素较少、法律性因素较多，在引渡实践中有着较频繁的实际运用，已经成为无可置疑的引渡原则并得到普遍实施。

---

〔1〕 Kindler v. Canada, Communication No. 470/1991, CCPR/C/48/D/470/1991; Ng v. Canada, Communication No. 469/1991, CCPR/C/49/D/469/1991; Cox v. Canada, Communication No. 539/1993, CCPR/C/52/D/539/1993.

〔2〕 Roger Judge v. Canada, Communication No. 829/1998, CCPR/C/78/D/829/1998.

　　综上所述，引渡是由国际法和国内法共同组成的制度和实践，其产生伊始只是为稳定国内政权统治而服务的，但是却随着人权思想的萌芽而完成了现代化转向，成为惩治普通刑事犯罪的国际合作手段。尽管引渡制度在发展过程中也受到了国内法的影响，产生了部分保障人权的规则，但是国际人权法的建立和实施却对引渡产生了结构性的深刻变革，不仅赋予原有的引渡原则更多的人权价值，而且还塑造了以人权保障为导向的新的引渡原则，从而在实践中强化了被引渡人在引渡关系中的地位。国际人权法对于引渡原则的影响在兼顾国家引渡利益的同时，强调了国家对于人权保障义务的履行，从而改变了现代引渡制度的整体风貌。

## 二、人权、国际人权法对于引渡理念的影响

　　从引渡制度的整个形成到发展的历程来看，人权先后两次对其基本理念产生了决定性的影响，一次改变了引渡本身的目标方向，另一次为引渡理念增添了新的要素。

　　第一次是抽象的、道德的人权引发了引渡理念的根本性变化。在引渡实践出现的初期，引渡主要是为了保持国家间友好关系，以及维护各国统治现状而进行的。因为各君主专制国家对此拥有共同的利益认同，被引渡者主要是政治对手、反叛组织领导人等具有政治性的犯罪者。以文艺复兴、启蒙运动为开端，法国大革命为标志，人权以抽象和道德的形式得以传播并付诸实践。随着政治犯不引渡原则的出现，引渡从政治合作的工具开始向刑事司法合作的手段这一方向转变，引渡理念摒弃了将国家政治利益作为唯一考量因素，开始关注犯罪行为本身。这一次引渡理念上的转变，标志着现代引渡制度的诞生，即引渡是一国刑事司法的自然延伸，而非国与国之间的政治交易。

　　人权第二次是以具体的、法律的形式对引渡理念产生影响的。第二次世界大战后，通过一系列国际人权文件和国家宪法，人权拥有了具体的内容及法律化的形式。受此影响，引渡不再仅仅是国家主权与打击犯罪二者之间的平衡问题，如今关注被引渡者个人的权利保障不仅是道德和文明的要求，更是法律上的要求。在此基础上，引渡实质上成为需要

对人权保障、打击犯罪以及国家主权三者之间进行平衡的问题。从当代国际引渡合作的发展趋势来看，国家主权的受重视程度逐渐降低，而人权保障和打击犯罪的地位不断上升。

在人权保障理念的影响之下，引渡在以合作打击犯罪、维护社会正义为目标的基础上，增添了这样一个人权方面的重要理念：不可使被引渡者在请求国遭受本国法律和道德所不认同的待遇。当前，由于跨国犯罪与国际犯罪的增多，在引渡实践中纳入人权保障与加强国际合作以打击犯罪二者之间的张力愈发明显。

国际人权法的适用使引渡从调整国家间的利益向兼顾人权保障，再向部分人权义务优先适用的理念深入发展。从政治交易到法律程序可裁量的问题，再到人权义务对于引渡的限制，这个发展过程不仅反映了国际人权法对于引渡这一传统国际法制度的冲击，而且促进了引渡理念的重要转变。它表明国际人权法的适用撼动了绝对的国家利益，反映了国际社会在面对国家利益与人权保障冲突时的价值倾斜，体现了当代引渡制度和实践的精神面貌。这一理念的转变也得到了学界和实务界的充分认可。对此，人权事务委员会在其审查的案例中明确肯定了这一趋势，"人权公约的缔约国往往可能成为其他双边公约的缔约国，包括引渡公约。本公约要求缔约国确保以一种符合本公约的方式，来履行其他公约的义务。"[1]欧洲人权法院法官约翰尼斯·西尔维斯认为，人权问题作为拒绝引渡的理由，在过去并不存在。以往拒绝引渡请求往往是因为被请求国的利益，然而当人权发挥作用时，情况就不一样了。[2]对此，权威著作《奥本海国际法》同样认可了相关实践的转变，"如果一个国家是保护人权条约的缔约国，它有必要保证，它在任何一个具体案件中所准许的引渡是与它的人权义务相符合的，这一点，即使请求引渡国不是

---

〔1〕 Kindler v. Canada, Communications No. 470/1991, CCPR/C/48/D/470/1991, para. 13.1.

〔2〕 Extradition and Human Rights：Diplomatic Assurances and Human Rights in the Extradition Context, Presentation by Mr Johannes Silvis, Judge at the European Court of Human Rights, PC-OC meeting in Strasbourg/F. May 20, 2014, para. 1, https：//rm. coe. int/090000168048bdaf.

所述的人权条约的缔约国，也可能是有关的。"[1]

---

[1] ［英］詹宁斯·瓦茨:《奥本海国际法》（第一卷第二分册），王铁崖等译，中国大百科全书出版社 1998 年版，第 343 页。

# 第二章 国际人权法对于引渡制度的影响

引渡是国家刑事司法合作的重要方式，在传统意义上被视为主权国家的交往，个人只是这一行为中国家主权的承受者，无权发表任何意见。二战以后，人权在世界范围内得到主流化，国际人权法的理念、规则逐渐进入引渡领域，引渡制度从关注国家间合作关系向侧重保护个人基本权利转向,[1] 这在国际法和国内法的立法和实践中均有体现,[2] 如规定了平等不歧视、生命权、免受酷刑、免受奴役、公正审判权等。当然，正如刑事诉讼具有实现刑罚威慑力和保障人权的双重目标一样，引渡制度中对于人权的保障同样需要在促进犯罪起诉、判决执行与被引渡人的权利保障之间实现平衡。[3] 对国际和区域人权公约及相关文件以及国内法关于引渡规定进行梳理，能够更加明确国际人权法对于引渡制度各个方面的影响，更好地引导国家在引渡中遵循保障人权的义务。

---

〔1〕 John Quigley, "The rule of Non-quiry and the Impact of Human Rights on Extradition Law", *Carolina Journal of International Law and Commercial Regulation*, Vol. 15 (1990).

〔2〕 引渡制度由国际法和国内法组成，国际法决定国家间人员的引渡，国内法决定被请求方能否交出被引渡人。John Dugard and Christine Van den Wyngaert, "Reconciling Extradition with Human Rights", *The American Journal of International Law*, Vol. 92, 1998.

〔3〕 引渡制度由国际法和国内法组成，国际法决定国家间人员的引渡，国内法决定被请求方能否交出被引渡人。John Dugard and Christine Van den Wyngaert, "Reconciling Extradition with Human Rights", *The American Journal of International Law*, Vol. 92, 1998.

## 第一节　国际人权法影响引渡的法律渊源

在国际和区域的人权公约中，将人权保护义务纳入引渡的明确规定一般是体现禁止酷刑以及不歧视的条款中，其余的人权义务在引渡中的适用性主要是通过国际或区域人权机构对人权条款的解释以及在审理人权案件的实践中确立的。对于国际和区域人权公约及其解释的梳理，有助于全面认识和理解与引渡密切相关的国际人权标准。

### 一、国际人权公约的渊源

国际人权公约中的很多人权条款都可以适用于引渡中的被请求人，其中，《公民权利和政治权利国际公约》《禁止酷刑公约》《消除一切形式种族歧视国际公约》以及《消除对妇女一切形式歧视公约》等公约关于禁止歧视原则、生命权、免受酷刑的权利、人身自由与安全权等权利的规定对于保障为被引渡人的人权发挥着至关重要的作用。

（一）《公民权利和政治权利国际公约》有关引渡中的人权保障的规定

《公民权利和政治权利国际公约》中与引渡相关的条款主要是平等原则，生命权，免受酷刑、残忍、不人道及有辱人格的待遇及惩罚的权利（下称免受酷刑的权利），人身体自由与安全权，不受任意驱逐的权利，法律面前人人平等的权利以及公正审判权的相关规定。这些权利都曾经在涉及引渡的案例中被申诉人主张或得到过审查。

《公民权利和政治权利国际公约》第 2 条第 1 款规定，本公约缔约国承允尊重并确保所有境内受其管辖之人，无分种族、肤色、性别、语言、宗教、政见或其他主张民族本源或社会阶级、财产、出生或其他身分等等，一律享受本公约所确认之权利。对此，人权事务委员会 2004 年发表的《关于缔约国一般法律义务性质》的第 31 号一般性意见认为，根据《公民权利和政治权利国际公约》第 2 条规定，缔约国有义务尊重和确保在其领土上以及在其有效控制下的所有人享有该公约所承认的权利，这就意味着如果有重大理由相信，有关人士可能最终被赶往的国家之中确实存在《公民权利和政治权利国际公约》第 6 条（生命权）和第 7 条（免受酷刑的权利）所设想的那种会造成不可弥补伤害的风险时，缔约国有义务不采取引渡、驱逐出境或者其他手段将有关人士逐出其国境。缔约国应当使得有关的司法机构和行政机构明白，必须确保在这些事务中履行《公民权利和政治权利国际公约》所规定的义务。[1]

该公约第 6 条所规定的生命权，旨在保障人人皆有天赋之生存权，防止国家任意剥夺生命的行为。对此，人权事务委员会 2019 年发表的第 36 号一般性意见认为，尊重和确保生命权的义务要求缔约国避免将个人驱逐、引渡或以其他形式递解至有充分理由表明存在《公民权利和政治权利国际公约》第 6 条规定的生命权受到威胁的国家。这种威胁必须是针对个人的，不能源自被引渡国的一般状况，除非在极端情况下。比如，将个人从废除死刑的国家引渡至他可能面临死刑的国家违反了保障生命权的要求，除非已获得不判处死刑的可靠和有效的保证；或将个人驱逐至他从来没有居住过、没有社会或家庭联系以及不会说当地语言的极端暴力国家，这些情况都不符合尊重和确保生命权的要求。在涉及接收国当局对被驱逐者生命构成风险的指控案件中，需要根据接收国当局的意图、当局在类似案件中表现出的行为模式以及其意图是否有可信有效的保证，评估被驱逐者的处境和接收国的状况。当在接收国境内活动的非国家行为者构成指称的生命风险时，可以寻求接收国当局作出可信有效的保护保证，还可探讨国内避难的选项。驱逐国在驱逐时如有赖于接收国作出待遇保证，则应建立适当的机制，确保作出的保证从驱逐之时起得到遵守。此外，人权事务委员会还表示，根据《公民权利和政治权利公约》第 6 条，不引渡、驱逐出境或以其他方式移交的义务可能比国际难民法规定的不推回原则的范围更广，因为这项义务也可要求保

---

〔1〕 Human Rights Committee, "General Comment No. 31 on the Nature of the General Legal Obligation Imposed on States Parties to the Covenant", CCPR/C/21/Rev. 1/Add. 13, 26 May 2004, para. 12.

护无权获得难民地位的外国人。然而，如寻求庇护者声称其原籍国存在侵犯生命权的真实风险，缔约国就必须允许他们诉诸难民或其他个人或群体身份判定程序，这些程序可以为他们提供不推回的保护。[1]

　　该公约第 7 条关于免受酷刑的权利，是引渡中最重要的人权原则之一。根据人权事务委员会在 1992 年发表的第 20 号一般性意见，禁止酷刑的义务要求缔约国不得通过引渡、驱逐或驱回手段使个人回到另一国时有可能遭受酷刑或残忍、不人道或有辱人格的待遇或处罚。[2]

　　该公约第 9 条所规定的人身自由及人身安全权，旨在保护任何人不得无理由被予以逮捕或拘禁，即非依法定理由及程序，不得剥夺任何人之自由。执行逮捕时，应当场向被捕人宣告逮捕原因，并应随即告知被控案由。任何人因逮捕或拘禁而被夺自由时，有权申请法院提审，以迅速决定其拘禁是否合法，如属非法，应即令释放。根据人权事务会员会 2014 年发表的第 35 号一般性意见，该公约第 9 条规定的人身自由与安全权适用于所有通过官方行动或根据官方授权实行的拘留，包括为引渡实行的拘留。《公民权利和政治权利国际公约》第 9 条第 4 款规定，"任何因逮捕或拘禁被剥夺自由的人，有资格向法院提起诉讼，以便法庭能不拖延地决定拘禁是否合法以及如果拘禁不合法命令予以释放。"这项从非法或任意拘留中获得释放并提起诉讼的权利，也适用于为引渡实行的拘留。[3]

　　该公约第 13 条所规定的不受任意驱逐的权利，主要是指合法处在公约缔约国领土内的外侨，只有按照依法作出的决定才可以被驱逐出境，并且，除非在国家安全的紧迫原因另有要求的情况下，应准予提出反对驱逐出境的理由和使他的案件得到合格当局或由合格当局特别指定

---

〔1〕　Human Rights Committee, "General comment No. 36 on Article 6: right to life", CCPR/C/GC/36, 3 September 2019, para. 30, 31, 34.

〔2〕　Human Rights Committee, "General comment No. 20: Article 7 (Prohibition of torture, or other cruel, inhuman or degrading treatment or punishment)", HRI/GEN/1/Rev. 9 (Vol. I), 10 March 1992.

〔3〕　Human Rights Committee, "General comment No. 35: Article 9 (Liberty and security of person)", CCPR/C/GC/35, 16 December 2014, para. 18, 39, 40.

的一人或数人的复审，并为此目的而请人作代表。

该公约第 14 条规定，法庭面前人人平等，享有公正审判权。2007 年发表的关于公正审判权的第 32 号一般性意见表示，《公民权利和政治权利国际公约》第 14 条第 1 款第 2 句[1]所规定的诉诸法庭或裁判所的权利，在国内法未授予有关人任何权利的情况下，并不适用，如引渡、驱逐和递解出境程序。但是，虽然该公约第 14 条第 1 款第 1 句[2]未规定在这些案件和类似案件中诉诸法庭和裁判所的权利，仍可适用其他程序保障。就国内法授权司法机构来决定驱逐或递解出境而言，有关机关应适用该公约第 14 条第 1 款所规定的在法院和法庭前人人平等的保障及其所包含的公正、公平与权利平等原则。然而，在驱逐作为刑事制裁或违反驱逐令依刑法可受处罚的情况下，则适用第 14 条的所有相关保障。[3]

（二）《消除一切形式种族歧视国际公约》有关引渡中的人权保障的规定

《消除一切形式种族歧视国际公约》中与引渡相关的条款主要是不歧视原则。《消除一切形式种族歧视国际公约》第 5 条规定，缔约国依本公约第 2 条所规定的基本义务承诺禁止并消除一切形式种族歧视，保证人人有不分种族、肤色或民族或人种在法律上一律平等的权利，尤得享受下列权利：①在法庭上及其他一切司法裁判机关中平等待遇的权利；②人身安全及国家保护的权利以防强暴或身体上的伤害，不问其为政府官员所加抑为任何私人、团体或机关所加。

根据消除种族歧视委员会在 2005 年发表的关于《对非公民歧视》的第 30 号一般性意见第 25 条，缔约国应确保关于将非公民从缔约国管

---

〔1〕《公民权利和政治权利国际公约》第 14 条第 1 款第 2 句：在判定对任何提出的任何刑事指控或确定他在一件诉讼案中的权利和义务时，人人有资格由一个依法设立的合格的、独立的和无偏倚的法庭进行公正的和公开的审讯。

〔2〕《公民权利和政治权利国际公约》第 14 条第 1 款第 1 句：所有的人在法庭和裁判所前一律平等。

〔3〕 Human Rights Committee, "General Comment No. 32: Article 14: Right to equality before courts and tribunals and to a fair trial", CCPR/C/GC/35, 23 August 2007, para. 17, 62.

辖区内递解出境或其他形式移送出境的法律不在非公民中蓄意或实际上实行基于种族、肤色或人种或民族的歧视，确保非公民有同等机会诉诸有效的补救办法，包括质疑驱逐令的权利，并切实允许他们求助于此类补救办法。[1] 此外，根据 2005 年发表的《在刑事司法系统的司法和运作中预防种族歧视》的第 31 号一般性意见，在宣判将非国民驱逐出境、离境或禁止入境时，各缔约国应充分遵守关于难民和人权的国际规范所提出的不驱回义务，并保证不将这些人送回人权可能遭到严重侵犯的国家或领土。[2]

（三）《消除对妇女一切形式歧视公约》有关引渡中的人权保障的规定

《消除对妇女一切形式歧视公约》（下称《消除对妇女歧视公约》）。第 2 条（d）项规定，缔约国不得采取任何歧视妇女的行为或作法，并保证公共当局和公共机构的行动都不违背这项义务。对此，消除对妇女歧视委员会在 2014 年发表的第 32 号一般性意见指出，《消除对妇女歧视公约》虽然未载有明确的不驱回条款，但是根据国际人权法的规定，不驱回原则规定国家有义务不将某人遣返到该人可能面临严重侵犯人权行为，尤其是任意剥夺生命或遭受酷刑或其他残忍、不人道或有辱人格的待遇或处罚的管辖区。此外，委员会还忆及，《消除对妇女歧视公约》暗示了公民权利和政治权利以及自由、包括生命权和免遭酷刑或虐待的权利。因此，如果有充分理由认为存在不可挽回伤害的真正危险，缔约国有义务不将某人引渡、递解、驱逐或以其他方式将 其从该国领土上移送到另一国领土。根据该公约第 2 条（d）款，缔约国有义务保护妇女免于遭受真正的、人身的和可预见的严重歧视妇女的行为，如基于性别的暴力行为，不论这种后果是否将发生在实行遣送的缔约国领土

---

〔1〕　Committee on the Elimination of Racial Discrimination, "General Recommendation 30: Discrimination against non-citizens", CERD/C/64/Misc. 11/rev. 3, 64th session, 23 February~12 March 2004, para. 25.

〔2〕　Committee on the Elimination of Racial Discrimination, "General recommendation No. 31 on the prevention of racial discrimination in the administration and functioning of the criminal justice system", CERD/C/GC/31/Rev. 4, 17 August 2005, para. 40.

之外：如果缔约国对其管辖范围内的人作出决定，而其必然和可预见的后果是该人的基本权利将在另一个管辖区受到严重威胁，则缔约国本身就可能违反了《消除对妇女歧视公约》。后果的可预见性意味着即使后果以后才会出现，缔约国作出决定的当时就已经违反了《消除对妇女歧视公约》。因此委员会认为，缔约国有义务确保不将任何妇女引渡、驱逐或遣返到其生命、身体健全、自由、人身安全将受到威胁或将遭受严重歧视、包括基于性别的严重迫害或基于性别的暴力行为的另一个国家。至于何种情况被认为是歧视妇女的严重行为，例如何种行为属于基于性别的暴力行为将视个案情况而定。[1]

（四）《禁止酷刑公约》有关引渡中的人权保障规定

在联合国九大核心国际人权公约中，《禁止酷刑公约》全面规定了与引渡相关的规定，该公约第 3 条规定："1. 如有充分理由相信任何人在另一国家将有遭受酷刑的危险，任何缔约国不得将该人驱逐、遣返或引渡至该国。2. 为了确定这种理由是否存在，有关当局应考虑到所有有关的因素，包括在适当情况下，考虑到在有关国家境内是否存在一贯严重、公然、大规模侵犯人权的情况。"

《禁止酷刑公约》的第 3 条的编纂是起草工作组以瑞典提出的公约草案[2]为基础开展工作的。提出草案时，瑞典代表即备注说明，有些国家可能要在签署、批准或加入该公约时表示不受第 3 条的约束，因为这一条可能与在签署公约之日前同非公约缔约国缔结的引渡条约中规定的义务相冲突。不出意料，虽然《禁止酷刑公约》第 3 条第 1 款在第一次工作组会议即通过，但从四次工作组会议到公约草案审议结束、提交大会向各国政府征求意见阶段，一直有国家提出异议。[3] 此外，在该

---

〔1〕 Committee on the Elimination of Discrimination against Women, "General recommendation No. 32 on the gender‐related dimensions of refugee status, asylum, nationality and statelessness of women", CEDAW/C/GC/32, 14 November 2014, para. 21~23.

〔2〕 Sweden, Letter dated 78/01/18 from the Permanent Representative of Sweden to the United Nations Office at Geneva addressed to the Division of Human Rights, E/CN. 4/1285, 23 January 1978.

〔3〕 E/1980/13, 第 201 ~ 209 段, 1980 年工作组报告; E/1981/25, 第 180 ~ 189 段, 1981 年工作组报告; E/CN. 4/1982/L. 40; E/CN. 4/1983/63; E/CN. 4/1984/72; A/39/499 及 Adds. 1 和 2.

公约草案中，此条文的第 2 款最初还包含"严重的、公认的、大规模侵犯人权"的说明性清单，即"诸如因实行种族隔离、种族歧视或种族灭绝、新老殖民主义、镇压民族解放运动或霸占外国领土的国家政策而造成一贯严重侵犯人权的情况"，从而对构成侵犯人权的具体情况加以描述，但前三次工作组会议均未达成合意，1984 年会议中为就第 3 条达成一致意见，最终说明性清单被删去。[1] 值得注意的是，该条文并未涉及其他残忍、不人道或有辱人格的待遇或处罚行为，公约起草过程中亦有代表团对此表示失望。[2] 但是，禁止酷刑委员会在 2008 年作出的第 2 号一般性建议中表示，《禁止酷刑公约》第 3 条在紧急状态下也不可克减，即适用于酷刑，也适用于虐待，从而将第 3 条所禁止的行为作为一个整体适用。

《禁止酷刑公约》第 3 条是国际人权公约最早以人权义务制约引渡的条文，因此禁止酷刑委员会收到了大量与该第 3 条有关的个人来文，并对此作出了非常具体的解释，在其发表的屈指可数的几份一般性意见中就有两份是直接针对该第 3 条作出的。其中，1997 年第 1 号一般性意见对于该条的适用条件作出了如下解释：其一，个人提交来文应有充足理由和事实依据说明将会在正被驱逐、遣返或引渡的国家以及今后可能被驱逐、遣返或引渡的国家遭受酷刑，而且危险是针对个人和切实存在的；其二，"一贯严重、公然、大规模侵犯人权情况"的标准，仅指由公职人员或以官方身份行事的其他人施行或煽动或认可或默许的侵犯人权情况；其三，在评估遭受酷刑的危险时，不能仅仅依据理论或怀疑，但不必证明这种危险极有可能发生。[3]

2007 年发表的第 2 号一般性意见指出，缔约国必须确保其法律实

---

〔1〕　见 1982 年、1983 年及 1984 年《禁止酷刑和其他残忍、不人道或有辱人格的待遇或处罚公约草案工作组的报告》，E/CN. 4/1982/L. 40，E/CN. 4/1983. 63，E/CN. 4/1984/72。

〔2〕　如 1984 年工作组报告第 14 段，E/CN. 4/1984/72。

〔3〕　Committee against Torture, "General comment No. 4 (2017) on the implementation of article 3 of the Convention in the context of article 22", CAT/C/GC/4, 4 September 2018. Committee against Torture, "General comment on implementation of article 3 if the Convention in the context of article 22", A/53/44, 16 September 1998, para. 52.

际上适用于所有人，而无论其种族、肤色、族裔、年龄、宗教信仰或教派、政治见解或其他见解、原籍或社会出身、性别、性倾向、变性身份、心智残障或其他残疾、健康状况、经济状况或土著身份、拘留理由等，其中包括被控犯下政治罪行或恐怖主义行为的人、寻求避难者、难民或其他受到国际保护的人或具有任何其他地位或不利特性的人。[1]被引渡人作为地位或不利特性的人，亦应受到缔约国法律的保护。

2017 年，禁止酷刑委员会在总结以往 20 年审议个人来文以及国家报告经验的基础上，通过了第 4 号一般性意见以取代 1997 年发布的第 1 号一般性意见。第 4 号一般性意见的主要内容包括：其一，重要性。首先，不驱回的义务适用于引渡的情形，是绝对、不可克减的。其次，不引渡是一项基于法律的权利，而不是有关当局作出的特许让步，在实践中应该可以顺利获得，不应存在任何性质的障碍。其二，不歧视。适用不驱回原则时，不得有任何形式的歧视，也不论当事人的国籍或无国籍状态及其在普通法和紧急状态法之下的法律、行政或司法地位如何。其三，主体。当事人无论是作为个人还是作为有可能在目的地国遭受酷刑的一个群体的成员，只要有"充分理由"相信在将被引渡至的国家内有遭受酷刑的危险，便存在《禁止酷刑公约》第 3 条中的不驱回义务。其四，义务内容。缔约国有责任通过国家一级的行政和（或）司法程序，评估是否有充分理由相信申诉人在被递解国将面临可预见、现实存在、针对个人、真实的遭受酷刑的风险。缔约国应在其评估程序中向当事人提供基本保证和保障措施，特别是在当事人被剥夺自由或处于特别弱势的情况下，例如当事人属于寻求庇护者、无人陪伴的未成年人、遭受暴力侵害的妇女或残疾人（保护措施）。其五，义务范围。首先，缔约国不得将面临风险者引渡至有充分理由相信将有遭受酷刑危险的国家，也不得引渡至会随之面临被引渡至有充分理由相信此人将有遭受酷刑危险的第三国的另一国家。其次，当事人可能遭受非国家实体的酷刑或其他虐待，但被引渡国在事实上无法控制或仅能部分控制他们，或无

---

〔1〕 Committee against Torture, "General comment No. 2: Implementation of article 2 by States parties", CAT/C/GC/2, 24 January 2008, para. 21.

法阻止其行为，或无法遏制其不受处罚的现象，也属于不引渡的范围。其六，一贯严重、公然或大规模侵犯人权的情形，包括但不限于：普遍使用酷刑且肇事者逍遥法外；骚扰和暴力侵害少数群体；助长种族灭绝的状况；性别暴力普遍存在；对行使基本自由的人员普遍采取判刑和监禁手段；国际和非国际武装冲突局势。而且这种评估应考虑一国的整体人权状况，而不是某一特定地区的人权状况。"本地危险"的概念没有规定可衡量的标准，不足以完全消除个人遭受酷刑的危险。所谓的"国内避难选择"，即将某人或某酷刑受害者递解至某国内他不会遭受酷刑的地区（在同一国家其他地区他可能遭受酷刑），既不可靠也没有效果。其七，针对个人的风险迹象，包括但不限于：族裔背景；当事人和（或）其家庭成员的政治派别或政治活动；被逮捕和（或）拘留，且无法保证得到公平待遇和审判；缺席判决；性取向和性别认同；逃离国家武装部队或武装团体；曾遭受酷刑；在原籍国受到单独拘禁或其他形式的任意和非法拘留；在受到酷刑威胁后秘密逃离原籍国；宗教派别；思想、良心和宗教自由权受到侵犯，包括与除宣布为国教的宗教以外禁止皈依其他宗教有关的侵犯人权行为，以及在法律和实践中禁止和惩罚这种皈依的行为；有可能被驱逐至本人有遭受酷刑危险的第三国；暴力侵害妇女行为，例如强奸。其八，不引渡义务优先于引渡条约。针对公约起草阶段不少国家的声明，委员会在第4号一般性意见中表示，若不引渡义务与根据某多边或双边引渡条约承担的义务之间出现冲突，特别是在与非公约缔约国缔结引渡条约时尚未批准《禁止酷刑公约》、因而尚不受该公约第3条规定约束的情况下，应依照不推回原则适用相关引渡条约。并且，在加入《禁止酷刑公约》后，缔约国此后若考虑缔结或加入引渡条约，应确保《禁止酷刑公约》与其不存在任何冲突。若确有冲突，应在加入引渡条约的通知书中纳入条款，约定发生冲突时以《禁止酷刑公约》为准。其九，为引渡执行的拘留，是需要依据个案评估并接受定期审查的例外措施，且应有正当法律依据和保障措施。其十，引渡程序。缔约国应通过主管的行政和（或）司法当局对每起案件进行单独、公正和独立的审查，审查应符合基本的程序性保障措施，特别是保证审查过程及时而透明、对引渡决定进行复审并使上诉具有暂缓递解的效力。每起案件中，当事人均应及时获知预定的引渡行动。集体引渡出境案件中，若没有对每起案件中的个人风险进行客观审查，应被视为违反不驱回原则。其十一，证明责任。举证责任由来文提交人承担，即提出确凿证据表明遭受酷刑的危险是可预见、现实存在、针对个人而且真实的。然而，当申诉人无法就其案件提供详细资料时，例如当申诉人已证明自己无法获得与其酷刑指控有关的文件或者已被剥夺自由时，则应实施倒置举证责任。其十二，酷刑的判断。剧烈的疼痛或痛苦并非总能得到客观评估。评估取决于暴力或虐待行为的实施对个人造成的消极的身体和（或）心理影响，同时考虑到每起案件的所有相关情况，包括待遇的性质、受害者的性别、年龄、健康状况和脆弱性，以及其他任何状况或因素。其十三，外交保证。如有充分理由相信某人在将被引渡至的《禁止酷刑公约》缔约国境内有遭受酷刑的危险，则不得以该缔约国的外交保证为借口，损害该公约第 3 条规定的不推回原则。其十四，补偿。违反不驱回原则时，缔约国应承担《禁止酷刑公约》第 14 条下的补偿责任，包括有效补救办法和赔偿。[1]

（五）《儿童权利公约》有关引渡中的人权保障的规定

《儿童权利公约》不仅规定了儿童与成人作为同样的人所享有的人权，而且还根据儿童生存和发展的需要规定了受到照顾等特殊权利。其中，儿童所享有的生命权（公约第 6 条）、免受酷刑的权利（第 37 条）等权利均与引渡相关，相关问题已在前文分析，不再赘述。

同样，儿童也可能因为父母等监护人或者个人的原因面临被引渡或被遣返的问题，但是在处理这些情况时要照顾到儿童的特殊性和儿童权利。首先，针对儿童的拘留应符合儿童的最大利益并充分尊重《儿童权利公约》第 37 条第 1 款 b 项和 c 项及其他国际义务对拘留条件作出的

---

〔1〕 Committee against Torture, "General comment No. 4 (2017) on the implementation of article 3 of the Convention in the context of article 22", CAT/C/GC/4, 4 September 2018.

规定。[1] 对此，有关国家必须提供特别的安排，使儿童获得与成人分开的、适当的居住环境，除非这样做不符合儿童的最大利益。在羁押期间，儿童应有机会与其朋友、亲戚、宗教、社会和法律顾问及其监护人保持定期的联络和接受他们的探访。同时有关部门还应为他们提供所有基本必需品以及必要时获得适当的医疗和心理咨询。在拘留期间，儿童有权获得最好是在拘留地点以外的教育，这有助于他们在获释时继续上学。他们也有权获得该公约第 31 条所规定的休闲和娱乐。为了有效地保障该公约第 37 条第 1 款 d 项所规定的权利，应当向被剥夺自由的儿童迅速提供免费的法律和其他适当援助，包括指定一名法律代表。[2]

## 二、区域人权公约的渊源

区域人权公约中也规定了对于被引渡请求人的人权保障，具体内容与国际人权公约基本相一致，其在引渡案件中的适用也基本相同。因此，在此只简述相关人权保障的依据，为下文中的实践分析奠定基础。

（一）《欧洲人权公约》有关引渡中的人权保障的规定

《欧洲人权公约》第 2 条规定，任何人的生命权应当受到法律的保护。不得故意剥夺任何人的生命，但是，法院依法对他所犯的罪行定罪并付诸执行的除外。该公约第 3 条规定，不得对任何人施以酷刑或者是使其受到非人道的或者是有损人格的待遇或者是惩罚。该公约第 5 条规定，为防止某人未经许可进入国境或者为押送出境或者引渡，缔约国可以采取行动予以合法逮捕或者监禁当事人，但是应当以被逮捕人了解的

---

〔1〕 第 37 条规定缔约国应确保：（a）任何儿童不受酷刑或其他形式的残忍、不人道成有辱人格的待遇或处罚。对未满 18 岁的人所犯罪行不得判以死刑或无释放可能的无期徒刑；（b）不得非法或任意剥夺任何儿童的自由。对儿童的逮捕、拘留或监禁应符合法律规定并仅应作为最后手段，期限应为最短的适当时间；（c）所有被剥夺自由的儿童应受到人道待遇，其人格固有尊严应受尊重，并应考虑到他们这个年龄的人的需要的方式加以对待。特别是，所有被剥夺自由的儿童应同成人隔开，除非认为反之最有利于儿童，并有权通过信件和探访同家人保持联系，但特殊情况除外；（d）所有被剥夺自由的儿童均有权迅速获得法律及其他适当援助，并有权向法院或其他独立公正的主管当局就其被剥夺自由一事之合法性提出异议，并有权迅速就任何此类行动得到裁定。

〔2〕 Committee on the Rights of the Child, "General comment No. 6 (2005): treatment of unaccompanied and separated children outside their country of origin", CRC/GC/2005/6, 1 September 2005, para. 63.

语言立即通知他被逮捕的理由以及被指控的罪名。因被逮捕或者拘留而被剥夺自由的任何人应当有权要求法院依照司法程序对他被拘留的合法性作出决定,如果拘留是不合法的,则应当将其释放。由于违反规定而被逮捕或者拘留的任何人应当具有可以得到执行的受赔偿的权利。第6条规定,在决定某人的公民权利和义务或者在决定对某人确定任何刑事罪名时,任何人有理由在合理的时间内受到依法设立的独立而公正的法院的公平且公开的审讯。判决应当公开宣布,但是,基于对民主社会中的道德、公共秩序或者国家安全的利益,以及对民主社会中的少年的利益或者是保护当事人的私生活权利的考虑,或者是法院认为在特殊情况下,如果公开审讯将损害公平利益的话,可以拒绝记者和公众参与旁听全部或者部分审讯。该公约第14条规定,对本公约所规定的任何权利和自由的享有应当得到保障,不应因任何理由比如性别、种族、肤色、语言、宗教、政治或其他观点、民族或社会出身、与某一少数民族的联系、财产、出生或其他情况等而受到歧视。关于废除死刑的《欧洲人权公约》第六议定书规定,死刑应予废除,任何人不应被判处死刑或者处死。法律中可以有战争期间判处死刑的规定,但应依法适用。议定书不得克减,也不得保留。而关于在任何情况下都应废除死刑的《欧洲人权公约》第十三议定书,规定了即使是战争期间也不得判处死刑,其余条款与前述第六议定书相同。

(二)《美洲人权公约》有关引渡中的人权保障的规定

《美洲人权公约》第4条规定,每一个人都有使其生命受到尊重的权利。这种权利一般从胚胎时起就应受到法律保护。不得剥夺任何人的生命。对犯罪时年龄在18岁以下或超过70岁的人不得处以死刑,对孕妇也不得处以死刑。每一被判处死刑的人都有权请求赦免、特赦或减刑,一切案件均可适用赦免、特赦或减刑。该公约第5条规定,每一个人都具有在身体上、精神上或心理上受到尊重之权。不得对任何人施以酷刑或残暴的、非人道的或侮辱性的惩罚或待遇,所有被剥夺自由的人都应受到尊重人类固有尊严的待遇。该公约第7条规定,除根据有关的缔约国宪法或依照宪法制定的法律预先所确认的理由和条件外,不得剥夺任何人的身体自由。不得对任何人任意进行逮捕或关押。应将被拘留的原因告诉任何被拘留的人，并应迅速地将对该人的一项或几项控告通知他本人。应将被拘留的任何人迅速提交法官或其他经法律认可的行使司法权的官员，该人有权在合理时间内受到审判或在不妨碍诉讼程序继续的条件下予以释放。对该人可予以保释以保证该人出庭受审。被剥夺自由的任何人都有权向主管法庭求助，以便该法庭可以就逮捕或拘留他的合法性不迟延地作出决定，如果这种逮捕或拘留是非法的，可下令予以释放。在各缔约国国内，其法律规定认为自己将受到剥夺自由的威胁的任何人有权向主管法庭求助，以便法庭对这种威胁是否合法作出决定，这种补救方法不得加以限制或废除。当事人或其代理人有权寻求这些补救的方法。该公约第 8 条规定，人人都有权在适当的保证下和一段合理的时间内由事前依法设立的独立公正的主管法庭进行审讯，以判定对该人具有犯罪性质的任何控告，或决定该人的民事、劳动、财政或具有任何其他性质的权利和义务。该公约第 22 条第 6 款和第 8 款规定，合法地处在本公约的一个缔约国领土内的外国人，只有根据依法作出的决定，才能被驱逐出境。如果一个外国人的生命权利或人身自由，在一个国家由于他的种族、国籍、宗教、社会地位或政治见解等原因而正遭到被侵犯的危险时，该外国人在任何情况下都不得被驱逐到或被送回该国，不论该国是否是他的原居住国家。1990 年通过的《美国人权公约废除死刑的议定书》规定了美洲国家废除死刑的义务，条款大致与《欧洲人权公约关于废除死刑的第六议定书》相似。1985 年通过的《美洲防止和惩治酷刑公约》第 13 条第 4 款规定，如果有理由相信被引渡人的生命有危险，或者将遭受酷刑、残忍、不人道或有辱人格的待遇，或者他将受到特别的审判或请求方特设法院的审判，则不得给予引渡，也不得遣返。[1]

---

〔1〕　Inter-American Convention to Prevent and Punish Torture，retrieved 4 February 2023，https：//extranet. who. int/mindbank/item/1257#：~：text = The%20Inter-American%20Convention%20to%20Prevent%20and%20Punish%20Torture，intended%20to%20prevent%20torture%20and%20other%20similar%20activities.

（三）《非洲人权和民族权宪章》有关引渡中的人权保障的规定

《非洲人权和民族权宪章》第 5 条规定，每一个人的固有尊严有权受到尊重，其合法地位有权得到承认。对人的一切形式的剥削或侮辱，尤其是奴隶制度、奴隶买卖、拷打及残忍的、不人道的或侮辱性的刑罚或待遇，均应予以禁止。该公约第 6 条规定，每一个人均有权享有人身自由与安全。除非根据事先已经制定好的依据和条件，任何人均不得被剥夺自由。尤其是，任何人均不得被任意逮捕或拘捕。该公约第 7 条规定，人人享有对其诉讼案件要求听审的权利。此项权利包括起诉侵犯权利的行为、无罪推定、辩护、要求公平无私的法院或法庭在一个适当的时间内予以审判的权利。2002 年，非洲人权和民族权委员会通过《关于禁止和防止非洲酷刑，残忍、不人道或有辱人格的待遇或处罚的指导方针和措施的决议（罗本岛指南）》，该决议中关于禁止酷刑的第一部分，委员会表示，不驱回原则适用于引渡领域，各国应确保不会将任何人驱逐或引渡到其有面临酷刑危险的国家。

2015 年，非洲人权和民族权委员会发布关于生命权的第 3 号一般性意见。在该意见第四部分废除死刑的内容中，委员会表示，已在法律中废除死刑的国家不得重新提出死刑，也不应通过驱回、引渡、驱逐或其他手段，包括提供可能导致死亡的支持或援助，为死刑处决提供便利。暂停执行死刑的国家必须采取措施，使法律废除正式化，不再允许进一步处决。除了停止死刑执行之外，全面暂停执行死刑还包括停止死刑判刑，即检察官不会寻求判处死刑，或者法官会选择不判处死刑。在第八部分关于非国家行为者违法行为责任的内容中，委员会表示，生命受到威胁的个人无法充分享受生命权。因此，在面临死亡威胁的情况下，国家必须调查并采取一切合理的步骤来保护受威胁的个人。同样，各国不应通过引渡或其他机制，通过将个人转移或归还至其生命可能受到威胁的地方来违反不驱回原则。

## 第二节　国际人权法对于引渡条约的影响

随着国际人权法的普遍接受和发展以及在国内和国际层面的实施，国际人权标准也逐步纳入引渡条约，提升了引渡中被请求人的人权待遇。

**一、国际人权法对于引渡公约的影响**

国际人权公约的普遍接受，不仅促使联合国《引渡示范条约》将可能存在的对于被引渡人实施歧视、酷刑和缺席判决的情形纳入拒绝引渡的理由，而且也强化了很多与引渡相关的国际司法合作公约对于禁止歧视等人权原则的重视和遵循。

（一）与引渡相关的国际公约

1. 联合国《引渡示范条约》

20世纪80年代，随着国内犯罪和跨国犯罪手段不断升级，国际层面开始思考开展合作共同打击犯罪。拟订国际合作示范条约的倡议始于1985年8月26日至同年9月6日在米兰举行的第七届联合国大会，大会表示，由于在预防犯罪和刑事司法方面的国际合作是必要的，联合国应拟订适当的示范文书，作为国际和区域公约以及国家立法的依据。1990年12月14日，联合国大会通过了联合国《引渡示范条约》，来指导嗣后引渡条约或公约的编纂，助力国际合作及控制和惩罚犯罪，该公约后于1997年12月12日进行了修订。

联合国《引渡示范条约》是在对各国在引渡程序方面的需要和困难进行仔细评估的基础上制定的，成为刑事事项国际合作的一项重要工具。它规定了简明的义务，以及对请求方、被请求方的要求和被请求引渡者的保障措施。在联合国《引渡示范条约》中，人权要求主要体现在拒绝引渡的理由。其中不歧视、禁止酷刑、《公民权利和政治权利国际公约》第14条规定的刑事诉讼程序的最低保障以及缺席审判是拒绝引渡的强制性理由，人道主义考虑则是拒绝引渡的任择理由。

结合实践来看，尽管联合国《引渡示范条约》规定的强制性拒绝理由并未都得到普遍承认，但是不歧视原则和禁止酷刑原则却具有无可争议的地位，在引渡实践中得到了普遍尊重。此外，联合国《引渡示范条约》有关公正审判权的要求无疑是《公民权利和政治权利国际公约》等文件的相关规定在引渡制度中的体现。在可能出现酷刑或被引渡人的公正审判权得不到保证的情况下，拒绝引渡请求是正当的。依据联合国《引渡示范条约》，判定不符合人权保障要求的缺席审判制度需要满足三个条件：被定罪的人未获得审判的充分通知；无法行使辩护权；没有机会或将不会有机会在其本人出庭的情况下使该案获得重审。据此，该示范条约实际对缺席审判制度持保守意见，并没有完全持否定态度，并且鼓励国家在引渡过程中积极磋商，通过有条件引渡的方式惩治犯罪行为。

联合国《引渡示范条约》中，人道主义考量指的是被请求方可以在引渡过程中结合被引渡人的年龄、健康或其他个人具体情况，来平衡惩治犯罪、请求方以及被引渡人之间的利益。但是联合国对人道主义考量的态度并不绝对，而是鼓励国家采取拒绝引渡以外的其他方式，如要求请求方作出适当的医疗安排等，以成功开展引渡合作。

2. 联合国关于国际刑事司法的公约

除了联合国《引渡示范条约》外，联合国刑事司法合作公约中也有许多与引渡和人权保障相关的条款。例如，联合国大会 1979 年 12 月 17 日通过的《反对劫持人质国际公约》，其中第 9 条第 1 款规定："依照本公约提出引渡某一嫌疑犯的要求不得予以同意，如果收到此项要求的缔约国有充分理由相信：（a）以第 1 条所称罪行为理由而提出引渡要求，但目的在于因某一人的种族、宗教、国籍、民族根源或政治见解而予以起诉或惩罚；（b）该人的处境可能因以下理由而受损害：（一）本款（a）项所述的任何理由，或（二）有权行使保护权利的国家的适当机关无法与其联系。"又如，1997 年 12 月 15 日联合国大会通过的《制止恐怖主义爆炸事件的国际公约》第 12 条规定："如被请求的缔约国有实在理由认为，请求为第 2 条所列罪行进行引渡或请求为此种罪行进行相互法律协助的目的是为了因某人的种族、宗教、国籍、族裔或政治观点而对该人进行起诉或惩罚，或认为顺从这一请求将使该人的情况因任何上述理由受到损害，则本公约的任何条款不应被解释为规定该国有引渡或提供相互法律协助的义务。"除此之外，1999年12月9日联合国大会通过的《制止向恐怖主义提供资助的国际公约》第15条、2000年11月15日《联合国打击跨国有组织犯罪公约》的第16条第14款和同日通过的《联合国打击跨国有组织犯罪公约关于打击陆、海、空偷运移民的补充议定书》的第16条第14款、2003年3月8日《联合国反腐败公约》第44条第15款、2005年4月13日《制止核恐怖主义行为国际公约》第16条、世界卫生组织烟草控制框架公约缔约国大会第五届会议2012年11月12日通过的《消除烟草制品非法贸易议定书》第30条第11款也有类似规定。

（二）与引渡相关的欧洲区域公约

规范欧洲国家间引渡问题的多边公约，主要包括欧洲理事会主持订立的《欧洲引渡公约》（1957年12月13日）及4项附加议定书。此外，欧盟国家为了全面落实上述公约及其议定书，进一步改进成员间的刑事司法合作，还专门制定了《欧盟成员国间引渡公约》（1996年9月27日）；并针对被引渡人同意引渡的情形，以加快引渡程序为目的，制定了《欧盟成员间简易引渡程序公约》（1995年3月10日）。2002年6月，欧盟理事会订立《关于欧洲逮捕令及成员国间移交程序的框架决定》，进一步推进具有高度信任和合作基础的欧盟国家开展刑事司法合作。[1]依据该框架第31条第1款的规定，欧洲逮捕令机制在欧盟范围内取代上述公约建立的成员国之间的引渡程序，但引渡公约仍在逮捕令没有规范的事项上以及与非欧盟成员国的刑事司法合作中发挥重要作用。[2]此外，其他刑事司法公约中也有与引渡相关的内容。

---

〔1〕 周露露："欧盟引渡制度的新发展及对我国的启示"，载《法学》2003年第12期。

〔2〕 European Arrest Warrant and surrender procedures between Member States, retrieved 4 February 2023, https: //assets. publishing. service. gov. uk/government/uploads/system/uploads/attachment_ data/file/117679/european-arrest-warrant1. pdf.

1. 《欧洲引渡公约》

《欧洲引渡公约》是欧洲区域在引渡领域的第一个公约，也是第一个包含人权保障条款的引渡公约。该公约第 3 条第 2 款表示，如果被请求方有充分理由相信，对一项普通刑事罪行提出引渡请求的目的是由于被引渡人的种族、宗教、国籍或政治意见而起诉或惩罚该人，或者被引渡人的立场可能因为这些原因而受到偏见，被请求方不得引渡。此条款来源于 1951 年《关于难民地位的公约》中"任何缔约国不得以任何方式将难民驱逐或送回（推回）至其生命或自由因为他的种族、宗教、国籍、参加某一社会团体或具有某种政治见解而受威胁的领土边界"的规定。[1]《欧洲引渡公约》第 28 条规定，除非缔约国之间实行的统一法律或者国内法均规定在其领土内执行另一缔约国发出的逮捕令，否则引渡公约将取代任何双边或多边条约的规定，双边或多边协定仅作为补充引渡公约的规定或促进其中所载原则的适用。委员会之所以作出这样的规定，主要基于公约普遍性和多边性的考虑，认为《欧洲引渡公约》管辖缔约国之间引渡的整个领域，如果允许缔约国在其他公约中列入与引渡公约相抵触的条款，则会损害其本质。[2]

根据欧洲理事会发布的公约解释性报告[3]，在制定《欧洲引渡公约》时，有来自北欧的专家提出，该公约应当允许在特殊情况下，基于特定案件中的人道主义考量而拒绝引渡，并建议在该公约第 6 条加入如下条款：如果逮捕和交付被引渡人可能会给他造成异常严重的后果，从而引起人道主义方面的关切，特别是由于他的年龄或健康状况，则可以拒绝引渡。虽然这一提议没有被接受，但是编撰委员会决定在有关条款的脚注中提及这些规定，并在对这些条款的评论中加以说明。此外，编撰委员会还同意，多边公约可以对此作出保留，以便尽可能多的国家加入公约。

1978 年欧洲理事会制定了补充《欧洲引渡公约》的第 2 号附加议

---

〔1〕 ［韩］李万熙：《引渡与国际法》，马相哲译，法律出版社 2002 年版，第 324 页。

〔2〕 Explanatory Report to the European Convention on Extradition, Paris, 13. XII. 1957, p14.

〔3〕 Explanatory Report to the European Convention on Extradition, Paris, 13. XII. 1957, p4.

定书，决定增加关于缺席审判制度的内容，规定如果被请求方认为缺席审判的程序不符合行使刑事诉讼辩护权的最低要求，可以拒绝引渡请求。但如果请求方给予被引渡人保证力度足够的重审权利，即如果被引渡人同意执行判决，那么被请求方应当同意引渡请求。被请求方将缺席作出的判决通知被请求引渡人时，请求方不得将这一来文视为该国刑事诉讼目的的正式通知。依解释性报告可知，这项修正案起源于荷兰对《欧洲引渡公约》的保留意见，即如果被引渡人不能行使《欧洲人权公约》第 6 条第 3 款第 3 项保障的辩护权，则拒绝引渡请求。小组委员会则认为，在任何刑事被告人的权利被侵犯的情形下都应拒绝引渡，而不仅仅局限于《欧洲人权公约》第 6 条第 3 款第 3 项。关于缺席审判制度的内容，欧洲犯罪问题委员会 1975 年 5 月 21 日发表的关于"在被告人缺席情况下进行诉讼的准则"指出，缺席审判情形下成员国应遵循一些最低标准，目的在于保障被告人依据《欧洲人权公约》享有的权利，尤其是明确提及的辩护权。针对被告人重审的权利，解释性报告强调，请求方的保证不仅必须包括通过重审获得补救办法的可能性，而且还必须包括该补救办法的效力。如果请求方的国内法不允许重审，则被请求方没有义务引渡。[1]

2. 《欧洲联盟成员国间简易引渡程序公约》

1995 年 3 月 10 日，鉴于在许多引渡实践中存在被引渡人同意引渡的情况，欧盟决定在这种情形下简化和改进引渡程序，将引渡所需的羁押时间减少到最低限度，并制定了《欧洲联盟成员国间简易引渡程序公约》（下称《欧洲简易引渡程序公约》），旨在推进成员国间的刑事司法合作的同时，规范各国的国内程序。

《欧洲简易引渡程序公约》第 5 至第 7 条规定，适用简易程序应在被请求人同意引渡以及放弃享有普通程序权利的前提下适用，这种同意以及放弃权利的表示必须是被引渡人在自愿以及充分了解法律后果的情

---

〔1〕 *Explanatory Report to the Second Additional Protocol to the European Convention on Extradition*, Strasbourg, 17. III. 1978. Committee of Ministers of Council of Europe, Res（75）11 on the criteria governing proceedings held in the absence of the accused, 21/05/1975.

况下作出。因此，被引渡人有权聘请律师，如有必要，被请求方应当提供翻译。关于被引渡人的同意是否可撤销以及放弃享有普通程序权利的范围，依被请求方法律决定。

2010 年，欧洲理事会参照《欧洲简易引渡程序公约》制定了关于被引渡人同意下简化和加快引渡程序的《欧洲引渡公约第 3 号附加议定书》，补充和修改了《欧洲引渡公约》的相关内容。欧洲理事会在解释性报告中表示，被请求人所表示的同意是简易引渡程序的核心，并再次强调被请求人的自愿以及充分了解法律后果的重要性。而且，即使是被请求人同意引渡，也不得剥夺其获得律师和翻译帮助的权利，同时也不意味着被请求方不得拒绝引渡。[1]

3. 欧洲犯罪问题委员会发表的决议和建议

欧洲犯罪问题委员会 1975 年 5 月 21 日发表决议表示，针对《欧洲引渡公约》第 1 条中规定的关于 18 岁以下的未成年人的引渡请求，请求方和被请求方应当考虑未成年人的利益和通常的居住状态，当引渡可能不利于其回归社会时，应当努力达成协议以采取最合适的措施。同时，若依据《欧洲引渡公约》第 22 条，国内法规定适用简易引渡程序，缔约国则应确保被引渡人享有进入司法程序、寻求律师帮助以表达关于羁押和引渡条件的意见的权利。[2]

1980 年 6 月 27 日，该委员会再次发表决议，认为被引渡人享有如下程序性权利：其一，立即以其所能理解的语言，告知有关引渡请求及其根据的事实、引渡条件、程序、逮捕理由；其二，提出反对引渡的意见和理由；其三，在引渡程序中寻求协助甚至是法律援助的权利；其四，若在不遵循一般引渡程序的情况下交出被引渡人，需征得其同意；其五，逮捕是例外措施，只有在有充分理由表明不实施逮捕就无法引渡

---

〔1〕 Explanatory Report to the Third Additional Protocol to the European Convention on Extradition, Strasbourg, 10. XI. 2010.

〔2〕 Committee of Ministers of Council of Europe, Res（75）12 on the practical application of the European Convention on Extradition, 21/05/1975.

时，才能逮捕被引渡人。[1]

同日发表的"关于引渡给《欧洲人权公约》非缔约国问题"的决议表示，欧盟希望在引渡案件中加强对人权的保护，即使是《欧洲人权公约》非缔约国提出的引渡请求，不符合《欧洲引渡公约》第3条第2款要求的，缔约国也不得引渡。[2]

欧洲犯罪问题委员会于1986年9月16日发表的"关于引渡前羁押问题"的决议建议，引渡前羁押的时间应与审判前羁押的时间以同样的方式从刑期中扣除；若被请求方认为引渡前的羁押期限与待执行的刑期或定罪后可能判处的刑罚不成比例的，应当与请求方协商，以确定引渡请求是否得到满足。同时，成员国应审查其立法，以便使那些在引渡前遭受无理羁押的人能够在与有关审判前无理羁押赔偿制度相同的条件下要求赔偿。[3]

4.《关于欧洲逮捕令及成员国间移交程序的框架决定》[4]

《关于欧洲逮捕令及成员国间移交程序的框架决定》（下称《欧洲逮捕令框架》）前言第12条即宣示尊重基本权利，遵守《欧洲联盟条约》（the Treaty on European Union）第6条所承认的并反映在《欧洲联盟基本权利宪章》（特别是第六章）中的各项原则。如果被请求方有理由相信，发出逮捕令的目的是基于被逮捕人的性别、种族、宗教、民族或性取向的起诉或惩罚，或者被逮捕人可能因此受到歧视，则被请求方有权拒绝交出被逮捕人。框架决定并未阻止成员国适用与正当程序、结社自由、新闻自由和其他媒体言论自由有关的宪法规则。该框架决定前言第13条规定，任何人都不应被移送、驱逐或引渡到他或她将面临死

---

〔1〕　Committee of Ministers of Council of Europe, Rec（80）7 concerning the practical application of the European Convention on Extradition, 27/06/1980.

〔2〕　Committee of Ministers of Council of Europe, Rec（80）9 concerning extradition to states not party to the European Convention on Human Rights, 27/06/1980.

〔3〕　Committee of Ministers of Council of Europe, Rec（86）13 concerning the practical application of the European Convention on extradition in respect of detention pending extradition, 16/09/1986.

〔4〕　Council Framework Decision of 13 June 2002 on the European arrest warrant and the surrender procedures between Member States（2002/584/JHA）.

刑、酷刑或其他不人道或有辱人格的待遇或处罚的严重危险的国家。

《欧洲逮捕令框架》第 4a 条第 1 款规定，如果逮捕令是在被逮捕人缺席的情况下作出的，请求方应作出足够的保证，使被逮捕人享有申请重审并出席审判的权利。根据欧洲委员会提交的草案，"缺席判决"的定义基于欧洲委员会《刑事判决国际有效性公约》和欧洲委员会部长委员会第 75（11）号决议作出，符合联合国《引渡示范条约》的要求。但该条所规定的"缺席判决"不包括如下情形，即依照请求方法律在规定时间内进行传唤，但被逮捕人非基于不可控的原因本人故意不履行出庭义务，也没有派代表出庭的情形。此外，分析《欧洲逮捕令框架》的其他规定，关于被请求逮捕人权利的第 11 条规定，被逮捕时，被请求方应根据其国家法律，将该欧洲逮捕令的内容以及同意向请求方移交的可能性通知被逮捕人。被逮捕人有权依据被请求方法律得到法律顾问和翻译的帮助。草案说明指出，此条款是被逮捕人权利的重要保障，因为有理由认为，在一个可能不熟悉的法律和语言环境下被逮捕并转移到另一个成员国，被逮捕人必须从程序开始就得到法律帮助。[1]《欧洲逮捕令框架》关于羁押的第 12 条规定，执行逮捕令后，被请求方应依据其国内法审查羁押必要性。如果被请求方采取其认为必要的一切措施来防止被逮捕人潜逃，则该人有权按照请求方国内法在任何时候请求暂时释放。《欧洲逮捕令框架》关于同意逮捕的第 13 条规定，如果被逮捕人同意被逮捕以及放弃普通程序享有的权利，则应按照《欧洲逮捕令框架》第 27 条第 2 款的规定在被请求方司法机关依其国内法完成意思表示。成员国应采取必要措施，确保被逮捕人在自愿和充分知悉法律后果的前提下表示同意。因此，被请求人有权得到法律顾问的帮助。《欧洲逮捕令框架》关于听取被请求人意见的第 14 条规定，如果被捕者不同意本决定第 13 条所述的逮捕，则他或她有权根据被请求方的法律提交司法机关进行审理。《欧洲逮捕令框架》关于决定前听取意见的第 19 条规定，被请求人应由被请求方的司法机关依照被请求方的法律和双边

---

〔1〕　Commission of the European communities, COM（2001）522 final, 2001/0215（CNS）.

引渡条约确定的条件进行审理，并由根据请求方法庭指定的另一人协助。《欧洲逮捕令框架》关于移交被逮捕人的时间限制的第 23 条规定，移交可因严重的人道主义原因推迟，如果有充分理由相信移交被逮捕人明显会危及其生命或健康，欧洲逮捕令应在这些理由不复存在后立即执行。被请求方应立即通知请求方，并商定新的移交时间。移交应在商定新的移交时间之后的 10 天内进行。

5. 欧洲刑事司法合作公约

除了专门的引渡公约以外，欧洲区域还订立了其他一系列刑事司法合作公约，对引渡中的人权保障等内容进行了规范。

其中，2003 年通过的《欧洲制止恐怖主义公约》修正议定书，[1]在《欧洲制止恐怖主义公约》第 5 条下新增了两个拒绝引渡的理由。修改后的《欧洲制止恐怖主义公约》第 5 条第 2 款规定，如果被引渡人具有遭受酷刑或不人道或有辱人格的待遇或处罚的风险，则不得引渡。《欧洲制止恐怖主义公约》第 3 款规定，如果被引渡人有可能被判处死刑、或者被请求方的法律不允许终身监禁、或者被判处没有假释可能的终身监禁，除非依据适用的引渡条约，被请求方在请求方予以保证不判处或不执行死刑、终身监禁、没有假释可能的终身监禁的情况下，有予以引渡的义务，否则本公约的任何条文不得被解释为被请求方有引渡的义务。

2005 年通过的《欧洲理事会防止恐怖主义公约》[2] 第 21 条第 1 款规定，如果被请求方有充分理由相信公约所述罪行的协助是会导致被请求人因其种族、宗教、国际、族裔或政治见解而受到起诉或惩罚，或者同意请求会对该人的立场造成损害，则不得引渡或提供司法协助。该公约第 2 款和第 3 款与《欧洲制止恐怖主义公约》修正议定书增加的条款一致。

此外，其他的刑事司法合作公约虽然没有类似内容，但均有适用

---

〔1〕 Protocol amending the European Convention on the Suppression of Terrorism, ETS No. 190.

〔2〕 Council of Europe Convention on the Prevention of Terrorism, CETS No. 196.

《欧洲引渡公约》的内容，如 2001 年 11 月 23 日通过的《网络犯罪公约》[1] 第 39 条，因此，上述欧洲引渡条约的内容也适用于其他刑事司法合作公约。

（三）与引渡相关的美洲区域公约

1981 年 2 月 25 日，在委内瑞拉加拉加斯举办的美洲引渡问题专门会议通过了《美洲引渡公约》，1992 年 3 月 28 日，依据《美洲引渡公约》第 31 条的规定该公约生效。该公约与人权有关的规定主要体现在拒绝引渡的理由以及被引渡人享有的权利两方面。

该公约第 4 条规定了拒绝引渡的理由，其第 3 款和第 5 款要求，当被引渡人在请求方的特别法庭或特设法庭受审或被判或将要受审时，根据案件的情况，可以推断出被引渡人会因种族、宗教或国籍原因而遭受迫害，或者由于上述任何原因，该人的地位可能会受到损害时，被请求方应当拒绝引渡。该公约第 9 条规定了引渡应排除在外的处罚，缔约国不得在有关罪行因请求方可判处死刑、终身监禁或有辱人格的惩罚的情况下予以引渡，除非被请求方先前已通过外交途径从请求方获得足够的保证，不会施加上述处罚或者如果施加此类处罚也不会强制执行。该公约第 16 条是关于被引渡人法律权利和援助的规定：被请求人应在被请求方享有该国法律赋予的所有合法权利和保障。被请求人应得到法律顾问的协助，如果该国的官方语言不是他的母语，则还应由口译员予以协助。该公约第 20 条是关于推迟引渡的要求，该条第 2 款规定，当被引渡人因健康原因而危及其生命时，他的引渡可能会被推迟直至不再构成这种危险为止。在该公约起草过程中，共有四份关于此条款的提案。阿根廷代表团认为，该条款应表述成"如果由于疾病，引渡将危及人员的生命，缔约国应推迟引渡直到这种风险不再存在为止"。[2] 乌拉圭代表团提案建议，"在官方医生的判断下，如果由于疾病原因引渡可能使被

---

[1] Convention on Cybercrime, ETS No. 185.

[2] Inter-American Specialized Conference on Extradition, Caracas, Venezuela 16-25February 1981. Document CEDEX/43, p. 3.

引渡人生命处于危险之中，缔约国可以推迟交付，但不得影响有效引渡"。[1] 厄瓜多尔代表团提案的表述是，"如果引渡将使被引渡人的生命处于迫在眉睫的危险状态，那么被引渡人可能会被推迟交付。"[2] 委内瑞拉代表团建议，"如果发生严重疾病，危及被引渡人的生命，可以推迟引渡过程"。[3] 经会议讨论，公约最后结合各方的意见形成了最后的文本并如上文所示。[4] 在简易引渡程序方面，该公约第21条规定，若国内法没有明文禁止并且在法官或其他主管机关告知被引渡人普通引渡程序的权利和该程序所提供的保护之后，该人以书面形式不可撤销地表示同意引渡，则被请求方可以在没有普通引渡程序的情况下批准引渡。

（四）英联邦的相关引渡规范

《英联邦内伦敦引渡计划》（下称《英联邦引渡计划》）[5] 是英联邦国家间引渡的主要文书，最初于1996年通过，在2002年修订之前共有3份修正案，分别涉及政治罪行的定义、死刑不引渡、国民不引渡和证据规定四个主题事项。1998年英联邦法律部门高级官员会议决定修订《英联邦引渡计划》，以吸纳联邦内引渡经验及全球实践的发展成果，如联合国《引渡示范条约》，从而在跨国犯罪的频率和复杂性日益增加的情况下更好地满足成员国的引渡需求。

在引渡计划修正议程进入关键时期之前，英联邦法律部长高级会议请求英联邦秘书长成立专家组，就一些疑难问题提供意见，其中一个问题就是"国际合作打击犯罪中个人权利与全球利益的平衡"。经过讨论，与会者在引渡方面提出如下建议：其一，引渡条约和安排应规定，

---

〔1〕 Inter-American Specialized Conference on Extradition, Caracas, Venezuela 16-25February 1981. Document CEDEX/20, p. 11.

〔2〕 Inter-American Specialized Conference on Extradition, Caracas, Venezuela 16-25February 1981. Document CEDEX/28, p. 2.

〔3〕 Inter-American Specialized Conference on Extradition, Caracas, Venezuela 16-25February 1981. Document CEDEX / 37, add. 1.

〔4〕 Isidoro Zanotti: Extradition in Multilateral Treaties and Conventions, Foreword and Update by Edgardo Rotman, Martinus Nijhoff Publishers.

〔5〕 The London Scheme for Extradition within the Commonwealth.

如果有大量证据表明，引渡逃犯将存在严重违反被请求方依据条约或习惯国际法承担的人权保护义务的风险，被请求方应当拒绝引渡，这些风险包括危及生命权、酷刑、溯及既往的刑法、侵犯不被奴役的权利以及公正审判权的情形；其二，因人权保障义务禁止引渡逃犯时，应考虑有条件引渡或延长引渡时间或设立域外刑事司法管辖权以提供起诉的替代措施。[1]

英联邦法律部门高级官员会议在认真审议专家组意见后，于2002年11月通过修正案，增加了"性别"作为歧视性迫害的理由、采取性别中立的语言以及增加缺席审判作为拒绝引渡的理由等与人权保障相关的内容。[2] 修改后的《英联邦引渡计划》第8条规定，被引渡人可以放弃委托程序，如果被引渡人是在自愿并且理解其重要性的情况下放弃，请求方司法机关可以决定羁押被引渡人，或者准予保释、等待引渡；司法机关也可以不按照有关时间限制的规定，随时决定引渡。该计划第13条关于应当拒绝引渡的情形包括了禁止歧视的规定：表面上因追溯犯罪而提出的引渡请求，实际上是为了因种族、宗教、性别、国籍或政治见解而起诉或惩罚该人，或该人可能因上述原因而在审判中受到歧视或受到人身自由相关的惩罚、拘留或限制，被请求方应当拒绝引渡。该计划第14条是自由载量是否拒绝引渡的情形，第1款规定如果请求方的判决是在被告不在场的情况下作出的，且没有为被告出庭的律师或律师没有参与诉讼程序，被请求方可以拒绝引渡请求。但该计划第16条同时规定，为了避免英联邦国家成为犯罪的避风港，拒绝引渡的国家应当采取或引渡或起诉、审判后回被请求方执行、罪犯移交或通过移交证据等在被请求方起诉等替代措施。

## 二、国际人权法对于双边引渡条约的影响

随着人权的发展，引渡条约中也逐渐出现人权保障条款。例如，据

---

　〔1〕　The Balance between Individual Rights and Global Interests in International Co-operation to Combat Crime, LMM（99）9, 1999 Meeting of Commonwealth Law Minister and Senior Officials, Memoranda Vol. 2, P402~412.

　〔2〕　Proposed Revision of the London Scheme on the Rendition of Fugitive Offenders, LMM（02）15, *2002 Meeting of Commonwealth Law Minister and Senior Officials*, P197~210.

学者考证，1872 年巴西和西班牙率先签订了包含死刑不引渡原则条款的引渡条约，规定在请求引渡国不承诺对被引渡人不判处死刑的情况下，被引渡请求国可以拒绝引渡。[1] 由于双边引渡条约数量浩瀚，在此仅以《英美引渡条约》《中澳引渡条约》为例，来分析国际人权公约对于引渡条约的影响。

2003 年英美签署的《英美引渡条约》中与人权有关的内容只有三条[2]：条约第 7 条规定，如果要求引渡的罪行根据请求方的法律可判处死刑，并且根据被请求方的法律不应判处死刑，被请求方的行政当局可拒绝引渡，除非请求方提供保证不会判处死刑，或者如果判处死刑也不会执行死刑。该条约第 8 条第 4 款第 3 项规定，如果是一个人在缺席的情况下被判有罪，则应提供有关该人自愿缺席诉讼程序的情况的资料。该条约第 12 条第 1 款规定，在紧急情况下，请求方可以要求临时逮捕被请求人，等待提出引渡请求；第 4 款，如果被请求方的行政当局未收到正式的引渡请求，并且根据本条约临时逮捕之日起 60 天期满，临时逮捕的人可被释放；第 5 款，如果引渡请求和证明文件在被请求人根据本条第 4 款已被释放以后送达，则不妨碍随后重新逮捕和引渡该人。该条约第 17 条规定，如果被请求人放弃引渡并同意向被请求方移交，被请求方可以尽快交出该人，而无需进一步的诉讼程序。

与《联合国引渡示范条约》《欧洲人权公约》等不一样的是，《英美引渡条约》字面意义上涉及人权的条款并不多。对此，美国国务院副法律顾问苏珊·宾妮雅兹（Susan Biniaz）女士在美国参议院听证会中进行了解释，她说："除非我们充分审查了该国的法律制度，并确保人权问题符合我们的标准，包括正当程序事项，否则我们不愿意将美国国民送往这些国家。"[3]

此外，《英美引渡条约》在证据要求方面反映了互惠的新趋势，不

---

〔1〕 马德才：《国际法中的引渡原则研究》，中国政法大学出版社 2014 年版，第 88 页。

〔2〕 2003 年 6 月 25 号签署的《欧美引渡条约》中，与人权有关的条款与《英美引渡条约》类似。

〔3〕 Committee on Foreign Relations：Executive Reports of Extradition Treaties with the Europe-an Union，*X. Annex. : Treaty Hearing of May 20, 2008*, Ex. Rept. 110~12.

过存在不平衡的状况。当英国要求从美国引渡时，条约要求英国提供
"合理依据的信息，以便相信被请求者犯下了可以要求引渡的罪行"，
而不是表面证据。但当从英国引渡时，美国并不承担这样的证据要求。
依据英国人权委员会于 2011 年 6 月 7 日发布的《英国引渡政策的人权
意义报告》，差异或平衡问题不是委员会关注的问题，重点是英国《引
渡法》应当为英国公民提供充分的保护，并寻求纳入有利于英国居民的
合理的法律保障。英国人权委员会指出，英国将当事人引渡到美国时，
没有合理证据以供英国法院作出判断，这对被引渡人来说可能是一个严
重的伤害。[1] 此外，依据《英美引渡条约》第 5 条第 3 款的规定，被
请求方可以在决定不起诉、停止起诉或仍在调查的情况下进行引渡。针
对这一条款，人权委员会认为，在缺乏起诉证据的情况下引渡被请求人
以及引渡无需起诉的人都是不利于人权保障的。[2]

　　与《英美引渡条约》不同，2007 年中国和澳大利亚签署的《中澳
引渡条约》中有非常详细的人权保障条款。虽然该条约因澳大利亚未批
准而尚未生效，但作为中国与西方国家之间签署的少数引渡条约之一，
该公约在很大程度上体现了具有不同国情的国家，如何在引渡合作中克
服法律体系、人权观念等方面的差异，并在刑事司法合作与人权保障中
取得平衡。

　　2017 年由澳大利亚司法部长授权发布的《中澳引渡条约》解释性
说明表示，跨国犯罪性质的演变和不断增加的威胁要求澳大利亚建立一
个强有力和反应灵敏的引渡制度，协助有效打击国内和跨国犯罪，但是
确保犯罪分子不能通过越过边界来逃避司法和人权保障同样非常重要。
澳大利亚司法部认为，引渡涉及的人权包括禁止酷刑、生命权、公平听
证和公正审判的权利、自由权、平等和不歧视的权利。虽然引渡条约限
制了某些人权，但是国际人权法只允许合理、合法、符合比例原则的限

　　[1]　Human Rights Joint Committee: Fifteenth Report: The Human Rights Implications of UK Extradition Policy, https://publications. parliament. uk/pa/jt201012/jtselect/jtrights/156/15602. htm.

　　[2]　Human Rights Joint Committee: Fifteenth Report: The Human Rights Implications of UK Extradition Policy, https://publications. parliament. uk/pa/jt201012/jtselect/jtrights/156/15602. htm.

制。根据程序公正原则，被引渡人将有机会就任何人权问题作出陈述。为切实保证被引渡人的权利，决策者可以考虑在适当的情况下，对引渡个人起诉，并将对判刑和待遇等进行持续监督作为引渡的条件。[1] 在《中澳引渡条约》中，有关人权保障的内容具体有如下体现：

在禁止酷刑方面，《中澳引渡条约》第 3 条第 7 款规定，如果被请求方有充分理由相信被引渡人已经或将要在请求国遭受酷刑或其他残忍、不人道或有辱人格的待遇或处罚，被请求方应当拒绝引渡。澳大利亚司法部表示，为考虑是否拒绝移交，被请求方可考虑合理提供的所有材料，以协助确定该人是否可能遭受酷刑，这些材料包括相关的国际法义务，请求方的任何陈述或保证，国家信息，政府或非政府来源编写的报告，通过外交网络提供的信息以及作为被引渡人提出的请求。被引渡人也可以在引渡程序的每个阶段对决定提出质疑。澳大利亚司法部认为，上述规定符合个人在禁止酷刑和其他残忍、不人道和有辱人格待遇方面所享有的权利。

在生命权保障方面，《中澳引渡条约》第 3 条第 8 款规定了死刑不引渡条款，除非请求方承诺不会判处死刑或者不会执行，否则被请求方应当拒绝引渡。澳大利亚司法部表示，死刑不引渡是依据《公民权利和政治权利国际公约》第 6 条规定的不驱回义务的要求，即不得将被请求人递解至该人可能被判处死刑的国家，同时也符合澳大利亚长期以来对死刑的反对意见。[2] 违反承诺将对引渡关系以及与外国更广泛的双边合作关系产生严重后果，决策者将根据具体情况考虑任何不判处死刑保证的可靠性。

在公正审判权方面，澳大利亚政府的立场是，《公民权利和政治权利国际公约》第 14 条不包含不驱回义务。[3] 但是，引渡程序的运作方

---

〔1〕　Explanatory Statement of Extradition（People's Republic of China）Regulations 2017, issued by the authority of the Minister for Justice.

〔2〕　Explanatory Statement of Extradition（People's Republic of China）Regulations 2017, issued by the authority of the Minister for Justice, p. 8.

〔3〕　Explanatory Statement of Extradition（People's Republic of China）Regulations 2017, issued by the authority of the Minister for Justice, p. 9.

式使决策者能够在决定是否交出一个人时考虑公正审判等人道主义因素。在《中澳引渡条约》中，主要体现为第3条（拒绝引渡的强制理由）第4款的双重犯罪、第3条第8款缺席审判、第4条第3款（拒绝引渡的酌定理由）的人道主义考量以及第7条（引渡要求的文件）。澳大利亚司法部认为，《中澳引渡条约》第4条第3款"如果根据该人的年龄、健康或其他个人情况，引渡将与人道主义考量不相容"的规定，包括被引渡人在刑事诉讼中受到不公正或压迫在内的问题，特别是在个人情况错综复杂的状况下。决策者可以视具体情况要求请求方给予公开审判、法律人士帮助、质证、在特定监狱中羁押以及赔偿的保证。《中澳引渡条约》第7条规定的引渡罪行、行为以及适用刑罚的陈述是证据规则方面的规定，但澳大利亚司法部同时表示，并不是证明指控罪行每个要素的证据都是必须的，因为引渡程序的目的不是确定有罪与否，而是一个行政程序，用于确定交出被引渡人是否公正。

在平等与不歧视的保障方面，《中澳引渡条约》第3条第2款规定，被请求方有充分理由认为，请求引渡的目的是基于被请求引渡人的种族、性别、语言、宗教、国籍、政治见解或者个人身份而对该人进行刑事诉讼或者执行刑罚，或者该人在司法程序中的地位可能因为上述任何原因受到损害，应当拒绝引渡。《中澳引渡条约》第4条第3款规定，被请求方在考虑到犯罪的严重性和请求方利益的情况下，认为就被请求引渡人的年龄、健康和其他个人情况而言，引渡该人不符合人道主义的考虑，可以拒绝引渡。澳大利亚司法部表示，该规定可能涵盖包括其他受保护属性的问题，如残疾、肤色、语言、财产、出生或其他身份。

## 第三节　国际人权法对于国内引渡制度的影响

国际人权标准被纳入国内法之中，对于专门的引渡法和相关的刑事司法制度从立法精神到具体规则都产生了较为深刻的影响，不仅提升了被请求人在引渡程序中的整体地位，还注重突出了对于特定群体的人权保障。

## 一、国内引渡制度概览

尽管各国的立法模式和立法原则有所不同，但是绝大多数的国内引渡制度，都对引渡的途径和审查模式、引渡的罪行和条件、引渡的程序和证据要求进行了规定，从而为国家作为请求国和被请求国处理引渡问题提供指导规则。

（一）立法模式

当今世界，各国国内法关于引渡制度的规范形式一般分为一般法和特别法两类。其中特别法是指通过制定专门的法律来规定引渡制度，典型代表有中国、加拿大等国家，如中国于 2000 年 12 月 28 日由全国人大常委修订通过的《引渡法》第 2 条明确指出："中华人民共和国和外国之间的引渡，依照本法进行。"又如，加拿大于 1999 年 6 月 17 日通过的《引渡法案》的前言与第 1 条指出，该法是一项旨在修订和弥补其他法案中关于引渡的内容并进而完善引渡制度的专门法案。[1] 而"一般法形式"主要是指将有关引渡的内容以专章形式列入相关的法律来规定引渡制度。因为引渡主要涉及刑事犯罪的问题，因此通行的做法是将引渡的实体法列入刑法，而将引渡的程序法纳入刑事诉讼法，采用这种"嵌入"立法模式的国家有法国、意大利、美国等。目前为了应对越来越复杂的国际合作，很多国家采取一般法与特别法并行的立法模式。

美国对国际犯罪进行控告主要适用的是《美国法典》[2]，该法典第 18 篇"罪行和刑事诉讼"第 209 章（第 3181 条~第 3196 条）专门规定了引渡规则，其主要内容如下：第 3181 条第 a 款规定，只有存在有效的双边条约时才能予以引渡的原则，表明美国在引渡问题上奉行的是条约前置主义，即合法有效的引渡条约的存在构成适用国内引渡规范

---

〔1〕　全球法规网，境外法规，加拿大，https：//laws-lois. justice. gc. ca/eng/acts/E-23. 01/FullText. html，访问日期：2021 年 10 月 2 日。

〔2〕　又称《合众国法典》，是对美国一般制定法予以汇编并法典化的官方出版物，其包含了美国各领域几近所有的联邦有效法律，是美国最为全面和详细的法典。全球法规网，境外法规，美国《美国法典》，https：//uscode. house. gov/，最后访问日期：2021 年 10 月 22 日。

的先决条件；第 3182 条、第 3183 条规定了美国各州之间以及美国从其具有域外管辖权的地域进行引渡的问题，还引入了代理人概念，并在第 1502 条规定了对妨碍代理人执行与引渡相关职务予以处罚的相关措施；第 3184 条~第 3185 条则是关于向外国引渡犯罪嫌疑人或罪犯的具体规范程序，第 3184 条是关于从外国逃往美国的逃犯的引渡规则，这里的外国除美国外，还不包括受美国实际管辖或直接控制的国家，而第 3185 条专门指出关于从前述美国实际管辖的国家逃往美国的逃犯的引渡形式，并通过列举 16 种具体罪行，提供了规范且明确的程序性指引；第 3186 条规定的是代理人制度；第 3187 条针对临时逮捕和拘留强制措施提出了具体要求；第 3188 条~第 3191 条则明确了引渡的有效承诺时间，着重介绍了关于引渡事项的听证程序，包括证据提交和证据效力、证人申请，体现了程序正义的诉讼原则；第 3192 条是被请求人的人权保障条款，即采取一切措施保障被请求人在引渡审理过程中免于非法暴力的规定；第 3193 条规定了接收被请求人的官员应当具备保护被请求人安全的官方资格。

英国采用的是复合式的引渡制度，立法层次较多，既有专门的引渡法，也有分列在其他法律法规之中的引渡规定。英国的引渡制度通常根据该国与各国之间的关系，尤其是传统关系，规定不同的引渡规则。[1] 例如，英国的《引渡法》涉及从英国向国外引渡逃犯；《逃犯法》规制的是从英国向英联邦国家引渡逃犯的诉讼活动；《签发逮捕令法》则主要涉及将逃犯从英国引渡回爱尔兰的引渡规则。目前英国最新的引渡立法是 2003 年制定的英国《引渡法》，其分为五大部分，共有 227 条，堪称当今世界中条款最多、篇幅最长的引渡专门立法。[2] 2020 年英国出台了针对引渡犯有严重罪行的人而设立无逮捕证逮捕权的修正法案，基本的引渡规则、原则和程序依旧以 2003 年英国《引渡法》为依据。2003 年英国《引渡法》根据引渡双方在死刑等问题上的法律制度的差

---

〔1〕 参见黄风：《引渡制度（增订本）》，法律出版社 1997 年版，第 20 页。
〔2〕 全球法规网，境外法规，英国，2003 年《引渡法》，https://www.legislation.gov.uk/ukpga/2003/41/contents，最后访问日期：2021 年 10 月 28 日。

异性,[1] 专门制定了适用于一类和二类法域的引渡规则。该法第一类部分规定了英国向一类法域国家进行引渡的规则,并指出,如果被请求人依据请求国的刑法应被判处死刑,则不能进行引渡。第二部分更加明确了人权条款对引渡目的的制约性作用,指出英国将被请求人引渡至二类法域的国家时,如果存在违反《人权法案(1998)》[2] 第 2 条生命权和第 3 条免受酷刑权的情形时,应当拒绝该请求。第三部分是从外国向英国引渡的制度;第四部分是警察机关的权力;而第五部分是杂项和一般规定。值得一提的是,英国最新的引渡法改变了其在引渡问题上传统的"条约前置主义"立场,英国最新引渡法第 194 条规定,假如请求引渡的国家既不属于一类法域也不属于二类法域,英国又与该请求国没有一般的引渡合作安排,仍可以通过与该外国就个案引渡达成特定安排以实现引渡目的。在这种情况下,有关的程序参照 2003 年英国《引渡法》为二类法域制定的规则进行,英国国务大臣可以在向审查机关发出的有关证明文件中修改相关的规则。[3]

法国采用的是"一般法形式"的引渡制度,立法模式单一和简洁。其仅在本国《刑事诉讼法》第四卷特别程序中的第五章[4] 规定了引渡程序,并在第 696 条明确指出,在没有另外规定国际公约的情况下,引渡的条件、程序和效果依照本章的规定确定。这些规定也适用于国际公约未作规定的要点。《法国刑事诉讼法》第四卷第五章第一节"引渡条件"(第 691-1 条至第 696-7 条)规定了可能引起引渡的条件、不予引渡的情形以及与引渡相关的基本原则,例如在引渡的条件中,需要遵循传统的双重犯罪原则;在不予引渡的情形中,包含本国公民不引渡、政治犯不引渡、人权保障义务以及公共秩序保留等,此外,当犯罪构成

---

〔1〕 第 1 条第 3 款关于"根据普通刑法可能适用死刑的法域不得划入 1 类法域"的规定,可以看出是否废除死刑是"分类"的根据之一。

〔2〕 Human Rights Act 1998, https://www.legislation.gov.uk/ukpga/1998/42/contents,最后访问日期:2021 年 10 月 2 日。

〔3〕 黄风:《引渡问题研究》,中国政法大学出版社 2006 版,第 187 页。

〔4〕 全球法规网,境外法规,法国,《刑事诉讼法》第四卷第五章,https://www.legifrance.gouv.fr/codes/section_lc/LEGITEXT000006071154/LEGISCTA000006121328/#LEGISCTA000006121328,最后访问日期:2021 年 10 月 22 日。

《军事司法典》第三卷所规定的军事犯罪时不准引渡；第二节"普通法引渡程序"（第 696-8 至第 696-24-1 条）规定了引渡所必备的程序性要件，关于引渡请求的传递和接收、审查和裁定的具体程序内容及对应的处理机构；第三节"欧洲联盟成员国之间的简化引渡程序"（第 696-25 条至第 696-33 条），其中第 696-25 条明确了该节适用于瑞士根据《法兰西共和国与瑞士联邦委员会之间关于简化引渡程序和补充 1957 年 12 月 13 日〈欧洲引渡公约〉的协定》向法国提出的为临时引渡而向法国提出的请求，其他条款则同样规定了引渡的简化程序内容以及对应的处理机构；第四节"引渡的效力"（第 696-34 条至第 696-41 条），其中第 696-36 条作出了声明，如果法国政府收到的引渡请求超出本章规定的条件，则该引渡无效；第五节则是"杂项规定"（第 696-42 条至第 696-47-1 条），是对前面几节内容的呼应和补充。除此以外，法国《刑法》《国防法》《外国人入境、居留和庇护法》《军事司法法典》《国家安全法》中也涉及部分零碎的引渡规范[1]，这些与《刑事诉讼法》中的引渡规范共同组成了法国现行有效的引渡体系。

　　日本采用的是"特别法形式"的立法，其《逃亡犯罪人引渡法》颁布于 1953 年，并在 1954 年、1964 年、1978 年、1993 年和 2004 年、2007 年进行了数次修订。现行引渡法是 2007 年修订的《逃亡犯罪人引渡法》，该法一共有 35 条，对于引渡的定义、妨碍引渡的情形、引渡合作的依据以及引渡程序等作出了具体规定。日本《逃亡犯罪人引渡法》第 1 条是概念界定，对"引渡条约""请求国""被请求引渡人"等重要概念都做了详细阐释；第 2 条是引渡的条件限制，即符合该条所列举情况的被请求人都不予引渡，例如政治犯不引渡、本国公民不引渡以及

---

〔1〕　全球法规网，法国，https：//www.legifrance.gouv.fr/search/all? tab_ selection = all& searchField = ALL&query = extradition&searchType = ALL&fonds = CODE&typePagination = DEFAULT& pageSize = 10&page = 1&tab_ selection = all#all，最后访问日期：2021 年 10 月 2 日。

轻刑不引渡等情形;[1] 第 3 条则明确指出日本在引渡合作问题上不以双边引渡条约的存在为先决条件,可依据互惠原则进行引渡。外国的引渡请求如若并非依据引渡条约提出,则需要外国能够接受日本提出的同样或类似请求,在由日本的外务大臣确定请求国作出互惠承诺的情况下,引渡程序才能够启动。

我国的引渡法采用的是特别法与一般法相结合的形式,现行有效的是 2000 年 12 月 28 日由全国人大常委会通过的《引渡法》,该法分为四章:第一章总则,明确规定该法旨在保障我国安全、主权和社会公共利益,并加强惩罚犯罪方面国际合作,并指明了引渡的途径和联系机关。第二章则是与引渡相关的实体和程序规范,包括引渡的条件、审查、执行等核心内容。其中,引渡条件包括准予引渡的条件、应当拒绝引渡的条件以及酌情引渡的条件。引渡审查由主要行政机关和司法机关分工合作完成。但在确定执行引渡后,一些必要的强制措施必须由司法机关按照《刑事诉讼法》的精神和具体要求严格审查之后落实。第三章则是关于我国作为请求国的引渡规范,规定了条约约定优先,在无条约或者条约无约定时适用该法,以及在不违反我国法律的基本原则、不损害我国主权、国家和公共利益的情况下,可以满足被请求国的特殊要求和引渡需要附加条件的情况;第四章附则是对一些未尽事宜加以补充。

(二) 引渡的途径和条件

在国内引渡制度中关于引渡途径的规定旨在明确负责处理引渡事务的职能部门和程序;而引渡的条件则主要规定一国依据国际法和国内法所确定可以引渡的罪行以及拒绝引渡的情形。

1. 引渡的途径

引渡的途径和内容一般由引渡条约或者被请求国的国内法律来规定。大部分引渡条约都将外交途径确定为递交引渡请求最主要的方式,

---

〔1〕 全球法规网,境外法规,日本,2007 年《逃亡认罪人引渡法》第 2 条:"准予被引渡罪行根据请求国法律或者日本法律不得低于 3 年 (包括死刑、无期)",http://www.japaneselawtranslation.go.jp/law/detail/? ft = 1&re = 2&dn = 1&x = 0&y = 0&co = 01&ia = 03&ja = 04&ky = extradition&page = 9,最后访问日期:2021 年 10 月 2 日。

此外还可以采取领事途径、司法部直接通信联系等途径。

外交途径一般遵循下列顺序转递引渡请求，请求国的司法机关经过审查向本国的司法部呈递引渡请求，由司法部通过驻被请求国的外交代表机构向被请求国的外交部递交该请求。例如法国《刑事诉讼法》"引渡"专章第2节第696-8条规定："除前款四项规定外，任何引渡请求均通过外交渠道向法国政府提出。"[1] 希腊《刑事诉讼法》第443条规定："引渡请求应当通过外交途径提出。"[2]

领事途径主要是在有些国家尤其是联邦制国家，外国的司法协助请求可以不向中央政府提出，而向具体负责实施司法协助的地方当局提出，其传递请求的机关就是请求国驻当地的领事。根据1963年4月24日通过的《维也纳领事关系公约》第5条第10项的规定，领事可以"依现行国际协定之规定或于无此种国际协定时，以符合接受国法律规章之任何其他方式，转送司法书状与司法以外文件或执行嘱托调查书或代派遣国法院调查证据之委托书"。[3]

司法部直接联系途径指的是一部分国家指定司法部作为处理本国与外国司法部门之间事务的机关，司法部长可以作为一国政府的代表提出或者接收有关国际司法协助的请求。例如1967年荷兰《引渡法》第18条第2款规定了在有关条约允许的前提下，引渡请求可以通过直接邮寄的方式向司法部长提出。意大利《刑事诉讼法典》第697条第1款规定司法部长有引渡的权力。[4] 实践中，国家间会通过签订条约的方式确定提交引渡请求的途径可以援用司法部直接联系方式，具体环节可由各

---

〔1〕 全球法规网，法国，《刑事诉讼法》，https：//www. legifrance. gouv. fr/codes/section_lc/LEGITEXT000006071154/LEGISCTA000006151925/# LEGISCTA000006151925，最后访问日期：2021年10月2日。

〔2〕 黄风：《引渡问题研究》，中国政法大学出版社2006版，第104页。

〔3〕 《维也纳领事关系公约》，https：//www. un. org/zh/documents/treaty/files/ILC-1963. shtml，最后访问日期：2021年12月2日。

〔4〕 全球法规网，意大利，《刑事诉讼法》，https：//www. normattiva. it/atto/caricaDettaglioAtto? atto. dataPubblicazioneGazzetta = 1988-10-24&atto. codiceRedazionale = 088G0492&atto. articolo. numero = 0&atto. articolo. sottoArticolo = 1&atto. articolo. sottoArticolo1 = 10&qId = c32cdbf4 - 3ed2-4995-a70c-e26a45381883&tabID = 0. 9978171509909275&title = lbl. dettaglioAtto，最后访问日期：2021年10月22日。

国自行协商决定，从而部分改变了国内的做法。例如，比利时、荷兰、卢森堡于 1962 年签订的《引渡和刑事司法协助条约》第 11 款规定，引渡请求不经过外交渠道传递，而采取各国司法部直接通信的方式传递。[1] 如《欧洲刑事互助公约》第 15 条规定，在紧急情况下，请求国司法机关可以向被请求国司法机关寄送刑事委托调查书等司法协助文件。[2] 此外，法国和非洲的喀麦隆等国签订的双边引渡条约都规定由检察官或司法部长之间直接传递引渡请求，但这种方式并不否认外交途径的合法性及其适用。

司法机关直接联系的方式省掉了一切的中间环节，省略了繁琐的外交渠道和外交政策考量，有助于提高办理引渡案件的工作效率，是当前所有途径中最快速的方式，在实践中经常被适用。在此种模式下，司法机关摆脱了行政机关的政策考量和外交约束，整合了双方在打击国际犯罪上的本土司法资源，从维护刑事秩序的角度极大地提高了引渡的成功率。但缺点在于，司法机关的引渡审查在某些情况下可能是片面的，因为引渡不仅仅是针对个人的刑事犯罪问题，还牵涉到本国的刑事政策、司法制度以及国际法和国际关系等，而这些问题往往超越了司法部门的职权，需要结合行政机关颁布的政策进行共同考量，否则可能就会影响到外交关系，甚至损及国家形象。

实践中，从各国引渡实践的发展趋势看，那些有助于提高转递速度、增强合作效率的引渡方式日益受到重视和欢迎，因此上述引渡途径都不是绝对的，各个国家往往根据具体情况在国内法或者引渡条约中规定多重途径并存，并且因地制宜地加以利用，从中选择最佳、最为契合的方式。

2. 国内审查的模式

作为被请求国，当接收到请求国递交的引渡请求后，应启动对于引渡申请的国内审查程序。就总体而言，引渡的审查程序大致分为如下三类：①单一行政审查制。由国家的行政机关全权审批引渡申请，但由于

---

〔1〕 黄风：《引渡问题研究》，中国政法大学出版社 2006 版，第 105 页。

〔2〕 黄风：《引渡问题研究》，中国政法大学出版社 2006 版，第 106 页。

行政机关的司法职能较弱，无法实现对引渡申请合法性的实质审查，因而目前各国已基本放弃这种方式。②单一司法审查制。全权由司法机关负责引渡请求的审批，如上所述这种审查可能有违一国的外交政策等，因此目前仅有少数国家采用，比如日本，授权法院全权负责引渡审批工作。③司法和行政双重审批制。由司法机关和行政主管部门联合审批引渡请求。这是全球绝大多数国家采用的审查模式。此种模式的优势在于双重审查在司法权与行政权之间形成权力制约关系，保障了引渡程序的公正，但缺点在于程序较为繁缛，牺牲了引渡效率。总体而言，双重审查模式更符合引渡作为国家间刑事司法协助的本质要求。司法审查旨在遵照本国法律分析和评价引渡请求中所涉及的法律实体和程序问题，确保对于被请求人的引渡符合法律规定以及人权保障义务要求。而行政审查则是综合性审查，包含部分的司法审查内容，但更多的是涉及国家之间的外交政策、互惠原则以及人权保障义务等内容，并最终由行政主管机关作出引渡决定。在这种双重审查制下，不同国家又采取了不同的审批顺序，包括先行政后司法模式、先司法后行政模式以及先行政后司法再行政模式等。

比较典型的模式有以下三种：一种是行政审查－司法审查－行政审查，即由行政机关先对引渡进行形式上的审查，再由司法机关根据条约、国内法及请求国提交的材料，对引渡的合法性问题进行判断，最后由行政机关作出是否引渡的最终决定；第二种模式是行政审查－司法审查，即由行政机关进行初步的形式上的审核之后，由司法机关作出最后决定；第三种是司法审查－行政审查，即司法机关直接进行全面审查，再转给行政机关进行政治和外交上的考量并作出是否引渡的决定。[1]其中，在司法机关对引渡合法性的审查环节，普通法系国家与民法法系国家所采取的标准有着明显不同之处。以美国为典型代表的普通法系国家，出于引渡可能极大地限制被引渡者人身自由等考虑，司法部门在审查中要求请求国提交的材料能够达到"合理根据"的程度，即请求国

---

〔1〕 参见黄风：《引渡问题研究》，中国政法大学出版社 2006 年版，第 55~56 页。

提交的有关资料能够为起诉或作出的判决提供足够的依据。换言之，在不考虑被告对该指控可能的抗辩的前提下，请求国所提交的证据材料在证明力上能够达到在被请求国进行刑事追诉的标准。然而，因民法法系国家多倾向于将引渡定位为国际刑事司法合作的工具，[1] 并不对请求国所提交的材料进行"合理根据"方面的实质性审查，因此默认这些材料是引渡所需的"表面证据"。这些国家一般仅要求请求国提交被引渡者的身份证明，以及针对此人的起诉书或判决书，但并不对后者所指称的犯罪进行实质审查。

实践中，美国采用的是司法和行政相结合的双重审查模式。司法审查在先，行政审查在后，行政机关对是否引渡享有最终决定权，这也从侧面反映了美国的引渡方式仍然主要以外交途径为主导的特征。[2] 面对引渡请求，司法机关首先接受并对所涉罪行的实体和程序事项进行层层审查，此后交由行政机关在此基础上综合考量并作出是否引渡的最终决定。[3] 具体而言，联邦地方法院对引渡请求案件作出"符合引渡条件"的判决后，将判决及有关文件交给联邦检察官，再由该检察官送达司法部，并最后送交国务院，如果不存在政治性或其他特别的问题，国务院原则上是同意引渡的。最终，国务院会将同意引渡的文件交给请求国驻美大使馆。当请求国得到美国同意引渡的通知时，则派人前往接收被请求引渡者，并将其押解回国，至此引渡程序结束。

英国实行的也是行政和司法相结合的"双重审查制"，同样也是先司法审查后行政审查的模式。具体环节如下：根据请求国的引渡请求，法院在批准逮捕被请求引渡人后，先由法院法官在 2 个月以内确定引渡听审程序的具体时间，包括首次听审和引渡听审，在特定情况下该期限可酌情延长。在听审程序中，由主审法官主要对于如下内容进行审查：引渡的罪行是否符合引渡原则要求，是否告知被请求引渡人相关情况并

---

〔1〕　See M Cherif Bassiouni, "Pretrial Proceedings", in M Cherif Bassiouni, *International Extradition: United States Law and Practice*, Oxford University Press, 2014, p. 820.

〔2〕　黄芳："美国引渡制度研究"，载《法律适用》2019 年第 15 期。

〔3〕　董书丽："美国引渡司法审查制度简况"，载《中国司法》2011 年第 3 期。

送达请求书以及相关文件的副本，被请求引渡人是否出席听审、犯罪是否属于可引渡罪行，是否存在阻止引渡的情况，是否违背"一罪不再罚原则"，是否存在时效超过问题，被请求引渡人是否仅因歧视性因素而被追诉或惩罚等。在听审程序结束后，若主管法官认为可以引渡，则应将案件交给外交大臣最终决定是否执行引渡。对此，无论是被请求人还是请求国都有针对国务大臣的决定向高等法院提出上诉的权利。对此，请求国还可以在司法审查的阶段，在主管法官作出不引渡裁决并释放被请求人后的 14 天内提出上诉。而对于高等法院的上诉裁决，有关当事方还可以在一定条件下继续向英国的上议院提出上诉。经过审议，上议院可以决定立即释放上诉人，也可以撤销下级法院作出的不引渡裁决，发回主管法院重审，上议院就该引渡程序中的相关法律问题所作的决定和解释对法官具有约束力。

　　法国采用的是先行政再司法，最后行政决定的审查次序。首先请求国通过外交途径向法国政府提交引渡申请，[1] 有关政府机关经审查，对于不存在明显阻碍引渡事由的案件提交司法审查，司法机关对引渡的法律问题等作出认定后，再将案件送到司法部。最后的引渡决定是由总理根据司法部长的报告作出的，并由司法部通知请求国。

　　如前所述，日本是为数不多的采用"单一司法审查制"的国家。引渡的具体程序由《逃亡犯罪人引渡法》[2] 第 4 条明确予以规定。一般情况下，司法部长在收到外务省递交的引渡请求文件时，除该条明确列举的情形以外，应将有关文件转交至东京高级检察院检察长，由其下令将申请提交至东京高等法院审查，并决定是否引渡。但是法院在作出裁决前会事先与外交部长进行协商。在引渡合作中，所有的外国引渡请求经由日本外务省提交，而后法院所作的引渡决定以及与引渡相关的其他安排也均由外务省通知请求国，也就是说日本的"单一司法审查制"

────────────────

〔1〕 法国《刑事诉讼法典》第五章"引渡"第 696-8 条规定："引渡请求通过外交途径送达法国政府"。

〔2〕 全球法规网，日本，《逃犯引渡法》，https：//elaws. e-gov. go. jp/document？lawid＝328AC0000000068＿20150801＿000000000000000&keyword＝%E5%BC%95%E3%81%8D%E6%B8%A1%E3%81%99，最后访问日期：2021 年 12 月 2 日。

从始至终并非真正的纯粹的司法审查，对外国引渡请求也存在着行政审查，但是法院手握最终决定权，外务省更侧重于形式要件审查，辅助法院处理引渡事宜，包括接收引渡请求和递交引渡决定等。

3. 引渡的罪行及条件

可引渡罪行的范围界定既涉及双重规则、罪行特定等传统的引渡原则，又涉及罪行法定等人权义务，因此比较重要。在列举可引渡的罪行时，各国的制度设计有所不同，但主要分成"列举式"，"淘汰式"两种标准。列举式旨在引渡法或者引渡条约明确规定可引渡的罪行类别，因而对于不属于该范围的罪行，不能进行引渡。但是列举式的方法存在着很大的不足，因为犯罪形式是不胜枚举的，并且随着社会的发展，新的犯罪形式层出不穷，而部分犯罪形式又不断地被新的犯罪所取代，列举式的静态标准导致了法律调整范围与时代发展的急剧变化相脱离；与此同时，对列举罪名的修改和补充亦会相当频繁，既加重了各国的立法负担和执法困难，也极大阻碍了国际刑事司法合作的效率。非但如此，列举式的另一个缺陷是容易使引渡双方在某种犯罪形式的认定上造成分歧。由于各国的国情、法律制度以及立法技术不同，不同国家的法律对于同一种行为可能会规定不同罪名，对于坚持以"同一罪名"为引渡标准的国家，罪名上的非实质性差异也可能会给国际刑事合作、打击犯罪带来一系列不必要的纠纷和麻烦。[1] 因此，为了弥补列举式标准的不足，"淘汰式"标准应运而生。"淘汰式"标准主要是通过刑期标准来对可引渡之罪行进行规定，大体上可以分为两项基本标准：一项是"法定刑"标准，另一项叫做"宣告刑"标准，前者适用于以诉讼为目的的引渡，后者则适用于以执行为目的的引渡。所谓法定刑标准是指刑事法律明文规定的刑罚量，只有当双方法律对被指控行为规定的最低刑罚量符合引渡的法定刑标准时，才可构成可引渡之罪。所谓"宣告刑"标准，是指刑事判决所判处的刑罚，在执行引渡时，只有当对被请求人已判处的刑罚达到一定标准时，才能确定其犯有可引渡之罪，此外还有

---

〔1〕　参见黄风：《引渡制度（增订本）》，法律出版社1997年版，第77页。

一个"残刑"标准，是针对已在服刑的逃犯所剩余的刑期符合规定时才可引渡。"法定刑"标准和"宣告刑"标准针对的是处于侦查、预审或审判阶段的刑事被告人，而"残刑"标准针对的是已被判处刑罚或正在服刑的受刑人。"淘汰式"刑期标准既体现了在充分尊重国家主权以及国内法效力的基础上开展国际刑事合作的理念，也彰显了刑法的谦抑性和宽严相济的刑事政策。

在我国《引渡法》中规定的是"淘汰式"标准，该法第 7 条规定，根据我国和请求国法律，对于引渡所指的犯罪如可判处 1 年以上有期徒刑或者其他更重的刑罚，或者存在多种犯罪的情况，才能够进行引渡。而在为执行刑罚而请求的引渡中，需要被请求引渡人在请求提出时的剩余刑期为 6 个月以上，才符合引渡的实质条件。"法定刑"标准和"宣告刑"标准作为准予引渡的必要不充分条件，实质上影响了引渡程序的启动。在重申双重归罪原则的基础上，将可能判处的刑期作为归罪标准，能够有效剔除轻罪且具有灵活性，同时能够有效促进国际刑事司法合作，打击跨国恶性犯罪。此外，我国对于可引渡的罪行还有特别的规定，例如，关于本国人的引渡问题，我国《刑法》第 7 条第 1 款规定："中华人民共和国公民在中华人民共和国领域以外犯本法规定之罪的，适用本法，但是按本法规定的最高刑为三年以下有期徒刑的，可以不予追究。"

除了对可以引渡的罪名加以限定之外，各国依照人权保障和法治精神的要求，还在引渡法中明确规定了拒绝引渡的条件。例如根据中国《引渡法》，下述所有情形都构成我国必须拒绝引渡的法定情形，而不受被请求引渡人所犯罪行种类的约束：收到引渡请求时我国对引渡所指的犯罪已作出生效判决或终止诉讼程序的；在司法程序中可能因种族、宗教、国籍、性别、政治见解或身份等原因而受到不公正待遇的；依据任何一方法律收到引渡请求时犯罪已过追诉时效或被请求引渡人已被赦免等不应当追究其刑事责任的；被请求引渡人曾经在请求国遭受酷刑或者可能遭受酷刑或者其他残忍、不人道或者有辱人格的待遇或者处罚的；以及请求国依据缺席判决提出引渡请求的，等等。而我国《引渡法》第 9 条规定了我国酌情拒绝引渡的情形，一是我国有管辖权且对被请求引渡人正在进行刑事诉讼或准备提起刑事诉讼的；二是根据人道主义原则，被请求引渡人因年龄、健康不宜引渡的。

实践中，各国关于可引渡的罪名以及引渡的条件的规定不同，而美国的实践是具有代表性的。美国采取"列举式"和"淘汰式"标准相结合的方式来确定可引渡的罪行，通过严格按照引渡条约规定的犯罪清单以及国内法中的最低量刑标准来确定可引渡的罪行。例如《美国与日本引渡条约》第 2 条："一、对于本条约所附列表——构成本条约不可分割的一部分——所明确列举的任何犯罪，该犯罪根据缔约双方的法律可判处死刑、终生监禁或 1 年以上的剥夺自由刑时；或者对于其他犯罪，当该犯罪根据日本法律和美国联邦法律可处以死刑、终生监禁或 1 年以上剥夺自由刑时，应根据本条约的规定提供引渡。"该条约所附列表明确列举可引渡之罪，如谋杀、蓄意伤害、恐吓、强盗、爆炸、纵火、盗窃、欺诈等，而其他犯罪则是需要满足刑罚量的标准，即一定的法定刑，死刑、终生监禁或 1 年以上自由刑。此种方式借助更加详细和规范的引渡制度来实现遏制和打击跨国犯罪的国际目标，更加有助于国际刑事司法合作。当然对于执行死刑不引渡原则的国家，美国则在条约中剔除了对于死刑犯的引渡义务。例如《美国和加拿大引渡条约》第 6 条规定："如果要求引渡的罪行可根据请求国的法律判处死刑，而被请求国的法律不允许对该罪行进行这种惩罚，则可以拒绝引渡，除非请求国提供被请求国的保证不应判处死刑，或如果判处死刑，则不得执行死刑。"

（三）引渡的程序和证据要求

各国的引渡程序通常包括提出引渡请求程序、临时逮捕措施、审查和移交程序等。其中，提出引渡请求的程序主要包括如下环节：首先由侦办被请求引渡人的司法机关向本国的司法行政机关（一般为司法部）呈交引渡申请；司法部审查同意之后将引渡请求递交外交部，由外交部向外国发出引渡请求；外交部指示驻被请求国的大使馆或者其他外交代表机构向驻在国的外交部递交引渡申请书；被请求国的外交部按照规定经审查或者直接将引渡请求转交给司法部；被请求国的司法部将该请求通知被引渡人所在地的主管司法当局，责令并指导其开展诉讼活动。为了便于司法部审查，通常要求引渡请求附带一定的证明文件，如有关犯罪事实的证据材料等，因为被请求国对于引渡的裁决非常重视对被指控事实、罪名和刑罚类型的审查，不少国家对于相关文件的提交具有严格的规定。

临时逮捕程序是为了防止被请求引渡人逃跑而对其进行拘束和限制行为，一般是在请求国发出正式的引渡请求之前，被请求国在紧急情况下所采取的"临时性强制措施"。在一般的情况下，如果请求国警察当局一旦发现被追捕或被追诉的罪犯躲避在某一国家境内，就应该马上向本国有权决定或者批准逮捕的司法机关报告，并由该机关向协助国主管部门提出临时逮捕的请求。被请求国也可以在认为有必要临时逮捕且未接到相关请求的情况下自主决定执行。虽然从时间顺序上看临时逮捕往往是引渡程序的"第一步"，但并不是引渡的必经程序，而是在紧急情况下，如犯罪人可能逃跑或者隐匿而导致引渡难以顺利进行的情况下采取的。然而在实践中，无论是请求国还是被请求国，都非常关心对可能被引渡的罪犯的实际控制，把这种临时逮捕视为国际刑事司法合作的重要措施，因而这种非必经程序实质上是非常有必要的。

被请求国对于引渡请求的审查需要遵循引渡制度中国际和国内层面的相关义务，并结合请求国提交的有关证据作出是否引渡的决定。被请求国对于引渡请求的审查，不仅要确定被请求引渡人的行为构成请求国法律规定的犯罪要件，还要确定该人犯罪行为依本国法律是否构成犯罪及其量刑幅度是否符合相关标准。

在证据方面，英美法系国家对于准予引渡的条件是具备"充分的犯罪证据"，而大陆法系国家则要求具备"足够的犯罪嫌疑的证据"。"犯罪证据"和"犯罪嫌疑证据"，体现了两大法系对于证据要求的较大差距。在大陆法系国家，认定某人具有犯罪嫌疑，是通过请求国的指控而推定得出的，这种迹象不需要确凿的证据为支撑，只要被请求国可以合理地认为存在即可。[1] 但是为了认定犯罪嫌疑的存在，在被请求引渡人对请求国指控提出相反证据进行辩驳时，请求国则需要提供排除相反证据的证明。在引渡案件中，此种证明标准更加注重形式合法性，既顾及了外国引渡请求的合法性以及维护被请求引渡人的合法权益，又不过分地插手或者干涉别国的刑事司法活动，因此更有助于高效、广泛、公正地开展国际刑事司法合作。

　　在我国，引渡的具体程序以及证据标准与我国的刑事诉讼程序和标准大致相同，只是在刑事合作的具体操作上可能更依赖于国家间的相互配合与沟通。例如我国《引渡法》第 11 条要求请求国出具请求书，重点要载明包括犯罪的时间、地点、行为和结果等在内的犯罪事实，以及请求国关于定罪量刑和追诉时效方面的法律规范，对实体和程序的全面审查表明了我国对于引渡案件的重视和严格要求，与此同时，我国还要求请求国附随相应的证明材料如必要的犯罪证据或证据材料、逮捕证或者生效判决或裁定等，以佐证被请求引渡人确实存在准予引渡的犯罪事实，并强调如若请求国掌握被请求人照片、指纹以及其他可供确认被请求人的材料也应当提交。外国的引渡请求递交至最高人民法院后，由其指定相关的高级人民法院对引渡请求是否符合国内法以及相关引渡条约关于引渡条件的规定进行审查并作出裁定。引渡审查程序按照国内标准的诉讼程序要求进行，由高级人民法院的审判员三人组成合议庭进行审理，而在案件审理过程中，法院必须充分保障被请求引渡人的诉讼权利，听取其陈述及其委托的中国律师的意见。高级人民法院在审查完毕并作出裁定后应当将裁定书及其他材料报请最高人民法院复核，倘若被请求引渡人对裁定结果不服的，也可向最高人民法院提出意见。

　　综上所述，在现代的国内引渡制度中，无论采用何种立法、审查标准和引渡的程序形式，其都与一国司法制度，特别是刑事司法制度密切相关，随着国际人权法的实施，特别是在司法制度中的落实，国内引渡制度的发展更加注重对于被请求引渡人的人权保障。

---

　　[1]　参见黄风：《引渡制度（增订本）》，法律出版社 1997 年版，第 141 页。

## 二、国际人权法对于国内引渡制度的影响

纵观引渡的实践，国际人权法在国内的实施给国内的引渡制度和实践带来了巨大的影响，各项人权标准通过各国的刑法或者引渡法中的落实，客观上提升了引渡过程中被请求引渡人的人权待遇。

（一）人权保障在国内引渡制度中的体现

国际人权法的实施对于引渡制度和实践产生了深刻的影响，不仅对于可引渡的罪名等实体法产生了变革，也对被引渡人的程序性权利产生了影响。对于以一般法规定引渡制度的国家，国际人权法在国内制度中的转化和纳入，直接影响了与引渡相关的刑法、刑事诉讼法及有关的国际刑事司法合作规范中关于人权保障的原则和内容。在以特别法规定引渡制度的国家中，国际人权法对于国内引渡制度的影响则是集中表现为国内法对于"人权条款"直接地集中"纳入"。鉴于国际人权法对于国内引渡制度的影响，并没有因为一般法或者特殊法形式的存在而具有实质性的差别，因此下文以"特别法"的变化为视角，来分析国际人权法对于国内引渡制度的推进。

国际人权法的普遍接受不仅使人权理念融入法治保障之中，并使部分人权条款在法律实践之中逐渐确立了不可动摇的地位。这些人权保障条款主要是指以自由、平等、不歧视、尊严等价值为指引，以尊重和保障人权为核心的刚性法律条文，较之一般条款具有法律优先性和道德上的优越性。[1] 综合分析各国在引渡制度中对于人权的保障，主要包括如下原则的规定。

第一，禁止歧视条款。在国内法中又称"防止迫害条款""非考虑条款"等，是国际层面禁止歧视原则或"不推回原则"在国内法中的体现。我国《引渡法》第8条第4项通过规定拒绝引渡的情况来防止被请求引渡人可能因其种族、宗教、国籍、性别、政治见解或者身份等方面而受到刑罚和司法程序中受到不公正待遇。2003年英国《引渡法》第81条也明确拒绝单纯仅因性别、性取向、宗教种族、国籍等因素而

---

〔1〕 黄风：《引渡问题研究》，中国政法大学出版社2006年版，第18页。

提出的引渡请求。1999 年新西兰《引渡法》第 7 条对于禁止基于歧视理由的引渡的问题进行了更为细致的分类和说明：其一，禁止表面上是为了惩罚犯罪，但实际上是为了种族、宗教、国籍、性别、政治见解等原因进行追诉或者惩罚的引渡；其二，禁止被引渡人可能因上述歧视的因素在审判中受到影响，或者受到惩罚或其他剥夺人身自由的措施。[1]根据该法第 11 条的规定，禁止歧视的条款是不受任何引渡条约变通的，其对引渡实践形成实证性的限制。此外，1999 年加拿大《引渡法》第 44 条还将"智力或身体残疾状况"也列为可能导致不正当追诉的拒绝引渡情形。

第二，禁止酷刑条款。酷刑不引渡原则已经成为各国引渡制度的重要组成部分。《禁止酷刑公约》第 3 条第 1 款规定："如有充分理由相信任何人在另一国家将有遭受酷刑的危险时，任何缔约国不得将该人驱逐、推回或引渡至该国。"据此，该公约的缔约国都有义务将该条款在引渡制度和实践中予以落实。作为被请求国，相关法律不但需要对诉讼过程中的调查取证手段、羁押期限等方面作出明确规定，更要杜绝滥用刑罚、超期羁押、刑讯逼供等侵害行为；作为被请求国，对于请求国存在酷刑风险的情况，则应当拒绝引渡。例如我国《引渡法》第 8 条第 7 项对于防止酷刑的规定就可以被认为是对《禁止酷刑公约》有关规则的重申和实施。

第三，死刑不引渡条款。死刑不引渡条款源于引渡制度和实践本身，但是国际人权法的实施和发展推动了各国国内引渡制度的对于死刑不引渡原则的落实。国际人权法对于生命权的保障促使国内的引渡发生了一些潜移默化的变化，并使死刑不引渡原则的实施超越了废除死刑的国家而逐步得到普遍接受。例如，1999 年加拿大《引渡法》第 47 条第 1 款的规定，根据请求方的法律，对引渡请求所针对的行为可判处死刑时，司法部长可以酌情拒绝引渡请求。

第四，保证基本诉讼权利的条款，包括公正审判权、辩护权、上诉

---

〔1〕 黄风：《引渡问题研究》，中国政法大学出版社 2006 版，第 19 页。

权等。我国《引渡法》第 8 条第 8 项明确规定缺席审判作为拒绝引渡的事由。缺席审判剥夺了被请求引渡人基本的诉讼权利，在多数情况下会违背程序正义原则。除非请求国能够提供申诉和重新审判的保障，否则将构成拒绝引渡的理由。1999 年新西兰《引渡法》第 8 条规定，如果引渡程序不符合公正执法的要求或者对被引渡人具有压迫性，则构成酌情限制引渡的理由。[1] 在美国的引渡法中，国务卿具有批准或否决引渡请求的行政裁量权，还可以对引渡合作提出附加条件，也称附条件引渡，其中就包括要求请求国确保对被引渡人进行公开的和公正的审判。[2]

第五，获得人权保障的条款。2003 年英国《引渡法》第 16 条和第 83 条也规定了被请求引渡人与专门负责权利保障的适格机关之间无法取得联系、无法取得实际帮助的情形作为拒绝引渡的合理理由。这一规范主要是平衡一个国家间的行政部门和司法部门在引渡问题上的权力，进而促成相互制约、监督与合作。

第六，对儿童的特别保护条款。因为儿童的身心尚未成熟，为了保障儿童的权利得到适当的保护，各国引渡法一般不会对 18 周岁以下的儿童进行引渡。对此，我国《引渡法》9 条第 2 项规定考虑到被请求人的年龄、健康的原因，基于人道主义原则，可以酌定不予引渡。我国《刑法》禁止对犯罪时不满 18 周岁的人适用死刑，因而对于将儿童引渡回国并使其面临死刑风险的引渡请求，可以拒绝引渡。1999 年加拿大《引渡法》第 47 条第 3 款授权司法部在被请求人犯罪时不满 18 周岁且请求方相关法律不符合加拿大《青少年犯罪法》确定的基本原则的情形下可以酌情拒绝引渡请求。

（二）国际人权法对于国内引渡制度的影响

国际人权法的建立对于二战后的国际法和国际关系产生了巨大影

---

[1] 黄风：《引渡问题研究》，中国政法大学出版社 2006 版，第 20 页。

[2] 全球法规网，美国，《美国法典》（United States Code, USC），第 3185 条、3186 条，http://uscode.house.gov/browse/prelim@ title18/part2/chapter209&edition = prelim，最后访问日期：2021 年 12 月 22 日。

响，在打击跨国和国际犯罪的引渡制度方面尤为显著。为了进一步实施国际人权法，各国将人权原则作为引渡规范"纳入"整个国内和国际引渡制度体系。当然，将人权纳入引渡制度与打击犯罪、进行更有效的国际合作之间始终存在着紧张关系，因为它不仅涉及一国国内的法律秩序与人权保障之间的制衡，还涉及国家间法律制度的协调和对人权保障认识的分歧，因此，将国际人权法在引渡制度和实践中的适用面临着非常激烈的价值和理念碰撞。正如美国法律现实主义者指出的那样，在决策过程中实现利益竞争的平衡不是靠直觉和不明确的力量，而是要通过明确承认所涉利益和建立可以指导决策者的机制和程序。[1] 因而将人权纳入引渡制度是国际社会在引渡利益和人权价值两者利益张力之上所建立的新制度或确立的新标准，以期满足人权保障与惩罚犯罪之间的协调性，从而体现当代国际法的精神风貌。

国际人权法强调的是对"所有人"的保障，既包括妇女、儿童、残疾人等弱势群体，也包括犯罪嫌疑人、被告人和罪犯等其他特定群体。对于被引渡的人而言，他们由于涉嫌触犯刑法等而导致部分权利受到限制，但是作为一个人的人格尊严和人权还是应该得到承认和保护。引渡制度本质上是将被追溯的人递解到请求国接受审判或者刑罚的司法合作方式，由于涉及引渡请求国和被请求国在刑事诉讼标准上的差异，被请求引渡人的诉讼权益也面临很大的不确定性，而人权条款及其落实却可以成为规范引渡双方的规则，通过相互审视和监督刑事司法标准侵犯人权的可能性及其程度来影响引渡的实现，从而兼顾被请求人的正当的权利。至于国内和国际层面的引渡程序，由于涉及公权力的介入以及刑事审查程序的执行，势必会危及被请求引渡人的各项权利，例如免受酷刑的权利、公正审判权以及人身自由权等，由此需要法律明确划定公权力的界限并将其限制在适当范围内以充分维护被请求人的基本人权，从而灵活应用比例原则，在打击犯罪和人权保障的利益冲突中寻找恰当的平衡基点。国际人权法中对于免受酷刑权利、公正审判权的保障已经

---

　　〔1〕　John Dugard, Christine Van den Wyngaert, "Reconciling extradition with human rights", *American Journal of International Law*, Vol. 2, 1998.

被各国法律认可，推动了国内在引渡等刑事立法和刑事司法领域中的人权保障制度的落实与完善，加强了对权力的监管和约束，将犯罪嫌疑人的人权保障标准与刑事司法标准相统一，也为国家间实施引渡等刑事司法合作设定了更多的人权义务和标准。

第一，国际人权法的普遍接受改变了引渡中对于人权保障标准的传播方向和实施途径。引渡法是国际法和国内法的混合体，国内的引渡法不仅受到国内刑法等法律变革的影响，还受到国际人权公约以及引渡条约中人权条款的影响。有些国家的引渡法可能受宪法人权保障规定和纳入国内法的国际人权公约的约束，而在另一些国家则不适用这种限制，但是随着引渡这一国际合作的广泛开展，原来仅在部分国家存在的人权方面的限制，势必会随着引渡关系的建立而影响到其他国家，人权义务适用范围也逐步扩大到以国际人权法的普遍接受为分界点，引渡制度中对于人权保障的重视和尊重，随着国际人权公约在各国国内的实施发生了传播方向和实施力度的转变。如果说在国际人权法建立和实施之前，人权标准随着引渡可能由被请求国传递到请求国，后者为了实现引渡被动地接受这些标准，例如死刑不引渡等制度，那么随着国际人权法在各国国内的实施，有些人权标准不再沿着从被请求国向请求国转移的单一方向传播，而是转变为请求国因其国际人权义务的约束主动接受引渡中的人权义务的模式发展，从而减少了因人权标准的不同所产生的引渡障碍，并增强了请求国切实落实人权保障标准的力度。

第二，被引渡人的地位在国内引渡制度中也得到凸显。引渡从本质上是国家间的安排与合作，因此传统的引渡关系中，被请求引渡者的法律地位和待遇是被忽略的，完全处于被动的诉讼和审查地位，几乎没有获得救济和保障自身尊严和人权的能力。但是随着国际人权法的发展，个人在引渡中的地位不仅在引渡条约中得到彰显，而且也得到了国内法上的认可和保障。如在 2015 年"美国诉普恩特斯案"（United States v. Puentes）[1] 中，法官认为"根据引渡条约，被引渡的个人根据特殊

---

[1]　United States v. Puentes, 803 F. 3d 597, (11th Cir. 2015).

性原则有资格提出任何反对意见"。这一裁决将被请求引渡人的诉讼地位问题引入了引渡制度中，并开辟了国内司法审查的道路，保证了被请求人在出现任何侵犯人权的国家行为时能够以法律武器保护自身的合法权益和基本人权。虽然引渡程序看似是国家间的刑事合作安排，但是被请求引渡人作为受到最终实质影响的主体，其正当的权益会因为国家间的诉讼行为而遭受限制或者被剥夺。因此，赋予被请求引渡人提出异议和申诉的权利，防范国家权力滥用而损害被请求引渡人的人格尊严和人身自由，才能从根本上落实国际人权条约对于人权的保障。

第三，国际人权法的实施限制了国家的引渡行为。首先，改变了被请求国可予引渡的犯罪行为的范围。在从以政治犯罪为主要引渡对象转变为以普通犯罪为目标后，引渡条约及国内法又将经济犯罪、军事犯罪纳入不引渡范围，并将两国间引渡合作的范围限制在各自刑事法律均构成犯罪的行为，以遵循罪刑法定的原则。其次，人权方面的考量还丰富了拒绝引渡的基础。其中，一部分人权因素构成了拒绝引渡请求的强制性理由，一部分则成为拒绝请求的任择性理由。从被引渡者角度来说，这些因素构成了其可以援引以对抗引渡的法律基础。最后，"附条件引渡"成为限制引渡的程序安排。"附条件引渡"允许被请求国监督被引渡者回国后的待遇，或是要求请求国提出充足的外交保证。这实质上是以国家信誉作为担保，以政治承诺的方式确保被引渡者的相关权利。

第四，国际人权法的普遍接受和实施逐步改变了部分国家在国内引渡制度中规定的"不调查原则"，强化了被请求国对于引渡的监督。在引渡实践中，尽管各国的司法制度存在较大不同，但是为了促进国际合作，很多国家在解释引渡法和条约时倾向于满足引渡请求。因此在这些国家的引渡制度和实践中，一直拒绝调查被请求引渡人在请求国所适用的刑事司法标准，即"不调查原则"，从而减少对于其他国家主权的冒犯和非法律问题的审查，也无需为被请求人在引渡后的遭遇承担任何责任。例如，在"阿根廷诉梅利诺案"（Argentina v. Mellino）中，加拿大最高法院明确认定不调查原则的存在并指出，请求国根据其法律对逃犯进行公正审判的假设是整个引渡理论和实践的基础，法院多年来已经非常清楚地认识到，引渡法官不应该对被请求人能否得到公正审判提出建议和裁判。[1] 美国也一直坚守不调查规则。在"艾哈迈德诉维根案"（Ahmad v. Wigen）[2] 中，美国第二巡回上诉法院表示，要求以色列法律的公平性及其强制执行方式要使美国地方法官感到满意不符合国际礼让的利益，而且法院接受了早先在"姬拉德诉费兰迪纳案"（Jhirad v. Ferrandina）[3] 中的裁决，即"监督另一个主权国家司法系统完整性的责任不是我们法院的职责所在。"但是随着国际人权法的普遍接受和实施，也让坚持"不调查原则"的国家在引渡中调整了部分做法。例如，美国和加拿大的法院曾分别表示，不调查规则并非是绝对的，在人权价值彰显的今天，如果请求国的待遇是"与联邦法院的体面感格格不入""震撼良心"或是"根本不可能接受"的，则该规则就不会被遵循。德国和瑞士的法院也采取了类似的立场：当被请求引渡人的人权在请求国的刑事司法标准之下可能受到侵犯时，被请求国应就请求国法律的公正性和合理性提出质疑，要求请求国证明不存在侵犯人权的司法标准和程序并作出适当的保证，否则不予引渡。在日本，法院和行政部门也都有权调查请求国的人权状况并由此决定引渡与否。在某些情况下，法院倾向于在关涉人权的情况下根据正义和公平的概念而不是根据人权公约或国际人权习惯拒绝引渡，如果引渡是"公然不公正的""违反了基本原则""震惊法学家们的良心""触犯请求国的公共秩序概念"或导致一个"完全不适当或不合理的判决"的，法官将会基于法律限度内的自由裁量权而拒绝引渡。

第五，刑事司法制度中对于人权的保障推动了引渡中被请求引渡人的人权待遇的提升。国际人权法在各国国内的适用，不仅促使各国将人权保护条款纳入了国内法，而且还提升了整个国内司法对于人权的保障水平。国际人权法中关于禁止歧视原则、公正审判权、免受酷刑的权利以及人身自由与安全权等人权标准不但改变了引渡制度中的实体规则，

---

〔1〕 Argentina v. Mellino, 1 S. C. R. 536, 1987.

〔2〕 Ahmad v. Wigen, 910 F. 2d 1063.

〔3〕 Jhirad v. Ferrandina, 536 F. 2d 478.

而且还提升了对于被请求人程序性权利的保障，改善了他们的人权待遇。例如，以中国的制度和实践为例，引渡强制性措施与刑诉中的强制措施同属一个程序模式，受到有关法律的规范。对此，公安机关可以暂时羁押被请求人，但是请求国需要在 30 日内正式提出引渡请求，最长可延期 15 日，否则应当撤销引渡拘留。这主要是为了防止请求国拖延导致超期羁押，从而保护被请求人的人身自由权，此外，对于被请求人的羁押还会随着诉讼的进展和案情的变化及时进行变更或者解除。与此同时，为了提升诉讼效率，尽快查清事实和提交正式引渡请求，有关法律还规定，高级人民法院在收到引渡请求及其所附文件和材料后，满足逮捕条件的，应当及时作出逮捕决定，反之，则应当作出监视居住的决定。对于应当逮捕的弱势群体，例如患有严重疾病，或者怀孕、哺乳自己婴儿的妇女，可以采取监视居住。公安机关应当在采取强制措施后 24 小时内进行讯问，并且自被采取强制措施之日起，被请求人可以聘请中国律师提供法律援助，公安机关也有义务向被请求人告知他所享有的请求律师帮助的权利。高级法院在审理引渡请求时，必须组成合议庭，听取被请求人陈述和其聘请的中国律师的意见。在同意引渡裁定作出后，被请求人及其律师都有权向最高人民法院提出意见。这些程序性权利有效地保障了被申请人在被采取强制措施、实施羁押以及进行诉讼时的各项人权，维护了被请求人的人身自由与安全、人格尊严等，也保证了公正审判的顺利进行。

　　纵观国际人权法对于引渡制度在国际和国内层面的影响，国际人权法的实施推动了人权标准在引渡中的践行，提升了被引渡人的人权待遇，限制了国家间的引渡利益，使古老的引渡制度焕发了新的时代精神。

# 第三章　国际人权法适用于引渡的影响和途径

如果说国际人权法纳入引渡条约和各国国内法为引渡中的人权保障提供了法律根据，那么国际人权法在引渡中的适用则从实践层面对引渡产生了更加深刻的变革。

## 第一节　国际人权法适用于引渡的突破及其影响

### 一、国际人权法适用于引渡的突破

尽管国际人权法在诞生后逐渐在世界范围内得到了广泛遵守和普遍适用，但是在很长一段时间内，其都无法为引渡中的人权问题提供有效的监督和保障。偶有国际法院依据人权公约对于引渡和驱逐中的人权问题进行过裁判，但也只是昙花一现，寥若星辰。[1] 国际人权法适用于引渡的意义就在于将引渡行为放置在国际人权法的框架下予以审视，以确保引渡当事国尊重和保障被请求人的人权。实践中，由于人权问题的敏感性以及国家间政治利益等因素的干扰，国际人权机构在 20 世纪 80 年代以前仅在保障引渡中的人权方面发挥有限作用，而此种局面因著名

---

〔1〕 在"几内亚诉刚果"案中，国际法院曾经就几内亚商人迪亚洛被刚果驱逐的行为是否符合《公民权利和政治权利国际公约》作出过裁判，认为刚果驱逐程序侵犯了迪亚洛的人身自由权。Case concerning Ahmadou Sadio Diallo ( Republic of Guinea v. Democratic Republic of the Congo), Judgment of 30 November 2010, https：//Www. Icj‐Cij. Org/Files/Case‐Related/103/103‐20101130‐Jud‐01‐00‐En. pdf.

的"索林案"而发生了历史性的转变。该案突破性地将生命权、免受酷刑的权利以及公正审判权纳入引渡实践进行审查，明确了国际人权义务在评判引渡合法性中的标尺意义，并就解决国际人权义务和引渡义务的冲突问题确定了先例。"索林案"标志着国际人权机构对于引渡中人权保障的全面提升，并随即引发了一系列国际实践的跟进。从此引渡中的国际人权保护道路被开辟，并在日后发挥着日益重要的意义。[1] 国际人权机构对于引渡案件的审查，不仅为引渡设置了无法忽略的人权保障义务，并为此后引渡制度的发展限定了方向。30 年后再回首"索林案"及其后续实践的发展历程，能够帮助我们厘定和探明国际人权法对于引渡的全面冲击和影响。

国际人权法适用于引渡的案例肇始于被请求国在引渡程序中侵犯人权的少数案例。在欧洲区域，在引渡程序中是否适用人权标准曾经是欧洲人权机构审查的重点。在最初的案例中，由于引渡程序并不被认为是刑事案件审查的环节，因此不能援引公正审判权来保障被引渡人的权益，但是经过不断地推动，欧洲人权法院最终在"坎诉澳大利亚案"（Case of Can v. Austria）[2] 中认定，在被请求国内发生的对于被请求人的逮捕以及审查等是后期在请求国审判中不可分割的一个组成部分，因此应该保障被请求人的相关诉讼权利，这些实践的发展尽管有利于人权的保障，但是并未对引渡制度和实践本身产生影响。"索林案"之所以具有历史开创性，是因为该案将对被请求国的人权审查从引渡前的行为拓展到引渡后的结果，并辐射了请求国的人权问题，从而改变了引渡制度和实践的条件和结果，进而改变了引渡制度和实践的格局。

"索林案"是欧洲人权法院于 1989 年审理的涉及美国要求从英国引渡谋杀罪犯的一个案件。在该案中，由于英国的引渡行为可能导致被请求人在美国将面临"死牢"这一不人道待遇的真实风险，因而被判定

---

〔1〕　Case of Soering v. the United Kingdom, ECHR, Application No. 14038/88, para. 103.

〔2〕　Case of Can v. Austria, ECHR, Application No. 9300/81, 1983.

引渡将违反其依据《欧洲人权公约》的人权义务。[1] 对此,英国认为,个人申诉所提出的侵权行为发生在其管辖范围外,因此,欧洲人权法院对此并无管辖权。而欧洲人权法院却认为,"尽管《欧洲人权公约》第 1 条规定了缔约国应确保其管辖范围内的每个人都享有第 1 章规定的权利和自由,而引渡行为造成的不利后果发生在请求国的管辖范围之外,"但是,"如果引渡行为对被引渡者享有的公约权利造成不利影响,使其面临酷刑的真正风险,那么法院可以根据相关公约规定要求缔约国承担相应的人权义务。"因为,欧洲人权法院基于"阿提克案"(Artico Case)等案件形成的习惯,[2] "对公约的解释和适用需要符合公约精神,使其规定的保护措施切实有效"。简言之,"索林案"认为,尽管引渡后的不人道待遇发生在缔约国管辖之外,但是超出其控制并不能解除英国因引渡所导致的可预见的人权责任。[3] 即便缔约国负有引渡义务,也不能以牺牲人权义务为代价。

"索林案"不仅开启了国际人权法适用于引渡的划时代历程,而且对于嗣后国际和区域人权机构处理类似问题具有决定性的参考意义。从20 世纪 90 年代初得风气之先的"加拿大三案"——"金德勒诉加拿大案"(Kindler v. Canada)、"吴智达诉加拿大案"(Ng v. Canada)和"考克斯诉加拿大案"(Cox v. Canada),[4] 到欧洲人权法院处理的一系列引渡案件,再到 2017 年美洲人权法院审理的"黄海勇诉秘鲁案",实践表明,对于引渡中的人权问题的审理机关在增加,人权的审议范围在拓展,对于人权的保障力度也在提升。就总体而言,人权事务委员会、禁止酷刑委员会以及欧洲人权法院、美洲人权法院对于引渡中的人权问题的审查,不仅继承了"索林案"中保障人权的基本精神和规则,还对

---

〔1〕《欧洲人权公约》第 3 条规定:"不得对任何人施以酷刑或者是使其受到非人道的或者是侮辱的待遇或者是惩罚。"

〔2〕 Case of Soering v. the United Kingdom, ECHR, Application No. 14038/88, para. 86–87.

〔3〕 Case of Soering v. the United Kingdom, ECHR, Application No. 14038/88, para. 86.

〔4〕 Kindler v. Canada, Communication No. 470/1991, CCPR/C/48/D/470/1991; Ng v. Canada, Communication No. 469/1991, CCPR/C/49/D/469/1991; Cox v. Canada, Communication No. 539/1993, CCPR/C/52/D/539/1993.

其进行了进一步的阐释、发现和超越。它们不仅体现了国际法尤其是国际人权法在引渡问题上的发展，还展现了国际人权法对于引渡的深刻影响。

### 二、国际人权法适用于引渡产生的问题

国际人权法在引渡中的适用和发展使被请求人的生命权及免受酷刑的权利得到了极大的保障，其通过对被请求国设立人权风险的预见和防范义务来确保引渡行为符合国际人权标准。但是这样的人权审查机制不仅为当事国带来一系列影响，而且还对国际法一般性规则、引渡条约以及国际关系形成了冲击，并限制了国际人权法在引渡中的适用。

（一）国际人权机构审查请求国人权状况的问题

在引渡案件中，国际人权机构对于被请求国的引渡行为是否违反人权义务的裁判，是以评估请求国是否存在人权风险及提供可靠的外交保证为前提的，但是这一审查也会引起如下疑问，即国际人权机构在未得到请求国，特别是非缔约方请求国同意的情况下是否可以审查该国人权状况，并间接为其增加人权义务。

对此，早在"索林案"中，被诉方英国就曾指出，如果使其承担预见被请求人在美国遭遇人权风险的义务，不仅将破坏国际条约的权利与义务关系，干涉一国内部事务，而且还违背国际诉讼程序规则。[1]对此，欧洲人权法院以确保不将被请求人置于酷刑风险为由，认为对于请求国的审查是不可避免的，但是审查本身并不意味着依据国际法对于请求国的"审判"，也不产生相应的责任。[2]尽管欧洲人权法院在后续的案件中，一再申明无意在非缔约国适用欧洲人权标准，[3]但是对于请求国的审查从客观上实现了为非缔约国增添人权义务或者人权保障的结果。因为一旦请求国被认定存在人权风险，除非提交保障人权的外交保证，否则无法引渡。实践中，多数国家之所以默认这种人权审查的

---

〔1〕　Case of Soering v. the United Kingdom, ECHR, Application No. 14038/88, para. 83.

〔2〕　Case of Soering v. the United Kingdom, ECHR, Application No. 14038/88, para. 91.

〔3〕　Cases of Harkins and Edwards v. The United Kingdom, ECHR, Application Nos. 9146/07 And 32650/07, 2012, para. 129.

存在，主要是源于不可放弃的引渡利益，此外，还有一些其他原因促其作出让步：其一，国际人权机构对于请求国人权风险的评估情况是判定被请求国是否违法的事实根据，请求国并非"人权诉讼"的当事方，没有任何"出庭资格"，也不承担任何责任。其二，国际人权机构所审查的免于酷刑等权利部分已经写入了引渡条约，或者已经得到请求国在国际或国内层面的承认和保障，公开指责相关人权审议不利于请求国的人权形象，也无益于引渡的推进。

因此从目前的实践来看，基于法律关系和现实考虑，国际人权机构对于非缔约方请求国的人权审查本身并没有触发太多法律层面的争论，但是让请求国向被请求人提供符合相应人权标准待遇的要求却遭遇了一系列障碍。其根本原因在于具体的国际人权标准与非缔约方请求国的制度和现状尚存差距，而且随着国际人权法在引渡适用中的纵深发展，这一差距将进一步扩大。尽管生命权和免受酷刑的权利已经是普遍承认的权利，但是由于部分国家并未废除死刑，在免受酷刑权利方面还存在着国际与区域及区域间人权标准的差别，以及公正审判权尚未在引渡实践中普遍适用等复杂情况，因此就导致了两种比较棘手的情况：一是由于制度和文化的差异，请求国无法接受相关国际人权标准；二是由于人权状况和保障水平的差异，请求国即使提交了保障人权的外交保证，也得不到国际人权机构认可，从而丧失了引渡的可能性。上述两种情况不仅会导致被请求国的引渡行为违法，而且还影响了引渡条约的实施，使双边关系复杂化，并引起有关当事国对于国际人权机构的抗议和不满。

（二）国际人权机构评估人权风险的问题

国际人权机构对于引渡是否存在人权风险的分析由于蕴含复杂的因素而存在两个问题：一方面，它是针对尚未发生事情的可能性的评估，因此具有一定的主观性和不确定性；另一方面，对于请求国人权风险的审查及评估只能由被请求国承担证明责任，不免会削弱证据能力和证明力。因此，如何确定风险存在的标准以及证据规则等关系到国际人权机构能否在保障人权的同时，给予有关当事国公正裁判的问题，需要深入的探讨和不断的完善。

关于引渡中的人权风险问题，欧洲人权法院在"索林案"提出了"真正风险原则"的判断标准，[1] 此后，《禁止酷刑公约》第1号一般性意见则将其进一步演绎为"切实、针对个人的真正酷刑风险。"为了使评估结果更加可靠，国际人权机构在实践中都设置了一定的审查原则及证据规则加以规范。在审查原则方面，以涉及酷刑风险的案件为例，国际人权机构主要遵循两种原则：一是国家和个人状况相结合的原则。即国家存在系统性的酷刑问题是必要的条件，但是最终还要依据个人情况才能确定人权风险的存在。例如"L. J. R 诉澳大利亚案"（L. J. R. v. Australian），禁止酷刑委员会认为美国存在普遍的滥用武力执法的情况不能作为确定酷刑风险的充分理由，当事人还需要提供更加具体的个人情况予以证明。[2] 二是历史的动态分析原则。即要结合引渡前后请求国和被请求人的情况来判定人权风险的现实性。在很多案例中，被请求人曾经遭受酷刑的事实并没成为被引渡后仍然面临酷刑风险的核心要素。例如，"佐希多夫诉俄罗斯案"（Zokhidov v. Russia）[3] 中，欧洲人权法院会特意考察了乌兹别克斯坦在2002年～2010年期间的人权状况，并作出了该国仍然存在人权风险的判断。在证据方面，国际人权机构一般接受当事人陈述、书证、物证、证人证言、鉴定结论等证据，此外，为了中立、公正地评价请求国的人权状况，国际人权机构还会参考国际组织的报告作为辅助评估的根据。在证据规则上，国际人权机构则适用"谁主张谁举证"的原则，由被请求人提供证明风险的证据，并由被请求国来质证和申辩相关人权状况。在证明责任的难度方面，欧洲人权法院认为，"申诉人在原则上应当提供具有实质性理由的证据"[4]，但"不要求提供请求国存在酷刑风险的'无可辩驳'的证据"[5]。禁止酷刑委员会则认为，被请求人应提供能够证明酷刑风险的充分证据，

〔1〕　Case of Soering v. the United Kingdom, ECHR, Application No. 14038/88, para. 91.

〔2〕　L. J. R. v. Australian, Communication No. 316/2007, CAT/C/41/D/316/2007.

〔3〕　Zokhidov v. Russia, ECHR, Application No. 67286/10, 2013.

〔4〕　Case of Saadi v. Italy, ECHR, Application no. 37201/06, para. 129, 2008.

〔5〕　Case of Azimov v. Russia, Application no. 67474/11, para. 128, 2013.

但是不必证明这种风险极有可能发生。[1]

尽管上述审查原则及证据规则为被请求人有效排除了人权风险，但是也因忽略了引渡案件的特殊性而为当事国带来了较大的举证困难和问题，并可能累及评估的公正性及引发争议。首先，在出庭资格方面，尽管请求国的人权状况是引渡案件审查的重点，但是在一般庭审中，请求国通常没有出庭的机会。纵使被请求国会竭力证明请求国并不存在人权风险，也无法全面反映该国最真实的人权状况，从而影响国际人权机构评估的客观性。对此，美洲人权法院在"黄海勇案"中邀请中国的专家证人出庭作证，协助秘鲁进行诉讼的做法，不失为可供参考的良好实践。其次，在证据的来源和采信方面，国际人权机构通常参考国际组织的报告来判断请求国的人权状况，但是实践中，即便是联合国特别程序专家的报告也难免出现时效性低等问题，就更遑论大赦国际等非政府组织报告的权威性了，[2] 因此证据采信的科学性和中立性还需要进一步提升。最后，在证据规则方面，当事国认为被请求人过低的举证责任会使被请求国成为"罪犯的避风港"。在"索林案"中，英国政府认为，引渡中的人权风险应该是确定的、迫在眉睫且严重的，而且考虑到将犯罪嫌疑人绳之以法是国家间共同的法律利益，被请求人的证明责任应该达到较高的标准，足以排除合理怀疑。[3] 此后，在"哈金斯和爱德华兹诉英国案"等案中，当事国也发表了类似看法，以防止被请求人滥用权利。[4] 尽管欧洲人权法院一再坚持设定较高的证明责任属不公平的观点，但是该观点在实践中不断受到质疑。举证责任的设置关系到被请求人和被请求国在证明责任方面的分配，合理的证据规则既能保障人

---

[1] General comment No. 1, Implementation of article 3 of the Convention in the context of article 22, CAT/C/GC/1（A/53/44 Annex IX），16 September 1998, para. 6.

[2] 在"黄海勇案"中，秘鲁政府认为美洲人权委员会援用的国际组织报告不能反映中国的现实，该委员会代表对于中国人权状况的贬低，也说明了其在证据采信方面有失中立和客观性的问题。相关内容参见柳华文："美洲人权法院引渡第一案的意义及其启示"，载《东南大学学报（哲学社会科学版）》2016年第6期。

[3] Case of Soering v. the United Kingdom, ECHR, Application No. 14038/88, para. 83.

[4] Case of El Haski v. Belguim, ECHR, Application no. 649/08, 2012, para. 86; Case of Ahorugeze v. Sweden, ECHR, Application no. 37075/09, 2011, para. 116.

权，又能避免当事国承担过重的诉讼负担。一方面，设置过高的证明责任，可能会使公约的人权保护停留在理论层面，另一方面，无条件的保护也会使人权保障机制沦为被请求人逃避法律制裁的工具，并侵犯主权国家对于惩治罪犯的权利，与已有的国际法秩序背道而驰，因此国际人权机构需要在过高和过低的证明标准之间找到平衡点。[1]

上述国际人权法适用于引渡所引发的问题，部分源于国际人权公约的域外适用及国家义务的重新界定，部分则源于人权义务与引渡义务的冲突，这些问题的不确定性和复杂性不仅使适用于引渡的国际人权义务仅限于具有普遍国际共识的方面，而且还表明国际人权机构应在引渡案中进一步完善相关审查标准，从而对于当事国作出更合理的裁判。

### 三、国际人权法适用于引渡产生的变革

国际人权法适用于引渡为当事国带了更多的义务和负担，在遭遇质疑与挑战的同时，也在国际人权法实施方面实现了理论与实践的创新，它不仅是对国际人权法的突破，也为引渡带来了深刻变革。

#### （一）创立新的国家人权义务和责任

国际人权法适用于引渡的突破性意义在于为被请求国确立了新的人权义务和国家责任。首先，通过对国际人权公约的拓展适用，为被请求国设立了对于域外人权风险的预见义务。其一，关于人权义务延伸至引渡后域外的行为结果。实践中，国际人权法主要适用于缔约国的领土内，"索林案"等引渡案为国际人权法的域外适用提供了新的例外情况。对此，人权事务委员会在"德罗兹和雅努塞克诉土耳其案"（Case of Drozd and Janousek v. Turkey）中作出了进一步阐释："无论侵害行为发生在境内还是境外，只要在领土外产生了危害结果，缔约国都要承担相应的责任"，[2] 如果缔约国实施侵害行为，却因为危害结果超越国境而逃避相应的责任，这显然背离了人权公约的基本宗旨。对此，有的学者

---

〔1〕　Enni Lehto, "Applicability of Article 3 of the European Convention on Human Rights at the Borders of Europe", *Helsinki Law Review*, Vol. 12, Issue 1, 2018, pp. 61~63.

〔2〕　Case of Drozd and Janousek v. France and Spain, ECHR, Application No. 12747/87, 1992, para 91; Case of Loizidou v. Turkey, ECHR, 1995, preliminary objections, series a, No. 310, para. 148.

将此种域外人权义务称为国际人权公约的"溢出效应。"[1] 其二，关于预见人权风险的义务问题。欧洲人权法院在"索林案"中认为，"人权机构通常对于人权风险的事项不做裁判，但是当这种风险将引发酷刑等严重后果时，就会进行干预。"[2] 这一观点在前南法庭的"检察官诉安托·富伦兹亚案"（Prosecutor v. Anto Furundzija）也得到了进一步的确证，"国际人权法不仅禁止已发生的违法行为，还禁止潜在的违法行为"。对此，有关国家将负有后续人权任务[3]具体到引渡实践，对于人权风险的预见义务意味着被请求国在接受引渡请求之前，需要结合有关国际人权标准对于请求国的人权状况进行预判，从而确定是否存在侵权的可能性，并采取相应的措施，或要求外交承诺或拒绝引渡，以排除引渡行为的不法性和责任风险。

其次，国际人权法适用于引渡的实践充实了一国对于他国不法行为的责任规则。在国家责任制度中，国家对于可归因于该国的不法行为的独立责任是归责原则的基石，但是在某些特殊情况下，国家也可能对于其他国家的独立行为承担责任。如果"该国与其涉事国家的不法行为密切相关，甚至起决定性作用，那么应对其他国家的行为承担衍生责任。"[4] 这一责任原则的重要基础就是以"索林案"为代表的国际人权法适用于引渡的实践。在这些案例中，被请求国明知请求国可能采取违反人权的行为，却坚持引渡，从而导致了请求国加害行为的结果，被认为与请求国的违法行为形成共谋，[5] 从而应该承担相关责任。对此，《国家对于国际不法行为的责任条款草案》也正是基于这种情况，专门在第四章第 16 条第 2 款规定了"援助或协助另一国实施其国际不法行

〔1〕 郝鲁怡："引渡中的人权问题探究"，载《国际法研究》2015 年第 6 期。

〔2〕 Case of Soering v. the United Kingdom, ECHR, Application No. 14038/88, para. 90.

〔3〕 International Criminal Tribunal for Former Yugoslavia (ICTY), trial chamber, Prosecutor v. Anto Furundzija, judgment of 10 December 1998, para. 148.

〔4〕 《国家对国际不法行为的责任条款草案案文及其评注》，国际法委员会第 53 届会议报告，第 116 页，A/56/10.

〔5〕 Christine Van Den Wyngaert, "Applying the European Convention on Human Rights to Extradition: Open Pandora's Box?", *International and Comparative Law Quarterly*, Vol. 39, Issue 4, 1990, pp. 760~761.

为的国家应该对此种行为负国际责任，如：（a）该国在知道该国际不法行为的情况下这样做，而且（b）该行为若由该国实施会构成国际不法行为。"这一责任原则源于"索林案"等实践，同时也为后续案例提供了规则性的指导。

综上，国际人权法适用于引渡，一方面促进了引渡中的人权保障，另一方面，引渡也为国际人权法的域外适用以及国家责任原则的创新发展提供了实践土壤。

（二）导致引渡的结构性革新

国际人权法在引渡中的适用所产生的新国际人权责任，不仅对于国家原有的引渡义务产生了全面的影响，而且引发了引渡在实践、制度和理念层面的一系列变革。

在实践方面，国际人权机构对于引渡案件的监督，将国家与个人间的纵向人权保障关系引入国家间的横向引渡关系，并产生了一系列突破性实践。其一，为被请求人提供了国际人权救济途径，突破了引渡中传统的二元结构。国际人权机构对于引渡不得违反国际人权义务的要求，冲击了以往纯粹以国家关系为调整对象的引渡法，确立了国家之外第三人的法律地位。[1] 尽管被请求人仍然无权与国家进行直接对话，但是却可以通过国际人权机构的个人来文程序来间接形成抗争和制衡。国际人权法适用于引渡，不仅确立了被请求国与被请求人之间的人权保障关系，而且还通过预见人权风险的义务保障了被请求人在请求国的人权待遇，并对请求国的法律制度以及人权状况产生一定的影响。[2] 例如关于"不判处或执行死刑"等外交保证改变了请求国国内罪刑法定等法律规则。[3] 其二，将引渡中的人权风险和责任进行重新分配，并改变

---

〔1〕 G. Vermeulen and T. Vander Beken, "New Conventions on Extradition in the European Union: Analysis and Evaluation", *Dickinson Journal of International Law*, Vol. 15, Issue 2, 1997, p. 266.

〔2〕 Susanne Ziihlke and Jens-Christian Pastille, "Extradition and the European Convention — Soering Revisited", *Max-Planck-Institut für ausländisches öffentliches Recht und Völkerrecht*, Vol. 59, Issue 3, 1999, p. 750.

〔3〕 陈雷、薛振环："论我国引渡制度的量刑承诺——兼论死刑不引渡原则的变通或例外适用"，载《法学杂志》第 2010 年第 1 期。

了引渡的依据、条件和结果，从而将人权保障的国际承诺照进了现实。在"索林案"之前的引渡实践中，被请求国对于引渡后的人权问题不承担国际责任，所有的人权义务都依赖于请求国善意履行的基础。而国际人权法适用于引渡则通过人权责任的共担模式，有效强化了人权的保障和监督。首先，国际人权法的适用增加了引渡合法性的审查依据，被请求国对于引渡合法性的考察不仅需要依据被请求国的国内法、条约，还要参照其承担的国际人权法义务，并接受国际监督，从而使引渡中的人权得到三位一体的保障。例如，英国《2003 年引渡法》第 21 条第 1 款规定，"如果法官应依照本条进行诉讼程序，则其必须判断对该人的引渡是否与 1998 年《人权法案》中所援引的《欧洲人权公约》中的公约权利相一致"。[1] 其次，国际人权法的适用改变了引渡的条件。实践中，请求国的人权风险一旦被确认，除非辅以有效的外交保证，否则被请求国不得引渡。而作为附加条件的外交保证必须是可信赖和可操作的才能够解除人权风险，对此，"奥斯曼（阿布卡塔达）诉英国案"（Case of Othman［Abu Qatada］v. UK）专门针对外交保证的有效性提出了 12 条标准，[2] 从而为被请求人提供可靠的人权"护身符"。最后，国际人权法的适用改变了引渡的结果。实践中，若一国存在大规模侵犯人权的事件或者缺乏政府诚信等情况，可能导致外交保证无效，并导致被拒绝引渡的结果。这种情况展现了国际人权法适用于引渡所产生的最大冲击——在国家利益与个人权利的平衡中，个人权利获得了绝对优胜的地位。例如"察哈尔诉英国案"（Case of Chahal v. The United King-

---

〔1〕 Extradition Act 2003, http://www.legislation.gov.uk/ukpga/2003/41/section/21

〔2〕 这些标准包括："1. 保证的条款是否已经向法院通报；2. 保证应是具体的、明确的；3. 作出保证的机构是否有适当的资格，作出对请求国具有约束力的承诺；4. 由请求国中央政府发出的，是否对于地方机关具有约束力；5. 保证的待遇在请求国是否合法；6. 保证是否由缔约国作出；7. 被请求国和请求国之间双边关系的长期性和稳定性，包括请求国遵守类似保证的情况；8. 遵守保证的情况是否可以通过外交或其他监督机制得到客观的核实，包括不受限制地提供给被请求人的律师；9. 请求国是否建立了有效的防止酷刑制度，包括是否与国际监督机制合作，以及开展酷刑的调查和惩罚相关责任的情况。10. 被请求人是否在请求国受到过酷刑；11. 保证的可靠性是否由被请求国的国内法院审查过。" Case of Othman（Abu Qatada）v. UK, ECHR, Application No. 8139/09, para. 189.

dom），欧洲人权法院根据联合国酷刑问题特别报告员的报告，认为请求国对于拘留者实施酷刑的做法非常普遍。"尽管法院并不怀疑政府的诚意，但是相关的改革收效甚微，鉴于此，外交保证并不能够为被请求人提供足够的人权保障"，因此禁止引渡。[1]

在制度方面，国际人权法在引渡中的适用进一步引发了国际和国内层面的制度变革。首先，在国际层面，联合国依据"索林案"等实践，于1990年通过了《引渡示范条约》，规定了一系列人权义务，来指导国家间的引渡行为。这个公约虽无约束力，但是却形成了一种价值和规则的引导框架。[2] 其次，进一步强化了引渡条约对于人权的保障。例如《中华人民共和国和澳大利亚引渡条约》第3条规定，"有下列情形之一的，应当拒绝引渡：……（七）被请求方有充分理由认为被请求引渡人在请求方曾经遭受或者可能将会遭受酷刑或者其他残忍、不人道或者有辱人格的待遇或者处罚的……"最后，在国内引渡法方面，除增添了人权保护的具体规则之外，最大的变化就是促使有关被请求国彻底放弃非调查原则，不再囿于政治因素的考量，而对于请求国的刑事司法程序以及人权状况进行审查，以确保引渡符合人权义务。[3]

在理念方面，国际人权法的适用使引渡从调整国家间的利益向兼顾人权保障，再向部分人权义务优先适用的理念深入发展。从政治交易到法律程序可裁量的问题，再到人权义务对于引渡的限制，这个发展过程不仅反映了国际人权法对于引渡这一传统国际法制度的冲击，而且促进了引渡理念的重要转变。它表明国际人权法的适用撼动了绝对的国家利益，反映了国际社会在面对国家利益与人权保障冲突时的价值倾斜，体

---

〔1〕 Case of Chahal v. The United Kingdom, ECHR, Application No. 22414/93, 1996, para. 105.

〔2〕 UN. Doc. A/RES/45/116, 1990.

〔3〕 Richard J. Wilson, "Towards the Enforcement of Universal Human Rights through Abortion the Rule of Non-Inquiry in Extradition", *ILSA Journal of International & Comparative Law*, Vol. 3, 1997, p. 751. Michael P. Shea, "Expanding Judicial Scrutiny of Human Rights in Extradition Cases After Soering", *Yale Journal of International law*, Vol. 17, 1992, p. 85. John Quigley, "Criminal Law and Human Rights: Implications of the United States Ratification of the International Covenant on Civil and Political Rights", *Harvard Human Rights Journal*, Vol. 6, 1993, p. 59.

现了当代引渡制度和实践的精神面貌。这一理念的转变也得到了学界和实务界的充分认可。对此，人权事务委员会在其审查的案例中明确肯定了这一趋势，"人权公约的缔约国往往可能成为其他双边公约的缔约国，包括引渡公约。本公约要求缔约国确保以一种符合本公约的方式，来履行其他公约的义务。"[1] 欧洲人权法院法官约翰尼斯·西尔维斯认为，人权问题作为拒绝引渡的理由，在过去并不存在。以往拒绝引渡请求往往是因为被请求国的利益冲突，然而当人权发挥作用时，情况就不一样了。[2] 对此，权威著作《奥本海国际法》同样认可了相关实践的转变，"如果一个国家是保护人权条约的缔约国，它有必要保证，它在任何一个具体案件中所准许的引渡是与它的人权义务相符合的，这一点，即使请求引渡国不是所述的人权条约的缔约国，也可能是有关的。"[3]

一言以蔽之，国际人权法的适用使传统的引渡制度从侧重调整"国家—国家"之间的义务，转变为以人权保障为前提的、调整国家间引渡关系的规则体系。在引渡的关系当中，每一个国家都负有人权保障的义务。[4] 一个可以预见的趋势是，保护人权的理念将在引渡制度中发挥越来越重要的影响。

（三）国家引渡利益与个人权利的再平衡

国际人权法适用于引渡，撬动了国家在引渡中的绝对地位，为保障人权撑起一片天空。但是国际人权机构对于人权的保障并不是绝对的，而是在不断调整国家与个人权利关系的实践中逐步发展的，因此是一个国家引渡利益与个人权利的再平衡过程。

一方面，国际人权法的发展持续推进引渡中的人权保障。国家在引

---

〔1〕 Kindler v. Canada, Communications No. 470/1991, CCPR/C/48/D/470/1991, para. 13. 1.

〔2〕 Extradition and Human Rights: Diplomatic Assurances and Human Rights in the Extradition Context, Presentation by Mr Johannes Silvis, Judge at the European Court of Human Rights, PC-OC meeting in Strasbourg/F. May 20, 2014, para. 1, https: //rm. coe. int/090000168048bdaf.

〔3〕 （英）詹宁斯·瓦茨：《奥本海国际法》，王铁崖等译，中国大百科全书出版社 1998 年版，第 343 页。

〔4〕 G. Vermeulen and T. Vander Beken, "New Conventions on Extradition in the European Union: Analysis and Evaluation", *Dickinson Journal of International Law*, Vol. 15, Issue 2, 1997, p. 299.

渡中对于国际人权义务的遵循源于两个方面的动力：一是国际人权法在国际法体系中的整体提升和部分突破。所谓整体提升是指人权主流化使人权保障原则成为国际事务中的基本宗旨和引导，也是规范国家行为的重要标尺，具有不可无视的地位。[1] 部分突破则是指部分人权规则在实践中具有了国际强行法地位，其法律效力超越了一般性的（引渡）条约义务，或者获得了国际习惯的地位，从而取得了国际社会的普遍共识和保障。例如酷刑不引渡已经成为引渡制度的基本原则。二是国际人权机构对于引渡的监督实践成为国家利益与个人权利再平衡的突破点。这种突破既是一种人权发展的引导，同时也是国际人权法理论与实践不断发展的结果。实践中，国际人权机构在引渡案件中的实践深刻展示了国际人权义务不断抗衡引渡利益的过程。它不仅源于每个国际人权机构在各项人权领域的丰富实践，而且还源于各国对于人权保障的广泛共识和共同进步。

　　另一方面，国家利益限制着人权的保障。在引渡中，国家利益反映在多个方面，并被给予了更为重要的考量。首先，从总体上讲，国际人权法适用于引渡涉及人权义务与引渡义务的冲突问题，何者优先不是简单地体现为一系列规则，而是展现了国际法的精神面貌，从深层次上反映了人权保障和惩罚犯罪两个重要价值的碰撞，以及人权保障与国家利益的关系问题。而解决这一冲突的基本原则，既关乎整个国际法的秩序问题，又关涉到相关国家在引渡案件中的安全利益和国内法律的正义问题。在涉及引渡的人权案例中，尽管国际人权机构要求当事国遵循有关人权义务，但是却通过提交外交保证等方式而将能否顺利引渡的决定权最终交由国家来掌握，从而显示了对于国家的安全、公共秩序等利益的尊重。其次，国际人权机构在引渡案中，因援用"例外性"的人权义

---

〔1〕 1997年，前联合国秘书长安南在向联大提出的《革新联合国：改革方案》等报告中，指出人权是促进和平与安全以及经济繁荣和社会公正方面的重要因素，并应贯穿于联合国主要事务。In Larger Freedom: towards Development, Security and Human Rights for all, Report of the Secretary-General, UN. doc. S/59/2005; In Larger Freedom: towards Development, Security and Human Rights for all, Addendum: Human Rights Council, Explanatory note by the Secretary-General, UN Doc. A/59/2005/Add. 1, para. 1.

务及国家责任原则而赋予国家利益更大的权重。对于被请求国而言，其在引渡案中为请求国的侵权风险所承担的预见性的人权义务，不同于国家因直接实施不法行为而产生的人权责任，因此国际人权机关对于国家责任归责问题的评估更加谨慎。这其中无论是将国际人权法适用于域外的突破，还是为他国行为承担责任的归责原则的适用，都增加了被请求国承担相关人权责任的难度。对于请求国而言，其并非缔约国也非人权来文中遭到控诉的直接对象，国际人权机构适用人权标准"预估"其人权风险时，自然需要极其慎重的审查，但政治性因素、人权风险的不确定性以及对于该国真实情况缺乏了解等问题都可能使国际人权机构放松适用尺度，并提高认定人权风险的阈值。例如实践中，欧洲人权法院近年来从拒绝接受存在大规模侵犯人权纪录的国家的外交保证的一贯做法，悄无声息地转变为个案审查，这表明国际人权法的适用并非完全偏向于人权保障的一面发展。[1] 最后，实践中，国际人权机构适用国际人权法时通常会给予国家一定的自由裁量权，引渡问题亦不例外。这是因为国家既是人权的侵害者又是保护者，国家相对于国际人权机构在保障人权方面处于更加优势的地位。[2] 此外，在尚无普遍国际标准的人权领域，国际人权法的适用也倾向给予国家更多的自由裁量余地，国际人权法的实施无法为国家附加不合理的人权义务。例如，在禁止酷刑方面，虽然该义务本身因其绝对性不应受到国家引渡利益的限制，但是在拓展酷刑、不人道或有辱人格的待遇的违法行为范围时，国际人权机构的认定却是异常审慎和严格的，完全取决于人权保障的现状及对有关标准的共识度。总之，正是上述对于国家利益的尊重和思考，影响着引渡中人权保障发展的节奏。但总体来讲，国际人权法的适用使引渡从制度

---

〔1〕 在"奥斯曼（阿布卡塔达）诉英国案"中，欧洲人权法院对于外交保证的认可完全依赖于英国与约旦之间的双边关系，对于涉嫌具有系统性酷刑制度的国家的外交保证实施了个案审查原则。Case of Othman（Abu Qatada）v. UK, ECHR, Application No. 8139/09; Edward Fitzgerald, "Recent Human Rights Developments in Extradition Law & Related Immigration Law", *the Denning Law Journal*, vol. 25, 2013, p. 90.

〔2〕 Handyside v. the United Kingdom, ECHR, judgment of 7 December 1976, Series A No. 24, p. 22, para. 48; Müller and Others v. Switzerland, ECHR, judgment of 24 May 1988, Series A No. 133, p. 22, para. 3.

上、结构上以及理念上和价值上发生了革命性的嬗变。

## 第二节　国际人权机构审查引渡案件的途径

在国际层面，人权机构开启审查引渡案件的新实践源于欧洲，并带动了其他国际及区域机构在这一人权保障领域的突破。经过 30 多年的发展，联合国人权事务委员会和禁止酷刑委员会已经成为审理引渡案件的主要机构。除此之外，国际法院也曾经就引渡案件进行过裁判，并发表了重要的法律意见，但是相对于联合国条约机构在这一方面的贡献而言，仍是无法比拟的。

在联合国和区域人权机构的实践中，个人来文机制在审查引渡中的人权问题方面发挥着最重要的作用。个人来文机制主要是指个人在自己的人权受到侵犯的情况下，向国际人权机构提出申诉，寻求国际救济的制度。为了向个人提供最直接的救济手段和途径，几乎所有联合国核心人权公约和区域性人权公约都规定了个人来文机制，[1] 该机制在引渡实践中得到了广泛的援用，以保障被请求人的权利。

### 一、联合国条约机构对于引渡案件的审查

通过对于引渡中的国际人权法基础的探析可以发现，几乎所有的联合国核心人权公约都直接或间接地制定了关于引渡中的人权标准，但是只有部分条约机构且仅仅是审理过有关遣返或者驱逐的案例，并没有涉及引渡事项。例如，儿童权利委员会审理的"I. A. M.（代表 K. Y. M.）诉丹麦案"（I. A. M.［on behalf of K. Y. M.］v. Denmark），该案涉及受害人 K. Y. M. 如被驱逐回索马里将面临割礼的问题，儿童权利委员会从禁止歧视、儿童的最大利益、保护儿童免受一切形式暴力和虐待的条款出发，认定丹麦的驱逐行为将违反《儿童权利公约》第 2 条、第 3 条和

---

〔1〕　联合国核心国际人权公约中，只有《保护所有人免遭强迫失踪国际公约》尚未建立个人来文机制。

第 19 条。[1]

实践中，主要负责引渡案件审理的人权事务委员会和禁止酷刑委员会通过个人来文机制为被请求人在引渡中获得人权保障作出了巨大的贡献。

根据相关文件，上述条约机构都规定了较详细的且相类似的接受和审理个人来文的程序。以《公民权利和政治权利国际公约》为例，人权事务委员会受理个人来文的条件是：①声称其在公约规定下的任何权利遭受侵害；②可以运用的国内补救办法，悉已援用无遗，或补救办法的实施有不合理的拖延；③向委员会书面提出申请；④并非系不具名、或经委员会认为滥用此项呈文权、或不符合公约的规定者；⑤同一事件不在另一国际调查或解决程序审查之中。[2] 如果个人来文不符合上述任一条件，则人权事务委员会不得受理其申诉。

以《公民权利和政治权利国际公约》中的人权事务委员会为例，委员会对个人来文的审议旨在确定来文人依据公约享有的权利是否得到保障。如果委员会审查认定缔约国的引渡决定，将导致来文者依据公约享有的权利遭受侵犯，则会裁定缔约国应停止引渡或采取补救措施。在审查期间，为保证委员会的审查意见有效，委员会在必要的时候会向缔约国发布包含临时措施的通知，"来文登记后，在就案情实质作出决定前，委员会任何时候均可要求有关缔约国紧急采取委员会认为有必要的临时措施，以避免可能对来文提交人援引的权利造成无法弥补的后果的可能的行动。"[3] 理论上，委员会的审查意见不是法院的判决，对缔约国没有强制性的约束力，但委员会默认缔约国有义务诚心和其合作，"加入《任择议定书》使缔约国有义务与委员会进行诚意合作，以便允许委员会能够审议这类来文，并在审查后将其意见转达缔约国和所涉个人（第 5 条第 1 和第 4 款）。缔约国采取任何阻挠或破坏委员会审议和

---

[1]　I. A. M. v. Denmark，CRC/C/77/D/3/2016.

[2]　参见《公民权利和政治权利国际公约任择议定书》，第 2、3、5 条的规定。

[3]　《人权事务委员会议事规则》（2021 年修订），第 94 条，CCPR/C/3/Rev.10。

审查来文并表达意见的行动都是与上述义务不相符的。"[1]

相较于《公民权利和政治权利国际公约》中的个人来文制度，《禁止酷刑公约》中的个人来文机制在实践中对引渡行为的审议则确立了更加具体的规则。首先，关于委员会审议个人来文时的材料，委员会将其审议依据建立在缔约国作出引渡决定时所掌握的或应当掌握的材料。[2]其次，关于审查时考量的因素，委员会通常会考量两方面：一方面，委员会会考量引渡请求国国内的一般情况，即是否存在一贯严重、公然或大规模侵犯人权的现象，[3] 值得注意的是，在判断请求国国内是否存在一贯严重、公然或大规模侵犯人权的现象时，委员会往往会引用其在国家报告机制中对于该国作出的国别结论性意见；[4] 另一方面，委员会也会针对案件考量来文者的具体情况，审查并判定来文者在引渡后是否面临酷刑的风险。[5] 再次，关于证明标准，委员会在第 1 号一般性意见中指出，"在评估遭受酷刑的危险时，绝不能仅仅依据理论或怀疑。

---

〔1〕 Arshidin Israil v. Kazakhstan，Communication No. 2024/2011，para. 7. 2，CCPR/C/103/D/2024/2011.

〔2〕 委员会在多个案件中指出，其对该问题的审议建立在当事国在引渡时所能掌握或所应该掌握的信息基础之上。参见：X v. Russian，Communication No. 542/2013，para. 11. 2，CAT/C/54/D/542/2013；Khairullo Tursunov v. Kazakhstan，Communication No. 538/2013，para. 9. 1，CAT/C/54/D/538/2013；X. v. Kazakhstan ，Communication No. 554/2013 ，para. 12. 2. CAT/C/55/D/554/2013.

〔3〕《禁止酷刑和其他残忍、不人道或有辱人格的待遇或处罚公约》第 3 条第 2 款，"为了确定这种理由是否存在，有关当局应考虑到所有有关的因素，包括在适当情况下，考虑到在有关国家境内是否存在一贯严重、公然、大规模侵犯人权的情况。"

〔4〕 参见 X. vs. Kazakhstan 案中对俄罗斯的定期报告的结论性意见的引用，X. v. Kazakhstan，Communication No. 554/2013，para. 12. 4，CAT/C/55/D/554/2013；X v. Russian 案中对请求国乌兹别克斯坦的定期报告的结论性意见的引用，X v. Russian，Communication No. 542/2013，para. 11. 5，CAT/C/54/D/542/2013.

〔5〕 在相关的案例审议过程中，禁止酷刑委员会多次指出，"委员会必须考虑所有相关的因素，包括大规模的、持续性的侵犯人权的状况。委员会重申此种大规模侵犯人权状况的现象并不构成充分的理由，以证明某个特定的个人将会处于酷刑的风险之中，其他针对个人的情况仍需要被考虑到。同样的道理，没有此种大规模的现象并不能对此加以否定。"参见案例：X v. Russian，Communication No. 542/2013，para11. 3，CAT/C/54/D/542/2013；Ms. G. K. v. Switzerland，Communication No. 219/2002，para. 6. 4，CAT/C/30/D/219/2002；L. J. R. v. Australia，Communication No. 316/2007，para. 7. 2，CAT/C/41/D/316/2007.

但是，不必证明这种危险极有可能发生。"[1] 委员会进一步在其裁判案例中阐明酷刑的风险必须是可预见的（foreseeable）、现实的（real）、针对个人的（personal）。[2] 最后，在双方证据的采信方面，委员会极其重视所涉缔约国机关的调查结论，这是因为，委员会不是一个上诉机构、准司法机构或行政机构，而是由缔约国自己设立的仅享有确认法律关系权力的监测机构，但与此同时，委员会不受所涉缔约国机关的调查结论的约束，而是根据《公约》第 22 条第 4 款，委员会有权依据每个案件的全部案情自由评估事实真相。[3]

尽管人权事务委员会和禁止酷刑委员会都可以受理引渡导致人权风险的案例。但是根据职能范围的限制，禁止酷刑委员会主要处理引渡导致酷刑风险的案例；而人权事务委员会则受理关于生命权、禁止酷刑的权利、公正审判权等人权受到威胁的案例。经过上述条约机构审理的案件，有的经审查并未支持被请求人的主张；有的则认定的确存在引渡后的人权风险，而宣布有关缔约国的引渡行为将会违反人权公约。尽管这些案件的审理结果并没有完全阻止引渡，但是却为被请求人争取了来自请求国的外交保证，为保障其人权提供了"护身符"。

**二、欧洲人权机构对于引渡案件的审查**

区域人权机构是与联合国人权机构具有相似职能的监督机构，也可以通过来文机制审查区域内的人权案件，从而审查成员国在引渡活动中对于人权的保障，并为被请求人提供救济。在现有的区域人权机构中，欧洲的相关实践始终引领着引渡中保障人权实践的发展；与之相比的，美洲的实践才刚刚起步；而非洲实践则暂付阙如，因此下文仅对于欧洲和美洲的相关审查机制进行研究。

---

〔1〕 General comment No. 1, Implementation of article 3 of the Convention in the context of article 22, CAT/C/GC/1（A/53/44 Annex IX），16 September 1998, para. 6.

〔2〕 Khairullo Tursunov vs. Kazakhstan, Communication No. 538/2013, para. 9.4, CAT/C/54/D/538/2013；X v. Russian, Communication No. 542/2013, para. 11.4, CAT/C/54/D/542/2013；X. v. Kazakhstan, Communication No. 554/2013, para. 12.4, CAT/C/55/D/554/2013.

〔3〕 General comment No. 1, Implementation of article 3 of the Convention in the context of article 22, CAT/C/GC/1（A/53/44 Annex IX），16 September 1998, para. 9.

欧洲人权机构对于个人来文的审查，最初是由欧洲人权委员会和欧洲人权法院共同完成，其中，前者发挥案件筛查的作用。但是经过改革，欧洲人权委员会已经被撤销，现在的个人来文已经由欧洲人权法院全权负责。该机制规定，个人、非政府组织或个人团体在其《欧洲保护人权与基本自由公约》（以下简称《欧洲人权公约》）规定的权利和自由受到该公约缔约国侵犯时，在满足该公约及欧洲人权法院规定的情况下，可以直接向欧洲人权法院提出申诉，控告侵犯人权的缔约国，欧洲人权法院经过受理和审判，为人权受到侵犯的个人提供救济。

欧洲人权法院的个人申诉机制是依托丰富、坚实的法律依据而建立和运行的，这些法律依据主要包括《欧洲人权公约》及其议定书、《欧洲人权法院规则》及其补充、《操作指南》（Practice Directions）等。《欧洲人权公约》第二章是对欧洲人权法院的相关规定，其中涉及个人申诉机制的有第34～37、39条，主要规定了个人申诉权和欧洲人权法院个人申诉机制的受理条件、组织及其权限、审理的程序及方法等问题。《欧洲人权法院规则》及其补充进一步细化了欧洲人权法院在个人申诉机制的运行过程中的具体事项。《操作指南》则为个人提起申诉提供了具有可操作性的指引，使得该机制成为可利用的、充满生命力的救济制度。

《欧洲人权公约》为个人申诉机制设置了很低的门槛，只要符合基本的规则，无需缴纳诉讼费，权利受到侵犯的自然人、法人、非政府组织、个人团体就可以向欧洲人权法院提交申诉。《欧洲人权公约》对法官判断案件可否受理的依据——受理标准在第35条作了规定。根据第35条，法官主要从以下几个方面对案件的可受理性进行审查。其一，穷尽所有国内救济。根据《欧洲人权公约》第35条的规定，欧洲人权法院仅在申诉所涉事项已穷尽所有国内救济后才开始对其进行审查。这里的国内救济不限于司法救济，其他救济方式如行政救济等也包括在内；这些有效的救济措施必须是可利用的和充分的，否则就不要求申诉者穷尽国内救济。之所以要作出该项规定，是因为在本质上《欧洲人权公约》确立的人权保障机制只是缔约国国内人权保障机制的辅助程序。

在国际人权法领域，国家始终是保障人权的最重要的主体，国内救济始终是最主要的人权救济方式，区域性人权机构的职能定位亦不例外，《欧洲人权公约》之所以作出这样的规定旨在重申和确认国家在人权领域的重要地位。其二，时效限制。《欧洲人权公约》第 35 条要求"根据国际法的公认标准，申诉须在国内最终司法裁决作出后四个月内提出"。4 个月期限应从申诉人知道或应当知道国内最终决定作出，并能向欧洲人权法院提出申诉之日起计算；如果国内没有有效的救济措施，那么受指控的决定本身应被视为"最终决定"。其三，形式要求。《欧洲人权公约》第 35 条第 2 款规定，欧洲人权法院不受理匿名的申诉；对在本质上与已被法院审查的事项相同，或者与已被提交至另一国际调查或争端解决程序事项相同，且不包含新信息的申诉也不予受理。其四，实质要求。如果一项申诉与公约及其议定书条文不相符，或者明显无根据，或者滥用申诉权，或者申诉人没有遭受严重损失（除非是出于对于公约及其议定书规定的人权之尊重要求对案件进行实体审理、在这种基础下案件不应被驳回且国内法庭未能对该因素进行合理考量的情况），欧洲人权法院应对该申诉宣布为不可受理。

实践中，欧洲人权法院受理了大量的引渡和遣返案件，尽管这两个案件的启动程序和缘由不是一样的，但是由于其所关涉的问题都是一样的，基本不加区别，核心都是裁判对于被请求人递解出国是否构成或者导致其面临人权侵害的风险。欧洲人权法院于 2013 年发布的关于《驱逐和引渡》案例指引中，法院受理的引渡案件大概包括两大类：第一类是引渡前，申述人提交的案例，旨在提请欧洲人权法院对于引渡是否导致被请求人遭受人权风险进行裁判，以阻止违反人权公约的引渡行为；第二类则是关于引渡前、引渡中或者引渡后有关人权待遇的诉讼，这类诉讼与请求国是否将被请求人进行引渡本身并没有直接关系，而主要是围绕被请求人在被请求国和被引渡后的请求国羁押待遇及诉讼程序性权利以及获得救济补偿的人权诉求进行。从总体看来，这些权利涉及禁止酷刑的权利、生命权、公正审判权、获得法律救济的权利等。

### 三、美洲人权机构对于引渡案件的审查

美洲人权机制是以《美洲国家组织宪章》[1]《美洲人的权利和义务宣言》《美洲人权公约》及其议定书为基础，以美洲国家组织有关机构为依托，并以美洲人权委员会为桥梁形成的二元机构的人权监督机制。因此，美洲人权机构对于引渡问题的个人来文提供了两个审查途径。

第一个是以《美洲国家组织宪章》《美洲人的权利和义务宣言》为基础，由美洲人权委员会作为审理机构的个人来文机制，它适用于所有美洲国家组织的成员国领土内或者管辖范围内的个人。[2] 第二个是以《美洲人权公约》为基础，由美洲人权委员会和美洲人权法院作为审理机构的个人来文机制，它仅适用于美洲国家组织内《美洲人权公约》的缔约国。在这两个机制中，美洲人权委员会是联系两个机制的重要机构，既是美洲国家组织的主要机关，同时也是《美洲人权公约》的监督机构，负责涉及人权申诉的审查，并提供相关咨询意见和建议。因此，美洲人权委员会可以根据所有有效的美洲区域人权文件审理美洲国家组织成员国内个人提出人权申诉，对于签署《美洲人权公约》的成员国根据该公约进行裁判，并将争议案件交由美洲人权法院继续审理；而对于未签署《美洲人权公约》的缔约国则根据《美洲国家组织宪章》《美洲人的权利和义务宣言》进行裁判。

关于以《美洲国家组织宪章》《美洲人的权利和义务宣言》为基础建立的个人来文机制，根据《美洲人权委员会规约》，美洲国家组织的所有成员国管辖下的个人（或群体）都可以根据《美洲国家组织宪章》和《美洲人的权利和义务宣言》所保障的人权向美洲人权委员会寻求救济。而具体的条件、程序和美洲人权委员会根据《美洲人权公约》

---

[1]　Charter of the Organization of American States, Apr. 30, 1948, 2 U. S. T. 2416, 119 U. N. T. S. 48. The Charter has been amended by several protocols.

[2]　See, Statute of the Inter-American Commission on Human Rights, O. A. S. Res. 447 (IX-0/79), Art 20; Regulations of the Inter-American Commission on Human Rights, Art. 52, reprinted in Basic Documents Pertaining to Human Rights in the Inter-American System, OEA/Ser. L. V/II. 82 doc. 6 rev. 1 at 93 (1992).

受理的个人来文程序相同。尽管美洲人权委员会早在 1963 年就开始接受个人来文，但是当时委员会仅仅具有进行建议的权力，这种申诉机制始终是非常柔弱的。直到 1979 年《美洲人权委员会规约》、《美洲人权委员会规章》通过后，委员会才拥有了采取后续行动的权力。即委员会对个人来文审议后，除了提交对来文事实和法律的认定和总结之外，还有向违反公约的当事国提出带有实施期限建议的权力。如果当事国未在委员会规定的期限内接受和实施相关建议，委员会将在每年的报告中公开发表这些建议，以敦促有关国家对于这一问题的重视。但是如果缔约国或者申诉方在委员会提出的期限之前提出了新的证据，委员会则会重新对事实进行认定并作出建议。这一机制更多地体现了友好解决等政治性特点。

当然对于《美洲人权公约》缔约国管辖下的个人来讲，除了上述申诉程序之外，还可以根据《美洲人权公约》所建立的人权保障机制继续寻求权利救济。因此，对于个人来文程序当中，美洲人权委员会根据《美洲国家组织宪章》和《美洲人的权利和义务宣言》对来文加以审查的程序，在某些案例中只不过是审查的一个前奏或者整个申诉的一部分。

关于以《美洲人权公约》为基础建立的人权保障机制。该机制适用于美洲国家组织内的《美洲人权公约》缔约国，并且是强制性的。在此机制下，申诉方可经过美洲人权委员会和美洲人权法院两级审查，从而得到最终的法律救济。[1] 其中，美洲人权委员会对于个人来文的审理可以被认为是一个审查前奏或者整个申诉的一部分，美洲人权法院的审查的功能则不完全类似于上诉机制，因为美洲人权法院具有全面审理的职能，而且只接受美洲人权委员会或者国家来文，并直接不处理个人来文。

具体程序是由申诉方首先向美洲人权委员会提出申诉，由委员会根

───────────

〔1〕 美洲人权法院是根据《美洲人权公约》第 52 条建立的司法监督机构。根据相关规定，美洲人权法院对于有关人权方面的国家和个人来文具有管辖权，此外，美洲人权法院还负有发表咨询意见的职责。

据《美洲人权公约》进行审查并作出裁判。如果当时双方对此能够达成一致，案件就此审结，由委员会提交一份结论和建议报告。但是对于没有得到满意解决的案件，可以由委员会或国家提交美洲人权法院进行审查。案件提交美洲人权法院审查后，法院将重新审查委员会提交的事实以及初步审查报告，并作出相应的裁判，美洲人权法院的裁判是终审性的。

这一机制的特点主要表现为：其一，由于美洲人权委员会是连接美洲区域组织宪章机制和公约机制的桥梁性机构，同时为了保证美洲国家组织人权保障机制在受理标准和人权保障标准上的统一，美洲人权委员会提供的审理机制是任何申诉必经的前置程序。它不同于欧洲理事会的前欧洲人权委员会，后者仅仅是欧洲人权法院受理案件的过滤器，而美洲人权委员会有权根据《美洲人权公约》作出裁判。其二，提交个人来文的主体资格具有宽泛性。它包括任何个人、团体或者非政府组织，而不论申诉人是否为受害者。[1]因此，有学者认为，美洲人权委员会可以审理所谓的"公益诉讼"。但是，遗憾的是，个人作为申诉方在美洲人权法院是没有主体地位的，美洲人权法院仅仅接受委员会及有关当事国提交的来文。其三，该机制与根据《美洲国家组织宪章》和《美洲人的权利和义务宣言》建立的可诉性机制由于美洲人权委员会功能上的重叠而在实践中存在着时空上的交集。这主要是指对于《美洲人权公约》缔约国管辖下的个人提交来文，美洲人权委员会会同时依据《美洲国家组织宪章》《美洲人的权利和义务宣言》和《美洲人权公约》三个文件对其进行审查，合并使用两种机制对其作出裁判，而不是人为地将两个机制机械地割裂开来。

《美洲人权公约》第46条第1款规定了与《公民权利及政治权利国际公约任择议定书》[2]和《欧洲人权公约》对个人申诉的受理标准大致相同的个人来文受理的条件："……a. 按照国际法一般承认的原

---

〔1〕 与《欧洲人权公约》及《公民权利和政治权利国际公约》第一任择议定书规定的个人申诉程序不同，这两者均要求是真正意义上的"受害者"才有权提出申诉。

〔2〕《公民及政治权利国际公约任择议定书》第2条至第5条之规定。

则，已经采取或用尽了国内法规定的救济办法；b. 在声称其权利受到侵害的一方接到最终判决的通知之日起六个月之内提出申诉；c. 申诉所指的事情并非另一件要求解决的国际诉讼的悬案；4. 在第 44 条所指的情况下，申诉应载有姓名、国籍、职业、住所和申诉人或一些申诉人或提出申诉的实体的法人代表的签名"。

纵观国际和区域人权机构及其个人来文机制，虽然彼此间存在一些差别，但是它们在组织机构的框架、个人来文的受案条件以及审查程序等方面都存在相类似的规定，并在实践中有一定相互借鉴和互动，以共同促进全球人权保障的进步。

这些人权机构，通过对于生命权、免受酷刑的权利以及公正审判权的审查，不仅为引渡中的被请求人提供了更好的人权待遇，也改变了引渡的条件和结果，使引渡在调节国家间司法合作关系的同时，也从某种程度上兼顾了对于人权的保障。

# 第四章 国际人权法中影响引渡的
# 权利及其保障实践

国际人权机构对于引渡案件的审查，旨在分析引渡是否导致被引渡人面临人权风险，从而裁判被请求国的行为有否违反其应遵循的国际人权义务，从而通过影响引渡条件或者结果，以提升被请求人的人权待遇。对此，哪些人权以及在多大程度上需要在引渡中得以保障成为学界和实务界不断探索的问题。

学界对于国际人权义务与引渡义务冲突问题的集中思考始于"索林案"。学者们依据该案的裁判意见以及国际人权法的有关理论对于上述问题进行了分析，旨在为国际人权法适用于引渡的范围及效力问题提供一个分析框架和建设性方案。例如，杜加尔德（Dugard）等教授认为，以《欧洲人权公约》为例，人权可以分为可限制、在紧急状态下可克减以及不可克减三个类型。其中，可限制的权利一般不能成为阻止引渡的理由，而在紧急状态下也不可克减的权利应该适用于引渡，但是对于只有在紧急状态下可克减的权利是否可适用于引渡则需要确定适用的条件。[1] 而祖克（Zühlke）等学者则作出了更为严格的分析，其根据绝对性权利或者强行法的划分，认为只有禁止酷刑、残忍和不人道或有辱人格的待遇或处罚的义务（下称"禁止酷刑义务"）才具有限制引渡

---

[1] John Dugard, Christine Van Den Wyngaert, "Reconciling Extradition With Human Rights", *American Journal of International Law*, 1998, vol. 92, p. 203. Aftab Alam, "Extradition and Human Rights", *Indian Journal of International Law*, 2008, vol. 48, p. 97.

的效力，而对于生命权和公正审判权的主张尚无法形成引渡中的有效对抗。[1] 此外，其他相关研究并未拘泥于特定人权框架，而是对于具体人权义务进行了适用性研究。[2] 上述学者的讨论，有的随着实践的发展得到了逐步的印证，有的则被历史所淡忘，但是相关的学术讨论还在继续，对于实践发展的不断梳理还在持续进行着。

就总体而言，"索林案"对于人权的宣示并没有像当时部分学者所预见的那样直接打开了潘多拉盒子，嗣后实践表明，国际人权法在引渡中的适用是在与国家利益不断平衡的过程中实现着制约式发展。由于人权内容的复杂性，保障人权并没有作为一般性原则植入引渡中，取而代之的是对于具体人权义务的确认。纵观国际和区域人权机构对于引渡案件的审理，其在绝大多数案例中并没有明确判定人权义务与引渡义务的效力等级，而是在不断地探求哪些人权义务在具体情况下能够成为阻止引渡的因素，从而对于国际人权法的适用形成了灵活的范式。因此，国际人权法在引渡中的适用范围需要根据案例进行探讨和梳理，就总体而言，相关实践沿着一条缓慢的、不断提升人权保障的既定道路向前发展，限制引渡的人权义务在逐步具体化、充实化，并得到纵深拓展。

国际人权义务适用于引渡的实践和研究表明，在引渡中保障人权的责任并不意味着有关国家需要满足所有人权义务。[3] 如何确定适用于引渡的人权义务的范围及处理人权义务和引渡义务冲突的规则，既需要理论指导，更需要在实践中得到检验和发展。纵览历史实践，国际人权机构在引渡案件中主要围绕生命权、免受酷刑的权利和公正审判权是否限制引渡作出了裁定，此外在驱逐案中，关于家庭与隐私权、妇女与儿童的权利的保障，也为各国将一个人递解至其他国家所应遵行的人权标

---

〔1〕 Susanne Zühlke and Jens-Christian Pastille, Extradition and the European Convention —— Soering Revisited, Max - Planck - Institut für ausländisches öffentliches Recht und Völkerrechtm, Vol. 59, Issue 3, 1999, pp. 759~769.

〔2〕 Stephan Breitenmoser, Gunter E. Wilms, "Human Rights V. Extradition: The Soering Case", *Michigan Journal of International Law*, vol. 11, 1990; Christine Van Den Wyngaert, "Applying the European Convention on Human Rights to Extradition: Opening Pandora's Box?", *International and Comparative Law Quarterly*, vol. 39, 1990.

〔3〕 Case of Soering v. the United Kingdom, ECHR, Application No. 14038/88, para. 86.

准提供了有益的思考，为引渡中的人权保障提供了更多的人权视角并拓宽了纬度。而随着人权保障实践的发展以及国际合作的深化，上述人权义务在引渡中的适用范围、内涵和影响意义也在发生着变化。

## 第一节　免受酷刑的权利

免受酷刑、残忍、不人道或有辱人格待遇或处罚的权利是在引渡中最早建立的人权保障内容，已为各国普遍接受，并且逐渐成为国际人权法中的强行法。[1] 纵观国际和区域人权机构的实践，可能构成酷刑的情况越来越细化，标准越来越清晰，对于引渡中的人权保障力度逐步提高。

### 一、关于免受酷刑的权利的规定及内涵

尽管很多国际人权公约中都有关于免于酷刑、不人道待遇的权利的规定，但是《禁止酷刑公约》对于这一概念的解释相对更加详细。该公约第 1 条第 1 款规定："为本公约的目的，'酷刑'是指为了向某人或第三者取得情报或供状，为了他或第三者所作或涉嫌的行为对他加以处罚，或为了恐吓或威胁他或第三者，或为了基于任何一种歧视的任何理由，蓄意使某人在肉体或精神上遭受剧烈疼痛或痛苦的任何行为，而这种疼痛或痛苦是由公职人员或以官方身分行使职权的其他人所造成或在其唆使、同意或默许下造成的。纯因法律制裁而引起或法律制裁所固有或附带的疼痛或痛苦不包括在内。"该公约并未对于"残忍、不人道或有辱人格的行为"进行具体解释，只是在第 16 条表明，这些行为是未达到第 1 条所述酷刑程度的行为，以表明残忍、不人道或有辱人格的行为与酷刑之间主要是在行为严重程度上存在差异。1979 年联合国大会通过的《执法人员行为守则》第 5 条评注（c）也对其他残忍、不人道或有辱人格的待遇进行了解释，提出它们都是达到一定程度的肉体或精

---

〔1〕　Olivier de Schutter, *International Human Rights Law*：*Cases*，*Materials*，*Commentary*，Cambridge：Cambridge University Press，2010，p. 65.

神上的虐待行为。[1]

无论是酷刑还是其他虐待行为，都是以剧烈的痛苦或疼痛为基础而确定的行为，由于有关公约对于"剧烈程度"本身缺乏清楚的界定，因此使其在现实评估中具有较强的主观性和不确定性，从而不可避免地取决于当时和当地的历史文化背景、社会政治制度、经济发展水平以及审判者的价值观和个人素质。[2] 因此，欧洲人权法院和人权事务委员会、禁止酷刑委员会等人权机构在实践中主要依赖法官、医生或其他顾问的专业知识，并结合案件情况对于侵害行为的剧烈程度进行判断，由此对于达到酷刑或者残忍、不人道或有辱人格待遇或处罚逐步确立了一些较为清晰的标准。

### 二、免受酷刑的权利适用于引渡案件中的突破和发展

免受酷刑的权利被认为是在任何情况下都不可剥夺的、绝对的权利，即使在紧急状态下也不可克减。根据《禁止酷刑公约》第3条第1款："如有充分理由相信任何人在另一国家将有遭受酷刑的危险，任何缔约国不得将该人驱逐、遣返或引渡至该国。"尽管该权利早已规定在人权公约和引渡条约中，但是国际人权机构对于禁止酷刑义务在引渡案件中的适用却不是一蹴而就的，而是通过参照"索林案"进行制度创新才得以实现和不断发展的。

第一，国际人权法适用于引渡的实践对于禁止酷刑义务进行了扩展性解释，从而确立了这一义务在引渡中的全面适用性。这个突破表现为：一是普遍将禁止酷刑的义务延伸至涉及"域外适用"的引渡领域；二是将禁止酷刑，残忍、不人道或有辱人格待遇或处罚三种义务无差别地适用于引渡实践。众所周知，多数国际和区域人权公约只规定了缔约国禁止实施酷刑的义务，[3] 并没有将此义务扩展适用于引渡后的人权

---

〔1〕 参见《执法人员行为守则》第5条评论（c）。联合国大会第一〇六次全体会议1979年12月17日第34/169号决议通过

〔2〕 王光贤：《禁止酷刑的理论与实践——国际和国内监督机制相结合的视角》，上海人民出版社2007年版，第42页。

〔3〕 《欧洲人权公约》第3条规定："不得对任何人施以酷刑或者使其受到非人道的或者是有损人格的待遇或者是惩罚。"

状况，即使是《禁止酷刑公约》也没有明确将不人道或有辱人格待遇或处罚作为拒绝引渡的义务。而这些人权公约适用于引渡时的"法律空白"却在"索林案"[1]后得到了全面的弥补。对此，欧洲人权法院认为，索林遭遇的特殊情况表明，其若被引渡至美国将使其遭受不人道的待遇，对索林的身心将造成严重损害，对于在境外发生的这种可预见性的人权风险，英国负有预见性的防止义务。

该案关于引渡导致的不人道待遇风险违反人权公约的裁判，为禁止酷刑义务整体适用于引渡的实践开辟了道路，并在其后的国际人权案例中得到确认和强化，进而上升为条约机构的一般性意见。例如，人权事务委员会借"索林案"的突破和共识，顺理成章地在"加拿大三案"中处理了相同的情况，对于被请求人所声称的引渡将要导致虐待行为是否达到酷刑以及其他残忍的、不人道待遇的问题进行了审查。尽管人权事务委员会并没有支持申诉人的诉求，但是相关判例却为"酷刑不引渡"原则的建立奠定了基础。此后，国际层面通过了一系列文件来确认上述相关实践，正式确认了导致酷刑，残忍的、不人道或有辱人格的待遇风险的引渡违反人权公约的规则。例如，在联合国《引渡示范条约》中明确规定了被请求引渡者遭受酷刑和遭受其他残忍待遇都是不得准予引渡的绝对条件。[2]又如人权事务委员会在 1992 年通过的第 20 号一般性意见第 9 条明确指出，"缔约国不得通过引渡、驱逐或驱回手段使个人回到另一国时有可能遭受酷刑或残忍、不人道或有辱人格的待遇或处罚。"此外，禁止酷刑委员会在 2007 年的第 2 号一般性意见也提出，"防止酷刑的义务与第 16 条第 1 款所规定的防止其他残忍、不人道或有辱人格的待遇或处罚（下称"虐待"）的义务是不可分割、互为依存和相互关联的。防止虐待的义务与防止酷刑的义务实际上相重叠，而且基本上相一致"。2012 年，欧洲人权法院在"哈金斯和爱德华兹诉英国案"中，再次强调了上述观点，"尽管对于国内的虐待行为可以进行形式的划分，但是在涉及引渡的国际层面的操作却非常困难，特别是对于

---

[1]　Soering v. the United Kingdom, ECHR, Application No. 14038/88.

[2]　参见联合国《引渡示范条约》第 3 条。

被请求人在引渡后可能遭受酷刑的严重程度不好把握，由此造成了区分这三种虐待形式的障碍。"[1]此外，欧洲人权法院在"埃尔加舍夫诉俄罗斯案"（Ergashev v. Russia）[2]判决中指出"在引渡案件时，以往判例已经确立如下规则：公约（此处指《欧洲人权公约》）第3条确立了缔约国禁止引渡的义务——如果引渡将使得被引渡者处于违反第3条待遇的风险之中。"这一判决再一次表明，欧洲人权公约第3条关于"不得对任何人施以酷刑或者使其受到非人道的或者是侮辱的待遇或者惩罚"的义务是整体适用于引渡的，并无不同虐待形式和严重程度的差别。由此可见，欧洲人权法院和联合国条约机构的实践均支持酷刑，残忍和不人道或有辱人格的待遇或处罚三种虐待形式在引渡中无差别的适用。

第二，国际人权法在引渡中的适用进一步推动了禁止酷刑义务的绝对性地位，也推动了酷刑不引渡义务的普遍遵守。实践中，禁止酷刑义务不仅内化于引渡的国际法和国内法中，而且在引渡实践中也逐渐呈现出强化的趋势。如果说在"索林案"中，欧洲人权法院还只是提到了引渡需要兼顾禁止酷刑义务，那么此后该人权义务在与引渡义务的"较量"中则获得了绝对不可减损的地位。沙特教授甚至认为酷刑不引渡义务也是一种正在形成中的强行法。[3] 回首欧洲人权法院的相关判例，其在"韦瓦热扎哈案"第一次阐发"禁止酷刑义务的绝对性及其所体现的民主社会基本价值"的观点后，又在"萨迪诉意大利案"（Case of Saadi v. Italy）等案中多次重申了欧洲理事会部长委员会关于绝对禁止酷刑的精神，并认为"《欧洲人权公约》第3条的义务是绝对性的",[4] 不能通过国家利益进行平衡和限制。而在"哈金斯和爱德华兹诉英国案"中，欧洲人权法院再次进行了深入阐释，"事实上，欧洲人

---

〔1〕 Cases of Harkins and Edwards v. the United Kingdom, ECHR, Application Nos. 9146/07 And 32650/07 (2012), para. 121.

〔2〕 Ergashev v. Russia, ECHR, Application No. 49747/11.

〔3〕 Olivier de Schutter, *International Human Rights Law*: *Cases*, *Materials*, *Commentary*, Cambridge University Press, 2010, p. 65.

〔4〕 Case of Saadi v. Italy, ECHR, Application No. 37201/06, 2008, para. 64.

权法院除了在'索林案'提到过国家引渡利益和个人人权应相平衡的意见外，其在此后30年的实践再没有对于免受酷刑的权利根据国家利益进行合理限制的分析。"[1] 欧洲人权法院在"埃尔加舍夫诉俄罗斯案"[2] 判决中也指出，"（《欧洲人权公约》）第3条是绝对性的义务，因此不需要在引渡造成的酷刑风险与引渡的理由之间进行利益平衡考量。"[3] 由此可见，欧洲人权法院对于禁止酷刑义务的裁判主要依据以是否存在真实的人权风险的标准，以此来强调该义务的绝对性和不可克减性。[4] 而联合国人权机构的有关实践也体现了这一观点。在"瓦莱托夫诉哈萨克斯坦案中"，关于将申诉人引渡至吉尔吉斯斯坦的问题，人权事务委员会认为，缔约国绝不可以通过引渡、驱逐或驱回的方式，将当事个人遣送至另一国家，致使他面临遭受酷刑或其他残忍，不人道或有辱人格的待遇或处罚的危险。这项原则不应以出于对当事个人被控或被怀疑犯有任何其他各类犯罪行为的考虑而被废止。[5]此外，人权事务委员会还在"梅尔达·穆罕默德·贾姆希迪安诉白俄罗斯案"（Merhdad Mohammad Jamshidian v. Belarus）中重申，《公民权利和政治权利国际公约》第7条和由此产生的不推回原则是绝对的，任何人都不应被排除在这项保护之外，即便他会对国家安全构成危险。[6]

### 三、免受酷刑的权利适用于引渡案件的实践

在国际和区域层面的实践中，涉及对引渡案件的禁止酷刑义务审查的案件非常多。具体分析这些酷刑风险，大致可以分为如下几类：死牢问题导致的酷刑风险；刑讯逼供导致的酷刑风险；因为不同政见等歧视

---

〔1〕 Cases of Harkins and Edwards v. the United Kingdom, ECHR, Application Nos. 9146/07 And 32650/07, 2012, para. 125.

〔2〕 Ergashev v. Russia, ECHR, Application No. 49747/11.

〔3〕 Ergashev v. Russia, ECHR, Application No. 49747/11, para 64.

〔4〕 Cases of Harkins and Edwards v. the United Kingdom, ECHR, Application Nos. 9146/07 And 32650/07, 2012, para. 125.

〔5〕 Nikolai Valetov v. Kazakhstan, Communication No. 2104/2011, CCPR/C/110/D/2104/2011, para. 14. 2

〔6〕 Merhdad Mohammad Jamshidian v. Belarus, Communication No. 2471/2014, CCPR/C/121/D/2471/2014, para9. 5.

原因导致的酷刑风险；不成比例的刑罚导致的酷刑风险；羁押条件导致的酷刑风险；健康原因导致的酷刑风险等。在驱逐案件中，国家还负有义务预见和防止被驱逐的人面临第三方实施酷刑的风险。

（一）死牢问题导致的酷刑风险

对于死牢是否构成酷刑的问题，国际和区域人权机构自"索林案"即开始了不断探索、不断实践的过程。其中，在"索林案"中，欧洲人权法院第一次对于死牢问题构成不人道待遇问题进行了阐释和认定，指出"其他残忍待遇不仅要考虑肉体经受的苦痛，还要考虑在处罚之前长时间的拖延，这可能会增加被判刑人遭受的心理痛苦，也是一种暴力行为"。[1] "索林案"中，由于申诉人已经在极端情形的死囚牢中等待了很长一段时间，并遭受着等待死刑的持续不断的痛苦，且申诉人的个人情况较为特殊：其犯罪时的年龄仅有 18 岁，心理并不成熟，精神状态也存在一定问题等。除此之外，本案引渡的合法目的还可以通过另一种途径来实现，而后者不会使申诉人遭受此种痛苦。[2] 考虑到索林可能遭受的"死牢"待遇将使其在绝望和孤独的监狱中等待执行死刑，他虽然活着但完全看不到离开监狱、重新融入社会的可能性，这是纯粹的惩罚，完全违反了刑罚的教育、改造意义，是残忍不人道的。[3] 因此，法院认为，基于索林的特殊情况，将其引渡至美国所面临的"死牢"问题构成不人道的待遇，英国的引渡违反《欧洲人权公约》第 3条的规定。但是值得强调的是，本案对于英国引渡索林的决定违反公约义务的裁判，是结合其个人情况分析的结果，并没有得出"死牢"现象本身构成不人道待遇的一般性结论。

此后，人权事务委员会又在"金德勒诉加拿大案""吴智达诉加拿大案"[4] 和"考克斯诉加拿大案"[5] 三个案件审理了相似的问题。尽管这些案件本质上讲都是与死刑相关的案件，但是由于《公民权利和

---

〔1〕 Soering v. the United Kingdom, ECHR, Application No. 14038/88, para 100.

〔2〕 Soering v. the United Kingdom, ECHR, Application No. 14038/88, para 111.

〔3〕 参见黄风："无期徒刑与引渡合作"，载《法商研究》2017 年第 2 期。

〔4〕 Ng v. Canada, Communication No. 469/1991, CCPR/C/49/D/469/1991.

〔5〕 Cox v. Canada, Communication No. 539/1993, CCPR/C/52/D/539/1993.

政治权利国际公约》并未禁止死刑，死刑本身不能构成禁止引渡的合法理由，因此来文者参照索林案的做法，向人权事务委员会提出"死牢"构成不人道待遇的诉求，不能阻止加拿大实施引渡。

　　人权事务委员会在引渡与禁止酷刑义务的关系问题上参照了欧洲人权法院处理"索林案"的观点，即"引渡行为本身不违反公约所保障的权利。只有当缔约国的引渡行为导致被请求者在请求国遭受酷刑危险，且该酷刑风险是引渡行为可预见的必然后果时，缔约国才违反了基于公约承担的特定人权义务。"[1] 因此，面对死牢是否构成不人道待遇的问题，人权事务委员会认为，尽管来文者面临死牢风险，但是需要结合个人情况才能认定该风险是否能够达到酷刑和不人道待遇的"最低限度"。在"金德勒诉加拿大案"[2] 中，人权委员会回顾了"索林案"的有关意见，强调"每个案件都应审查其事实和所有情况，以确定该行为的严重性，包括死刑的各种条件是否构成酷刑以及死刑的执行是否构成不人道待遇。如果申诉人在死牢中被长期关押只是因为其想利用上诉程序的救济，那么拘留本身通常不构成残忍、不人道的待遇"。[3] 委员会认为，任何案件中涉及的行为或处罚都需要达到一定程度才能构成残忍、不人道的待遇，而这一程度的确定取决于案件的具体情形和审判者的个人判断。在该案中，金德勒的境况不同于索林，其所遭遇的"死牢现象"也并未到达最低限度的酷刑风险，因此不能构成不人道的或残忍的待遇。而在"考克斯诉加拿大案"中，委员会认为，"宾夕法尼亚等待处决的犯人有多种上诉途径，尚无证据证明该地区存在着在合理时间内未能提供司法救济，或出现不合理拖延的情形。"[4]此外，委员会也依照"索林案"中考察的各项影响因素，包括羁押期限、羁押条件、健康状况、个人年龄等，对于申诉人考斯克的情况逐一分析并对比，认定考斯克与索林的境况之间存在着极大差异，考斯克的精神状况良好，

〔1〕　Soering v. the United Kingdom, ECHR, Application No. 14038/88, para 85.

〔2〕　Kindler v. Canada, Communication No. 470/1991, CCPR/C/48/D/470/1991.

〔3〕　Kindler v. Canada, Communication No. 470/1991, CCPR/C/48/D/470/1991, para 15.

〔4〕　Cox v. Canada, Communication No. 539/1993, CCPR/C/52/D/539/1993, para 17.2.

属于健康的成年人，不存在需要考虑的特殊的个人情形，因此，本案中的"死牢"问题也不构成不人道待遇。另外值得一提的是，在"金德勒诉加拿大案"和"考克斯诉加拿大案"中[1]，人权事务委员会还就死刑执行方式是否构成酷刑进行了裁判。[2] 关于处决方法，委员会坚持认为"用毒剂注射致死进行司法处决不构成酷刑或其他残忍的待遇"。[3]

综上所述，"死牢"并不一定构成不人道待遇并产生阻止引渡的效果，具体的情况还需要结合案件的整体情形予以全面分析，其中个人遭受的待遇或处罚的性质和情形、执行的方式和方法、拖延的时间、遭受的身体或精神折磨以及某种情况下性别、年龄和健康状况等都是认定"死牢现象"是否构成酷刑的重要因素。[4]

（二）刑讯逼供导致的酷刑风险

刑讯逼供是实施酷刑的典型场景，也是被请求人在引渡中最容易遭受侵害的情形。对此，《禁止酷刑公约》第15条明确规定，"每一缔约国应确保在任何诉讼程序中不得援引任何确属酷刑逼供作出的陈述为证据，但这类陈述可引作对被控施用酷刑逼供者起诉的证据"。尽管刑讯逼供与现代社会的法治精神和人权原则背道而驰，但是该问题却在各国屡禁不止，因此许多被请求人在引渡后依然面临着较大的酷刑风险，相关案件发生频仍。例如，在"阿勒斯诉西班牙案"（Aarrass v. Spain）中，摩洛哥对申诉者的引渡是基于其曾参与恐怖主义犯罪的指控。人权事务委员会在审查后指出，"申诉者向国家高等法院提交的证据材料表明，在摩洛哥，许多与申诉者案件相关的、因恐怖主义犯罪而获刑的人员都遭到了隔离监禁及毒打等酷刑"（Aarrass v. Spain）[5]，由此，西

---

〔1〕 Cox v. Canada, Communication No. 539/1993, CCPR/C/52/D/539/1993.

〔2〕 Cox v. Canada, Communication No. 539/1993, CCPR/C/52/D/539/1993, para 17. 2.

〔3〕 Cox v. Canada, Communication No. 539/1993, CCPR/C/52/D/539/1993, para 17. 3.

〔4〕 参见王光贤：《禁止酷刑的理论与实践——国际和国内监督机制相结合的视角》，上海人民出版社2007年版，第63页。

〔5〕 Aarrass v. Spain, Communication No. 2008/2010, CCPR/C/111/D/2008/2010, para 10. 4.

班牙对于申诉人的引渡违反《公民权利和政治权利国际公约》第 7 条的规定。在"瓦莱托夫诉哈萨克斯坦案"（Valetov v. Kazakhstan）[1]中，人权事务委员会同样认为，如果哈萨克斯坦将申诉人瓦莱托夫引渡至吉尔吉斯斯坦，将使其遭受酷刑风险，因而违反《公民权利和政治权利国际公约》第 7 条。因为哈萨克斯坦当局将被请求人引渡至吉尔吉斯斯坦前，既未针对申诉人提出的曾在请求国遭受酷刑的指控进行事先调查，也未对吉尔吉斯斯坦国内滥用酷刑的现状给予重视，还毫无理由地拒绝在引渡之前对申诉人进行体检，此类种种情况表明该引渡程序存在着严重不符合规范的问题，说明哈萨克斯坦未考虑到与引渡相关的重要人权风险因素。[2] 由于该案是被请求人在被引渡后向人权事务委员会提起的人权申诉，虽然无法改变被引渡的事实，但是确认了哈萨克斯坦引渡行为的违法性。

此外，在"佐希多夫诉俄罗斯案"（Zokhidov v. Russia）[3] 中，欧洲人权法院也就俄罗斯的引渡是否违反人权保障义务进行了审理并作出了裁判，鉴于乌兹别克斯坦国内存在对关押人员系统性的虐待和酷刑的情况，俄罗斯对于被请求人的引渡将使其面临酷刑的风险。在"科蒂蒂诉摩洛哥案"（Ktiti v. Morocco）[4]，申诉人在阿尔及利亚因贩售毒品而被逮捕，由于受到酷刑及缺席判决为无期徒刑，申诉人逃亡至摩洛哥。申诉人认为如果摩洛哥将其引渡回国则会违反《禁止酷刑公约》第 3 条和第 15 条。对此，禁止酷刑委员会认为，关于禁止刑讯逼供的第 15 条十分重要并且与禁止酷刑的第 3 条所涉及的问题密切相关。该条款表述的概括性源于禁止酷刑的绝对性质，它意味着所有缔约国都有义务核查作为其审理的引渡案件的证词是否是由酷刑逼供而获得的。尽管对于引渡案件，应由《禁止酷刑公约》缔约国的法庭审议事实和证据，并由其上诉机构审议诉讼程序问题，但在可以证明审议证据的方式显然是

---

〔1〕　Valetov v. Kazakhstan, Communication No. 2104/2011, CCPR/C/110/D/2104/2011.

〔2〕　Valetov v. Kazakhstan, Communication No. 2104/2011, CCPR/C/110/D/2104/2011. para 14. 7.

〔3〕　Zokhidov v. Russia, ECHR, Application No. 67286/10.

〔4〕　Yousri Ktiti v. Morocco, Communication No. 419/2010, CAT/C/46/D/419/2010.

任意的或等同于司法不公正的情形下，人权委员会有权审议。鉴于本案中存在的问题，委员会则有职权进行审议，在该案中，申诉人被定罪及引渡的理由来自于同案犯 MK 受到酷刑逼供后提供的证词，而且君士坦丁重罪法庭对 MK 的控诉书中也承认 MK 是在酷刑下认罪的。委员会注意到缔约国没有反驳这些指控，也没有在向委员会提出的评论中提出任何有关这个问题的资料。委员会认为在这种情况下，摩洛哥有义务核查被请求引渡人的申诉内容，即证明构成申诉人犯罪证据的 MK 的证词是否是通过酷刑获得的。该国在没有作出这些核查，并审查其采信的证据的合法性的前提下就作出引渡决定，违反了根据《禁止酷刑公约》第15 条应负的义务。此外，对于曾经遭受刑讯逼供的犯罪嫌疑人的引渡，将使其面临着进一步酷刑的风险。对此，尽管申诉人提出的指控说明了可能产生的风险，但是摩洛哥最高法院却没有对这项风险作出任何评估，而只是根据酷刑逼供得来的证词及其所判罪行作出了引渡的决定，因此摩洛哥违反《欧洲人权公约》第 3 条。

（三）因不同政见、宗教信仰等歧视理由导致酷刑风险

禁止歧视是引渡制度中最早设立的人权原则，并被绝大多数的引渡条约和国内法所确认。实践中，尽管部分被引渡的人员并非基于"传统的"歧视理由而被引渡，但是却因持有不同政见、参与恐怖活动，或者是性少数者的特殊身份，而在引渡后面临酷刑的风险，对此，联合国条约机构和区域人权法院认为，对于这些基于新的歧视理由的引渡，被请求国也具有一定的预见义务和禁止引渡的责任。

1. 持有不同政见、参与恐怖活动导致的酷刑风险

恐怖主义活动在任何国家的法律制度中都是严重的犯罪行为之一，被认定为恐怖分子的被请求人由于参与反对政府的活动，在被引渡后往往将面临比普通犯罪更严重的惩罚和更恶劣的待遇，并由此带来更严峻的酷刑风险。

在"沙马耶夫诉格鲁吉亚案"（Case of Shamayev and others v. Georgia and Russia)〔1〕 中，申诉人沙马耶夫等 13 人是来自俄罗斯和格鲁吉亚的公民，并且从不同程度上参与了车臣战争。2002 年 8 月 3 日至 5 日，他们携带冲锋枪和手榴弹试图越过俄罗斯与格鲁吉亚的边界。他们在交火中负伤，自愿交出武器向格鲁吉亚边防卫队寻求帮助，随后他们因被指控非法越境罪等若干罪名而被关押在第比利斯监狱。俄罗斯政府随后向格鲁吉亚政府提出引渡请求，指出具有俄罗斯国籍的申诉人是非法武装团体成员，因恐怖主义和盗匪行为受到调查，并对俄罗斯军队进行了袭击，造成警察和安全雇员身体伤害。俄罗斯政府保证这些人在被引渡后不会受到酷刑与判处死刑，2002 年 10 月 3 日格鲁吉亚当局决定引渡。〔2〕 对此，申诉人由于担心被引渡到俄罗斯会遭受酷刑，于是向欧洲人权法院提出了申诉。对此，欧洲人权法院指出，鉴于近一年来法院所登记的指控遭受俄罗斯政府迫害（包括威胁、骚扰、监禁、强迫失踪、谋杀）的案件突然增加以及俄罗斯拒绝国际社会对于车臣局势进行监督的态度等种种情况，有迹象表明与车臣战争相关的申诉人在俄罗斯国内在不同程度上遭受到了暴力行为，因此格鲁吉亚对于申诉人的引渡构成对于《欧洲人权公约》第 3 条的违反。〔3〕

在"拜萨科夫诉乌克兰案"中，申诉人由于参加了哈萨克斯坦反对派团体而于 2002 年被逮捕，随后申诉人逃往乌克兰并在该国获得了难民身份。2007 年 9 月哈萨克斯坦总检察官以其涉嫌恐怖罪行而对申诉人提出引渡，申诉人向欧洲人权法院提出申诉，主张自己极有可能遭受政府的酷刑和不人道待遇。法院指出，从联合国禁止酷刑委员会以及其他国际组织获得的信息表明。哈萨克斯坦的国内人权状况不佳，政府普遍对于政治上的异见者施加压力以阻止其从事反对政府的活动。考虑到在此前受理的类似案件，如"Solda 诉乌克兰案"等，哈萨克斯坦检察官作出的保证不具有信服力，这种保证没有得到国家合法授权，申诉

---

〔1〕　Case of Shamayev and others v. Georgia and Russia, ECHR, Application No. 36378102.

〔2〕　Case of Shamayev and Others v. Georgia and Russia, ECHR, Application No. 36378/02, para. 72.

〔3〕　Case of Shamayev and Others v. Georgia and Russia , ECHR, Application No. 36378/02, para. 368.

人仍面临遭受酷刑的风险。因此，法院认为乌克兰对申诉人的引渡构成对《欧洲人权公约》第 3 条的违反。[1]

在"克莱因诉俄罗斯案"中，申诉人是以色列人，居住在特拉维夫。2001 年 2 月 23 日哥伦比亚法院判定申诉人犯有恐怖主义罪，判处 14 年监禁，随后法院发出逮捕令。[2] 2007 年 3 月 28 日，国际刑警组织发布红色通缉令，同年 8 月 27 日，俄罗斯军人在国际刑警组织协助下，在莫斯科机场逮捕申诉人并将其拘留在莫斯科的候审监狱。2007 年 10 月 4 日，哥伦比亚当局以传授军事和恐怖主义战术为由对申诉人发布逮捕令，向俄罗斯政府提出引渡请求，并承诺保证申诉人不会被判处死刑或遭受酷刑。次年 1 月 29 日，俄罗斯下令将申诉人引渡到哥伦比亚。[3] 申诉人认为哥伦比亚国内存在严重侵害人权的现象，他极有可能遭受酷刑或不人道待遇，遂向欧洲人权法院提出申诉。法院经过审理认为，俄罗斯法院没有妥善处理申诉人的主张，对其可能遭受人权风险的评估不够全面，哥伦比亚政府给予的外交保证无法给申诉人提供足够的保护以使其免受酷刑或者不人道待遇，因此，将申诉人从俄罗斯引渡到哥伦比亚的行为违反《欧洲人权公约》第 3 条。[4]

2. 宗教信仰导致的酷刑风险

在"M. E. 诉法国案"中，申诉人 M. E. 是埃及国民、科普特基督教徒，2007 年 8 月，申诉人收到法庭的传票，被指控以暴力的方式改变穆斯林教徒的信仰，并受到缺席判决 3 年有期徒刑。2007 年 9 月，申诉人逃往法国，但于 2010 年收到驱逐令。申诉人以遣返将导致酷刑风险为由，向欧洲人权委员会提出了申诉。鉴于埃及当时存在大量的针对埃及国内科普特基督教徒的暴力行为，而政府当局非但没有惩罚这些迫害行为，而且还加速了对于申诉人的追捕。因此，法院认为，将申诉人遣返回埃及将违反《欧洲人权公约》第 3 条。该案例虽非典型的引渡

---

〔1〕 Case of Baysakov and Others v. Ukraine, ECHR, Application No. 54131/08, para. 51 ~ 52.

〔2〕 Case of Klein v. Russia, ECHR, Application No. 24268/08, para. 8 ~ 9.

〔3〕 Case of Klein v. Russia, ECHR, Application No. 24268/08, para. 16 ~ 17.

〔4〕 Case of Klein v. Russia, ECHR, Application No. 24268/08, para. 57.

案例的，但其遣返的结果与引渡案例几乎无异，对此，法国在将他国罪犯遣返回国时同样应负有对于人权风险的预见义务。

（四）不成比例的刑罚以及终身监禁导致的酷刑风险

近年来，在欧洲人权机构所审理的案件中，对于过度的刑罚以及终身强制性监禁[1]——明显丧失刑法惩罚意义的且无假释可能的无期徒刑犯是否构成残忍的或不人道待遇的申诉进行了审理和裁判，虽然对于联合国和其他区域组织不具有示范意义，但是也对于这一酷刑标准的发展提供了一些值得思考的观点。

在"哈金斯和爱德华兹诉英国案"中，针对终身监禁是否构成不人道待遇的问题，欧洲人权法院进行了如下分析：

首先，不成比例的惩罚是否构成对于《欧洲人权公约》第3条的违反。法院认为，对于案件所涉及的一系列材料的研究表明，"严重不成比例的刑罚"已经成为一项判断监禁是否构成不人道或有辱人格的待遇或处罚的标准，并被很多国家接受。因此，法院认定，严重不成比例的刑罚违反《欧洲人权公约》第3条的规定。但是，法院同时也认为，"严重不成比例的刑罚"是一项严格的标准，仅在非常例外的情形下才能适用，并需要证明存在明显丧失刑法惩罚意义的情况。鉴于各国司法实践存在巨大的差异，申诉人关于在非缔约国遭受"严重不成比例刑罚"的申诉可能会得到法院的支持，因此引渡构成对《欧洲人权公约》第3条权利的侵犯。[2]

其次，在何种程度上终身监禁以及其他长期监禁会违反《欧洲人权公约》第3条。欧洲人权法院认为，终身监禁可以分为三种情况：其一是终身监禁，但在服刑一段时间后可能被释放；其二是被判决终身监禁，并且没有假释的可能性；其三是强制性终身监禁（mandatory life

---

[1] Cases of Harkins and Edwards v. the United Kingdom, ECHR, Application Nos. 9146/07 and 32650/07, 2012, para. 137.

[2] Cases of Harkins and Edwards v. the United Kingdom, ECHR, Application Nos. 9146/07 and 32650/07, 2012, para. 134.

sentence)[1]，相对于酌情或者裁量性终身监禁，强制性终身监禁是基于罪名而判定的刑罚。第一种情况很明显不违反公约第 3 条。第二种情况的终身监禁，就一般而言，只有在最严重的犯罪情况下才会适用，例如谋杀或者误杀等罪行。在任何国家的法律体系中，谋杀等严重犯罪通常会被判处终身监禁，或者几十年的有期徒刑。因此，任何被证实犯有此等罪行的人，被判处此等刑罚是无可厚非的，无论是终身监禁还是固定期限的有期徒刑都在此列。因此，在审判过程中，如果国内法院通过正当程序已经考量了犯罪中的所有因素仍判处终身监禁的情况，并不违反《欧洲人权公约》第 3 条。对于强制性终身监禁而言，欧洲人权法院认为，需要对此进行更加详细的审查。强制性终身监禁剥夺了被告在审判庭面前陈述减刑情节或特殊情形的任何机会，并不考虑罪行的危害程度以及审判程序是否公正，一旦特定罪名成立即判决被告在监狱度过余生。尽管欧洲部分国家明显倾向于反对此种判决，但是欧洲人权法院并不认为强制性终身监禁本身不符合公约的规定。相比前两种终身监禁的情形，第三种终身监禁更可能构成"严重不成比例的刑罚"的情况，尤其当法庭忽略能减低被告的罪行等级的减刑情节，例如存在年幼或者是有精神疾病的情形。基于此，法院认为，强制性终身监禁将在如下情况下构成对《欧洲人权公约》第 3 条的违反：对申诉人的继续监禁不再有任何法律上的基础以及这一监禁在法律上和在事实上都不可能被减刑的情况。

　　关于终身监禁是否构成残忍的、有辱人格的人权风险问题，人权事务委员会也有相关裁判。在"魏斯诉奥地利案"（Weiss vs. Austria）[2] 中，申诉者向人权事务委员会提出若奥地利将其引渡至美国可能使其因财产罪而面临终身监禁的风险，因此奥地利违反了《公民权利和政治权利国际公约》第 7 条禁止酷刑的义务规定。人权事务委员会注意到欧洲人权法院并未认定终身监禁必然构成酷刑风险的裁判，以及美国承诺为

---

〔1〕 Cases of Harkins and Edwards v. the United Kingdom, ECHR, Application Nos. 9146/07 and 32650/07, 2012, para. 135.

〔2〕 Weiss v. Austria, Communication No. 1821/2008, CCPR/C/106/D/1821/2008.

申诉者提供上诉的事实，认为《欧洲人权公约》第 3 条与《公民权利和政治权利国际公约》第 7 条类似，将一个人引渡至无假释可能的受到终身监禁的国家，可能导致国家违反《公民权利和政治权利国际公约》第 7 条所规定的禁止酷刑义务，对此，缔约国对于这一风险应该根据在所称违法行为发生时的法律发展情况进行评估。在该案中，奥地利作出将申诉人引渡到美国的决定是基于奥地利地区高级法院根据案件事实和当时适用的法律进行审慎审议后的裁判结果，因此该国引渡申诉人的决定并未侵犯其根据《公民权利和政治权利国际公约》第 7 条的规定所享的权利。

（五）羁押条件导致的酷刑风险

在引渡案件中，被引渡后的羁押条件同样可能构成残忍、不人道或有辱人格的待遇风险。对此，《公民权利和政治权利国际公约》第 10 条规定："一、所有被剥夺自由的人应给予人道及尊重其固有的人格尊严的待遇。二、（甲）除特殊情况外，被控告的人应与被判罪的人隔离开，并应给予适合於未判罪者身分的分别待遇；（乙）被控告的少年应与成年人分隔开，并应尽速予以判决。三、监狱制度应包括以争取囚犯改造和社会复员为基本目的的待遇。少年罪犯应与成年人隔离开，并应给予适合其年龄及法律地位的待遇。"

对于羁押条件是否构成不人道待遇的裁判，目前联合国条约机构和区域人权机构的支持性裁判并不多。在"考克斯案"中，人权事务委员会曾经对于羁押场所的条件是否构成不人道待遇作出过裁判，认为"加拿大提交的关于宾夕法尼亚监狱状况的材料表明，等待处决犯人的牢房居住条件得到了极大改善，不存在申诉人所说的恶劣条件。"[1] 在"S. A. C 诉摩洛哥案（S. A. C v. Morocco）"[2] 中，申诉人也曾向禁止酷刑委员会指称，若摩洛哥将其引渡至巴西，由于巴西监狱的恶劣条件，申诉人极有可能遭受不人道或有辱人格的待遇，但是由于该案不符

---

〔1〕　Cox v. Canada, Communication No. 539/1993, CCPR/C/52/D/539/1993, para 13. 6.

〔2〕　S. A. C v. Morocco, Communication No. 346/2008, CAT/C/49D/346/2008.

合受案条件，因此并未得到审理。又如，在"阿勒斯诉西班牙案"〔1〕中，申诉人曾经向欧洲人权法院提交来文声称，西班牙外交部关于在摩洛哥监狱中受押的西班牙公民处境的报告显示，被拘留者生活条件恶劣，监狱内人满为患，缺乏食物和医疗，卫生条件差，此外还存在暴力和腐败行为，因此申诉人认为其被引渡后在摩洛哥监狱中可能遭受不人道的待遇。但是这一申诉并未得到法院的支持，在申诉人向人权事务委员会提交的来文中，并没有提及上述羁押待遇问题，只是提出可能会遭受单独监禁以及其他酷刑待遇等问题，也未能得到委员会的肯定性支持。但是，欧洲人权法院在"巴巴·阿迈德和其他人诉英国案"（Case of Babar Ahmad and Others v. The United Kingdom）中对单独羁押是否构成不人道的或有辱人格的待遇问题给予了明确的建议，即如果长时间的隔离羁押将会违反《欧洲人权公约》第 3 条的规定。〔2〕

（六）健康原因导致的酷刑风险

在"阿斯瓦特诉英国案"（Aswat v. the United Kingdom）〔3〕中，申诉者患有偏执型精神分裂症，他指称如果被英国引渡至美国，在美国的超长羁押和 ADX 监狱恶劣的监禁条件将使其精神疾病恶化，因此英国的引渡会导致其面临酷刑和不人道待遇的风险。在该案中，针对英国提出的申诉人所面临的酷刑风险并非人为主动造成的质疑，欧洲人权法院认为，申诉人所遭遇的不人道待遇的风险，并不一定是由请求国或者第三方主动实施的，对此，法院认为一国政府将个人引渡、驱逐至第三国时，应该保证其在第三国不会遭受酷刑，不人道或有辱人格的待遇或处罚。具体来说，《欧洲人权公约》第 3 条不仅适用于来自请求国权力机构有目的的强制行为，而且也适用于国家无法为其提供保护时来自非国有机关行为实施的侵害行为。除此之外，法院还应保证该条在其他可能情形的可适用性。因此，欧洲人权法院经过审理认为，对于该申诉人的

---

〔1〕 Aarrass v. Spain, Communication No. 2008/2010, CCPR/C/111/D/2008/2010, para 9. 4.

〔2〕 Case of Babar Ahmad and Others v. The United Kingdom, ECHR, Applications Nos. 24027/07, 11949/08, 36742/08, 66911/09 And 67354/09, 2012, judgement, para 223.

〔3〕 Aswat v. the United Kingdom, ECHR, Application No. 17299/12.

引渡将构成不人道的待遇，违反《欧洲人权公约》第3条的规定。

综上所述，死牢问题、刑讯逼供、因为不同政见等歧视原因、不成比例的刑罚、羁押条件以及健康问题可能导致的酷刑风险已经被联合国和欧洲人权机关所认可，但是在具体案件中，这些风险普遍设置了较高的"认定"标准，从而平衡了国家引渡利益和个人人权保障之间的冲突。

## 第二节 生命权

### 一、关于生命权的规定及其内涵

生命权是个人无法分割的母体性权利，具有至高无上的价值，也是享有其他权利的前提条件。早在中世纪时期，神学家托马斯·阿奎那认为人内在最先追求的是与本性相符合的善，善最首要的就是保护生命。[1] 这种自然法的观点揭示了生命权、反抗权、自卫权以及其他与生命有关的自然权利概念之间错综复杂的关系，这段时期的生命权之思是人类在生命与自然权利问题上进行的初步理性思考。著名的古典自然法学派代表人物格老秀斯从人性出发，提出人应当有保护生命的自由和权利，"上帝给人以生命，不是为了破坏它，而是为了保护它，为此，上帝赋予他尽情享受人身自由、个人尊严和支配自己行为的权利。"[2] 至此，古典自然法学派将生命权的内涵和重要意义提升到了相当高的思想层面，现代宪法中有关生命权的内容框架已初见雏形。[3] 但是生命权在资产阶级革命全面胜利后经历了很长一段时期，才成为人的基本权利之一，并被认为是一种消极权利，即国家对公民的生命权承担消极不作为义务。有学者认为，生命权是自由权中的一种，具有要求国家消极

---

〔1〕 参见刘全德主编：《西方法律思想史》，中国政法大学出版社1996年版，第43页。

〔2〕 参见〔美〕莫蒂默·艾德勒、查尔斯·范多伦，《西方思想宝库》编委会译编：《西方思想宝库》，吉林人民出版社1988年版，第952页。

〔3〕 参见薛雪娟、周春莉："生命权之界定"，载《广西政法管理干部学院学报》，2004年第6期。

不作为的性质，所以针对国家而言，国家对生命权负有"尊重义务"，国家应当克制自我，尊重个人生命权，不得侵害个人的生命权。[1] 然而，生命权除了要求国家不侵犯外，还需要国家积极保护。在现代，生命权不仅指国家不得故意或放任剥夺生命，还意味着国家负有制定和实施保障人民生存机会的各种政策的义务。当社会安全出现混乱时，公民有权要求国家为避免自身生命安全受损提供安全保障。联合国人权委员会曾特别作出声明，生命权不应该被理解为仅仅是针对国家的一种消极权利，它更要求国家采取积极措施以确保实现，并为每个人的生命权免受迫害提供保障。

生命权得到有效保护是个人享受所有其他人权的先决条件，生命权的享有也受到健康权等权利的影响，因此，生命权是一项不应被狭义解释的权利，它涉及个人的具体权利包括个人免于遭受故意导致或预料可能导致的非正常死亡或过早死亡的作为或不作为的权利，以及有尊严地享有生命的权利。因此，对于生命权的保障，不能仅限于在严格限制死刑适用、程序正当、可减刑或赦免等针对罪犯、因刑罚而产生的生命权保护问题，还应当通过对威胁到生命的营养不良、疾病、生物化学污染或武装冲突的国家控制，来积极地保护所有人的、涉及健康、环境等方面的生命权。

生命权对个人和整个社会都至关重要，即使在武装冲突和危及国家生存的其他公共紧急状况下，生命权也是不允许克减的最高权利。而保护生命权的特殊义务不仅对于立法机关具有约束力，对于司法、行政或其他机关和组织也具有更为广泛的约束。

在国际层面，引渡中对于生命权的保障主要集中于死刑不引渡原则的遵循和发展，即死刑作为拒绝引渡的理由的实践。根据《公民权利和政治权利国际公约》第6条，国家对于生命权的保障义务主要包括如下内容：①人人有固有的生命权。这个权利应受法律保护。不得任意剥夺任何人的生命。②在未废除死刑的国家，判处死刑只能是作为对最严重

---

[1] 参见上官丕亮："论国家对基本权利的双重义务——以生命权为例"，载《江海学刊》2008年第2期。

的罪行的惩罚，判处应按照犯罪时有效并且不违反本公约规定和防止及惩治灭绝种族罪公约的法律。这种刑罚，非经合格法庭最后判决，不得执行。③兹了解：在剥夺生命构成灭种罪时，本条中任何部分并不准许本公约的任何缔约国以任何方式克减它在防止及惩治灭绝种族罪公约的规定下所承担的任何义务。④任何被判处死刑的人应有权要求赦免或减刑。对一切判处死刑的案件均得给予大赦、特赦或减刑。⑤对十八岁以下的人所犯的罪，不得判处死刑；对孕妇不得执行死刑。⑥本公约的任何缔约国不得援引本条的任何部分来推迟或阻止死刑的废除。

　　人人享有生命权，《公民权利和政治权利国际公约》第 6 条不加任何区别地保障所有人的这项权利，包括涉嫌或被判犯有最严重罪行的人的这项权利。对此，《公民权利和政治权利国际公约》第 6 条第 2 款对于未废除死刑的国家适用死刑的法律进行了严格限制。首先，该公约对于"在未废除死刑的国家"的规定，限制了该条款的适用主体范围，这为废除死刑的被请求国向未废除死刑的请求国引渡"死刑犯"的嗣后实践提供了法律基础。其次，对于"最严重的罪行"所包含的范围，人权事务委员会并没有给出具体的范围，仅强调"缔约国并没有义务彻底废除死刑，但他们有义务限制死刑的执行，特别是对'最严重的罪行'以外的案例，废除这种刑罚"。对此，联合国经社理事会在于 1984 年通过的《关于保护面对死刑的人的权利的保障措施》第 1 条中指出："在没有废除死刑的国家，只有最严重的罪行可判处死刑，应理解为死刑的范围只限于蓄意而结果为害命或其他极端严重的罪行"。在国际社会中，由于各国社会、文化、宗教及政治因素的不同，对"最为严重犯罪"的理解也有所不同。对此，人权事务委员会认为，"最为严重犯罪"仅限于涉及故意杀人的极严重罪行。在《公民权利和政治权利国际公约》第 6 条的框架内，未直接和故意导致死亡的罪行，如谋杀未遂、腐败及其他经济和政治罪行、武装抢劫、海盗活动、绑架以及毒品和性犯罪等，尽管具有严重性质，但绝不能作为判处死刑的理由。对此，其他区域人权公约也有补充的意见和认识。

　　在区域层面，有关人权公约也规定了保障生命权的内容。《欧洲人权公约》第 2 条规定："1. 人人的生命权应受法律保护。任何人不得被剥夺生命，除非法院对他的罪行定罪，并依法对此处以判决。2. 如果剥夺生命是由于绝对必要情况下使用武力所造成的，那么就不应认为这是违反本条的行为：（a）保护任何人免遭非法暴力；（b）为了进行合法逮捕或防止被合法拘留的人逃脱；（c）为制止暴动而合法采取的行动。"相较于《公民权利和政治权利国际公约》，《欧洲人权公约》还对于国家机关在使用武力剥夺生命的行为进行了限制，以规范其在行政等过程中对于生命权的保障。《欧洲人权公约》第 2 条第 2 款强调使用武力绝不应超过必要限度。尤其是在主动使用武力的情况下，法院对于剥夺生命的行为要进行仔细审查，不仅要考虑实际管理武力的人的行动，还要考虑到周围的所有情况，包括行动的计划和控制等事项。此外，美洲和非洲的人权公约也规定了类似的保障生命权的条款，此处不再赘述。

综上所述，国际和区域的人权公约对于生命权的保障，仅从公约的约文来看并没有排除死刑的合法性。尽管对于生命权的尊重和保障不仅掀起了废除死刑的潮流，而且还强化了死刑不引渡原则的实践，但是由于死刑属于人权公约中合法的例外情况，因此，单纯援引人权公约关于国家保障生命权的义务还不能普遍地抗衡对于死刑犯的引渡，除非请求国对于死刑的审判和执行存在任意剥夺生命的问题。

**二、生命权保障在引渡中的发展**

回首"索林案"和加拿大三案，虽然都涉及对于死刑犯的引渡问题，但是无论是欧洲人权法院还是人权事务委员会都没有认定有关国家的引渡行为构成对于生命权的侵犯。人权事务委员会在"金德勒诉加拿大案"中认为，鉴于《公民权利和政治权利国际公约》第 6 条关于生命权的保障并未排除死刑，而加拿大也并非《旨在废除死刑的〈公民及政治权利国际公约〉第二项任择议定书》（下称《第二议定书》）的缔约国，因此，只要引渡请求国——美国对于死刑的适用符合《公民权利和政治权利国际公约》第 6 条第 2 款（关于严格适用死刑）的规定，那么加拿大的引渡行为就符合该条第 1 款（禁止任意剥夺生命）的规定，是合法的。尽管加拿大自身废除了死刑，但是不能因此解除引渡的义务。对于加拿大而言，虽然其负有保障生命权和谨慎适用死刑的义务，但该国经过认真的思考和探索，放弃寻求免除死刑的外交保证的决定并不是轻率而为，因此并不构成违法。[1] 这一意见同样也适用于"吴智达诉加拿大案"和"考克斯诉加拿大案"。尽管人权事务委员会在上述案例中并未阻止引渡，但开启了在引渡案件中审查被引渡人生命权保障的先河，并在其于1992年发布的第20号一般性意见中肯定了上述实践。

在过去几十年中，随着世界范围内废除死刑的国家逐步增多，国际和区域人权机构通过对于生命权与时俱进的解释，逐步强化了引渡案中对于生命权的尊重和保障。

第一，国际和区域人权公约通过议定书对于国家保障生命权附加了废除死刑的义务，从而为死刑不引渡提供了国际人权法根据。在国际层面，截至目前接受《第二议定书》的国家已经达到116个；在欧洲，关于废除死刑的《〈欧洲人权公约〉第6号议定书》的缔约方达到46个，实现了地区全覆盖。对于签署或者批准上述议定书的缔约国来讲，其不仅要废除死刑，而且还应避免通过引渡间接恢复死刑，从而严格履行死刑不引渡的规定。国际层面对于生命权保障义务的强化也影响到了国内机关对于引渡案件的审查。例如在前述的"肖特诉荷兰案"中，[2] 荷兰就因为加入了旨在废除死刑的《〈欧洲人权公约〉第6号议定书》而拒绝了引渡。对此，荷兰最高法院判定，《北约部队地位协定》与荷兰批准的《〈欧洲人权公约〉第6号议定书》之间存在不可调和的义务冲突。虽然法院并不认为《〈欧洲人权公约〉第6号议定书》具有优先地

---

〔1〕 Kindler v. Canada, Communication No. 470/1991, CCPR/C/48/D/470/1991, para. 14. 2.

〔2〕 Short v. The Netherlands Dutch Supreme Court, Dec. 30 Mar. 1990, Leonard H. W. Van Sandick, *The Netherlands: Opinion of the Advocaat—Generaal and Supreme Court Decision in the Netherlands V. Short (European Convention On Human Rights; NATO Status Of Forces Agreement; Netherlands—U. S. Extradition Treaty)*, International Legal Materials, Vol. 29, No. 6, 1990, pp. 1375 ~ 1389, https: //www. jstor. org/Stable/20693498? Seq = 1#Page_Scan_Tab_Contents.

位，但它认为有必要平衡各方相互竞争的利益。经过权衡，荷兰法院认为，肖特不被移交的个人利益应优先于政府将其引渡到美国的国家利益。

第二，国际人权机构在引渡案件中加强了对于生命权的保障力度。首先，人权事务委员会宣称已经废除死刑的国家不能将被请求人引渡到未废除死刑的国家，而无论该国是否接受了《第二议定书》。随着废除死刑的国家越来越多，人权事务委员会对于死刑在引渡中的适用也愈加严格，对于生命权在引渡中的保障也打破了在"金德勒案"中的保守解释。在 1998 年的"贾治诉加拿大案"中，人权事务委员会认为生命权具有重要价值，应该随着世界范围内废除死刑的潮流而得到与时俱进的发展；此外根据《维也纳条约法公约》对《公民权利和政治权利国际公约》第 6 条第 2 款进行解释，只有"未废除死刑的国家"，才有权判处和执行死刑，对于已废除死刑的国家而言，则有义务在任何情况下都要保障生命权，不能将个人置于可预见的死刑风险之中，[1] 从而在权衡被请求国的保障生命权的义务和引渡义务之间给予前者更高的价值。其次，国际人权机构强化了生命权在引渡中的严格适用，增强了生命权在引渡中的限制作用。例如在"扎克宏耳·马苏多夫等诉吉尔吉斯斯坦案"中，[2] 申诉人以如被引渡将使其面临死刑的风险为由，控告吉尔吉斯斯坦将其引渡至乌兹别克斯坦会侵犯其生命权。人权事务委员会认为，由于乌兹别克斯坦存在针对被拘禁人实施酷刑的行为，这种问题可能导致对于被引渡人的定罪量刑产生不利后果，考虑到该被引渡人可能会被判处死刑，而吉尔吉斯斯坦并没有获得乌兹别克斯坦的外交保证来消除枉判死刑的风险，因而认定乌兹别克斯坦的引渡行为违反了《公民权利和政治权利国际公约》第 6 条第 2 款。

第三，在引渡案件中，对于国家保障生命权还增加了防止自杀的义

---

〔1〕 Judge v. Canada, Communication No. 829/1998, CCPR/C/78/D/829/1998, para. 10. 3~10. 4.

〔2〕 Zhakhongir Maksudov, Adil Rakhimov, Yakub Tashbaev, Rasuldzhon Pirmatov v. Kyrgyzstan, Communications Nos. 1461/2006, 1462/2006, 1476/2006, 1477/2006, paras. 12. 5~12. 6, CCPR/C/93/D/1461, 1462, 1476&1477/2006.

务。对于生命权义务解释的发展，特别是对于积极义务全方位的认识，帮助人权机构在审理引渡案件时为被请求国设置了更丰富的义务，而不仅仅局限于"死刑不引渡"的义务。在"尹霍夫诉法国案"中，申诉人以法国的引渡会侵害其生命权、免受酷刑的权利以及公正审判权为由要求欧洲人权法院作出了暂停引渡的临时措施，而法国经调查坚持引渡的决定导致尹霍夫自杀的行为。对此，欧洲人权法院在得到法国关于被引渡人的医疗证明和保证其在医疗监护下被引渡的外交保证后，才撤销了临时措施，允许法国实施引渡行为。相似案例还有"巴洛贡诉英国案"等[1]。这些实践表明，随着防止自杀义务纳入对生命权的保障范畴，当引渡危及生命权时，国际人权机构对于引渡的限制越来越严格。

## 第三节　公正审判权

### 一、关于公正审判权的规定及其内涵

国际人权法中的公正审判权源于法律的正当程序理论[2]，是由一系列确定的、相互关联的权利组合而成的一项权利，其含义未被具体界定。[3] 以《公民权利和政治权利国际公约》第 14 条、《欧洲人权公约》第 6 条以及《美洲人权公约》第 8 条为代表的公正审判权主要包括公正、中立的法庭进行公开审判的原则、无罪推定原则、及时不拖延审判原则、保障辩护权原则、公平质证原则、反对自我归罪、保障上诉的机会、获得翻译等法律援助、获得刑事错案赔偿的权利以及一事不再理原则等。其中，《公民权利和政治权利国际公约》第 14 条规定：①所有的人在法庭和裁判所前一律平等。在判定对任何人提出的任何刑事指控或确定他在一件诉讼案中的权利和义务时，人人有资格由一个依

〔1〕　Case of Balogun v. the United Kingdom, Application No. 60286/09, 2012.

〔2〕　Manfred Nowak, *U. N Convention on Civil and Political Rights Commentary*, by N. P. Engel, Publisher, Kehl am Rhein, Strasbourg. Arlington, Va 1993, p. 236.

〔3〕　Gudmundur Alfredsson and Asbjorn Eide, *The Universal Declaration of Human Rights: A Common Standard of Achievement*, Martinus Nijhoff Publishers, 1999, p. 223.

法设立的合格的、独立的和无偏倚的法庭进行公正的和公开的审讯。由于民主社会中的道德的、公共秩序的或国家安全的理由，或当诉讼当事人的私生活的利益有此需要时，或在特殊情况下法庭认为公开审判会损害司法利益因而严格需要的限度下，可不使记者和公众出席全部或部分审判；但对刑事案件或法律诉讼的任何判决应公开宣布，除非少年的利益另有要求或者诉讼系有关儿童监护权的婚姻争端。②凡受刑事控制者，在未依法证实有罪之前，应有权被视为无罪。③在判定对他提出的任何刑事指控时，人人完全平等地有资格享受以下的最低限度的保证：（甲）迅速以一种他懂得的语言详细地告知对他提出的指控的性质和原因；（乙）有相当时间和便利准备他的辩护并与他自己选择的律师联络。（丙）受审时间不被无故拖延；（丁）出席受审并亲自替自己辩护或经由他自己所选择的法律援助进行辩护；如果他没有法律援助，要通知他享有这种权利；在司法利益有此需要的案件中，为他指定法律援助，而在他没有足够能力偿付法律援助的案件中，不要他自己付费；（戊）讯问或业已讯问对他不利的证人，并使对他有利的证人在与对他不利的证人相同的条件下出庭和受讯问；（己）如他不懂或不会说法庭上所用的语言，能免费获得译员的援助；（庚）不被强迫作不利于他自己的证言或强迫承认犯罪。④对少年的案件，在程序上应考虑到他们的年龄和帮助他们重新做人的需要。⑤凡被判定有罪者，应有权由一个较高级法庭对其定罪及刑罚依法进行复审。⑥在一人按照最后决定已被判定犯刑事罪而其后根据新的或新发现的事实确实表明发生误审，他的定罪被推翻或被赦免的情况下，因这种定罪而受刑罚的人应依法得到赔偿，除非经证明当时不知道的事实的未被及时揭露完全是或部分是由于他自己的缘故。⑦任何人已依一国的法律及刑事程序被最后定罪或宣告无罪者，不得就同一罪名再予审判或惩罚。

公正审判权是一个在引渡实践中正在崛起的一项人权，近年来逐步在国际和国内引渡制度和实践中占据越来越重要的地位，其中缺席审判作为拒绝引渡的理由已经得到很多国家的承认。例如，1999 年新西兰《引渡法》第 8 条把请求国的司法程序如"不符合司法公正的要求"列为拒绝引渡的理由之一。[1] 加拿大《引渡法》第 47 条规定，"司法部长可以拒绝作出移交令，如果司法部长认为：……（b）被请求引渡人是在缺席判决中被定罪，并且被引渡后也不会被重新审判的"。[2]

尽管公正审判权被公认为是一项非常重要的人权，但是其国际地位显然无法与免于酷刑的权利相提并论，而在引渡中的适用也遭遇了一系列的困难。在理论上，由于世界各国的法律制度存在较大差异，因此很难用单一的标准来评估公正审判权的实现状况。一方面，各国乃至各法系对于公正程序的要求有所不同；另一方面，在引渡案中，援用不具有普遍意义的人权标准对于请求国的法律制度进行评估更是阻力重重。对此，欧洲人权法院为了避嫌，也不断地强调，"《欧洲人权公约》无意成为缔约国将其人权标准强加于非缔约国的工具"，[3] 也无意对于请求国进行管辖或者附加人权责任。[4] 在政治方面，对于一国司法程序和人权状况的评估，不像生命权与免于酷刑权利那样具有客观性，而这种主观性以及政治敏感性平添了更多复杂因素和批判。实践中，公正审判权在引渡中的适用更是遇到了"非调查原则"等习惯做法的强势阻击，而无法取得普遍的国际共识。在法律方面，对于人权风险的评估存在很多不确定性，[5] 此外，公正审判权的适用还遇到了非常具体的操作性

---

〔1〕 Extradition Act 1999, art. 8（1）（b）, http：//www. legislation. govt. nz/act/public/1999/0055/latest/whole. html#DLM25693.

〔2〕 Extradition Act, 1999. 参见加拿大司法部官方网站：http：//laws-lois. justice. gc. ca/eng/acts/e-23. 01/page-1. html。

〔3〕 Cases of Harkins and Edwards v. the United Kingdom, ECHR, Application Nos. 9146/07 And 32650/07, 2012, para. 129.

〔4〕 Case of Soering v. the United Kingdom, ECHR, Application No. 14038/88, para 91.

〔5〕 有学者提出，风险不像危险具有一定的现实性，风险的可能性以及在多大程度上可以被认定为"真实风险"需要细致的考量。国际和区域人权机构对于酷刑风险的评估是非常严格的，但是对于公平审判权的风险评估却因为调查能力等客观问题又具有不确定性。参见，Ralf Alleweldt, "Protection Against Expulsion Under Article 3 of the European Convention on Human Rights", *European Journal of International Law*, vol. 4, 1993, p. 366。

难题。例如，公正审判权是否可以适用于审前程序；[1] 公正审判权的哪些具体的权利内容可以适用于引渡；以及公正审判权适用的阈值等。学界和实务界对于上述问题的思考和探索，最终在索林案中得的突破，并在此后的实践中从某种程度上逐步确立了公正审判权在引渡中的适用标准和门槛。

## 二、公正审判权的适用标准及其解释

实践中，鉴于公正审判权自身的多重含义以及各国在这一权利保障方面的制度和实践分歧，国际和区域人权法院审理引渡案件时，并未持有积极认可的态度。直至"索林案"，欧洲人权法院才基于已有实践和"司法标准"对于公正审判权在引渡中的适用性作出了肯定性论断，并提出了适用标准，"公约（此处指《欧洲人权公约》）中第6条所规定的公正审判权在民主社会中占据着突出的地位，如果被引渡人在请求国将要面临公然被拒绝获得公正审判的风险，法院并不排除认定公约第6条被违反的可能性。"[2] 欧洲人权法院的意见旨在明确，如果出现了严重侵犯公正审判权的情况，《欧洲人权公约》第6条会被适用以禁止有关侵权行为。欧洲人权委员会在随后的"德罗兹和雅努塞克诉法国和西班牙案"[3] 中，进一步认可了"公然违背司法公正"[4]（a flagrant denial of justice）的标准。委员会提出，鉴于公约仅约束缔约国，不可将公约标准强加给第三国或者地区，法国没有义务去确认请求国判处当事人有罪的程序是否符合《欧洲人权公约》第6条的所有程序要求，因为要求审查不受公约约束的国家的司法制度是否公正，是不符合公约基本精神的，也会阻碍当前国际刑事司法合作的潮流。但是，如果请求国对于被请求人的定罪是公然违背正义的结果，缔约国在这种情况下就有

---

〔1〕 欧洲人权委员会与欧洲人权法院在最初的案例中认为引渡程序并非涉及被请求人刑事审判的一部分，因此不适用公正审判权，但是"坎诉澳大利亚案"后，欧洲人权法院承认引渡程序与后续的刑事判罪量刑密切相关，应该适用公正审判权。Case of Can v. Austria, ECHR, Application No. 9300/81, Dec. 14 Dec. 1983.

〔2〕 Case of Soering v. the United Kingdom, ECHR, Application No. 14038/88, para. 113.

〔3〕 Csae of Drozd and Janousek v. France and Spain, ECHR, Application no. 12747/87.

〔4〕 Csae of Drozd and Janousek v. France and Spain, ECHR, Application no. 12747/87, para. 110.

义务拒绝合作。欧洲人权法院在其他案件中继续沿用了这一表达，例如"马马特库洛夫和阿斯卡罗夫诉土耳其案"（Mamatkulov and Askarov v. Turkey）[1]、"萨顿和穆夫迪诉英国案"（Al-Saadoon and Mufdhi v. UK）[2]、"阿霍鲁兹诉瑞典案"（Ahorueze v. Sweden）[3]，由此"公然违背司法公正"的标准得以夯实。在联合国条约机构中，公正审判权在引渡中的适用同样也得到了肯定，在"考克斯诉加拿大案"中，人权事务委员会认为，如果将考克斯引渡回美国会导致《公民权利和政治权利国际公约》第14条（公正审判权）的违反，则必须证明此种违反是引渡所带来的可预见的或必然的后果。[4] 在"罗纳德·埃弗雷特诉西班牙案"[5]（Ronald Everett v. Spain）中，人权事务委员会认为，"尽管公约（此处指《公民权利和政治权利国际公约》）没有规定引渡程序在本质上是司法性质的，但引渡制度本身并没有落入公约的保护之外，公约第14条第1款、第15条中所包含的中立、公正、平等的原则必须得到遵守。"上述意见都表明了国家在引渡的过程中对于公正审判权负有保障的义务。

在过去几十年中，欧洲人权法院一直在引渡案件中探讨"索林案"所确立的"公然违背司法公正"的具体标准，以推动该义务适用于具体案例，并在实践中对于该标准进行了如下深入细化和阐释：

第一，缺席审判定罪且无再次申诉的机会。例如在"尹浩诉法国案"（Case of Einhorn v. France）[6]中，申诉人是美国公民，其1979年因涉嫌杀害女友被警方逮捕，随后获准保释逃离美国前往法国。1993

---

〔1〕　Case of Mamatkulov and Askarov v. Turkey, ECHR, Application no. 46827/99 an 46951/99, para. 90~91.

〔2〕　Case of Al-Saadoon and Mufdhi v. the United Kingdom, ECHR, Application no. 61498/08, para. 149.

〔3〕　Case of Ahorueze v. Sweden, ECHR, Application no. 37075/09, para. 115.

〔4〕　Keith Cox v. Canada, Communication No. 539/1993, CCPR/C/52/D/539/1993, para. 10.4.

〔5〕　Ronald Everett v. Spain, Communication No. 961/2000, CCPR/C/81/D/961/2000, para. 6.4.

〔6〕　Case of Einhorn v. France, ECHR, Application no. 71555/01.

年美国联邦法院缺席判决申诉人为一级谋杀罪，处以终身监禁，并于1997 年向法国提出引渡申请。法国上诉法院经审理裁定不予引渡，理由是根据《欧洲人权公约》第 6 条，美国的缺席判决会导致法国对于公正审判义务的违背，但是 2000 年法国总理却在法令中批准了美国的引渡请求，致使申诉人向欧洲人权法院提出申诉。欧洲人权法院认为在申诉人没有明确放弃出庭和为自己辩护的权利的情况下，对申诉人进行缺席判决，且有充分理由相信引渡后到美国无法获得重新审判的机会，这就构成了公然违背司法的情形，导致公正审判权被侵害。但是在本案中，欧洲人权法院也注意到，宾夕法尼亚州于 1998 年通过法案允许给予缺席审判的人重新受审的机会，尽管此次立法有特定目的的嫌疑，但是美国最高法院裁定该法是合宪的。对此，欧洲人权法院也认可了此法案的效力，认为美国作为法治国家能够给予申诉人公正审判，在确保申诉人将在美国重新获得审判的条件下，欧洲人权法院裁判法国在此案中并不违反公约（此处指《欧洲人权公约》）第 6 条。该项标准在欧洲人权法院审理的"斯托伊奇科夫诉保加利亚案"（Case of Stoichkov v. Bulgaria）等案件中也得了适用。[1]

　　第二，缺席判决程序过于简单并且完全忽略了被告的权利。该标准是通过"百德和坎博诉瑞典案"（Case of Bader and Kanbor v. Sweden）[2] 确立的。申诉人一家是叙利亚的库尔德人、逊尼派穆斯林，他们 2002 年抵达瑞典并向移民局申请庇护，声称受到叙利亚安全人员的追捕。2003 年瑞典移民局驳回庇护申请和居留许可申请，并下令将申诉人驱逐回叙利亚。2004 年申诉人向上诉委员会提出新的庇护申请并要求暂停执行驱逐令，理由是其中一位申诉人已经被叙利亚缺席判决谋杀罪并判处死刑，但仍然遭到官方拒绝。对此，申诉人于 2005 年向欧洲人权法院以瑞典的决定违背《欧洲人权公约》第 2 条、第 3 条提出申诉。根据瑞典驻叙利亚大使馆的信息反馈，瑞典没有得到叙利亚重新审判的承诺，法院认为，被判处死刑的申诉人回到叙利亚会遭受执行死刑

---

〔1〕　Case of Stoichkov v. Bulgaria, ECHR, Application No. 9828/02.

〔2〕　Case of Bader and Kanbor v. Sweden, ECHR, Application no. 13287/04.

的真正风险，并且从叙利亚的判决中可以看出，在听证会上辩护方没有提出任何证据，所有证据都是检察官提出的，甚至被告人和他的辩护律师都没有出席听证会。法院认为，由于审判过于简单和完全忽视申诉人在审判中的权利，诉讼程序涉及"公然违背公正审判权"。[1] 但是由于申诉人没有依据《欧洲人权公约》第 6 条提出申请，因此法院依据申请裁判瑞典对于申诉人的引渡构成对该公约第 2 条和第 3 条的违反。该案较之缺席审判的情况而言，对于公正审判权的公然违背显然更加明显，因为申诉人的诉讼权利完全被剥夺了，其辩护律师根本没有出席审判的机会，此种缺席判决根本没有任何公正可言。该案虽非典型的引渡案件，但是被驱逐后的结果是执行死刑而无异于引渡，因此也应适用于引渡的情况。

第三，拘留后无法尽快获得一个独立公正的审判庭来审查拘留的合法性。在"阿姆亚德诉德国案"（AI-Moayad v. Germany）[2]中，申诉人是一名也门的神职人员，因曾经在美国布鲁克林清真寺进行过筹款活动，被怀疑资助本拉登以及基地组织。2003 年申诉人与助手扎亚（Zayed）在德国被逮捕，同年美国依据双边引渡条约向德国提出引渡申请，2005 年申诉人与其助手在德国地区法院被判犯有为基地组织和哈马斯提供物质支持的罪名。2007 年申诉人向欧洲人权法院申诉称，德国的引渡行为会导致酷刑和不公正审判的风险，违背《欧洲人权公约》第 3 条，第 5 条，第 6 条第 1 款和第 34 条。申诉人指称根据 2001 年 11 月 13 日美国总统的军事命令，德国将其引渡到美国之后，会作为涉及恐怖主义的非美国公民而被无限期地拘留羁押。德国辩称，政府在与美国的长期引渡经验证明，申诉人不存在权利公然受到侵犯的风险，美国的刑事诉讼程序是符合法治原则的。由于引渡请求是根据德国和美国已有的引渡条约进行的，因此推定请求国将尊重法治和人权。法院认为，《欧洲人权公约》第 6 条所规定的刑事诉讼中的公正审判权在民主社会中占有突出地位，即便是以保护整个社会免受国际恐怖主义严重威胁为

---

〔1〕　Case of Bader and Kanbor v. Sweden, ECHR, Application no. 13287/04, para. 47.

〔2〕　Case of AI-Moayad v. Germany, ECHR, Appication no. 35865/03.

合法目的的案件，也必须采取措施保障第 6 条的公正审判权。如果因为怀疑某人一直在计划或从事犯罪而将其拘留，但不提供任何独立和公正的法庭对其拘留进行审查来判断其若审查无罪则加以释放，这被视为是公然剥夺第 6 条第 1 款所指的公正审判。[1] 但是在本案中，法院认为在申诉人被德国当局引渡到美国之后立即被带见纽约地方法官并接受对案件的审理，并且根据德国领事馆代表在整个审判过程中的观察证实，美国地方法院及时开始了对申诉人的审查，因此欧洲人权法院认定德国对于申诉人的引渡并不会导致公然违背司法的情形。[2] 但是在 2014 年"侯赛因诉波兰案"中，申诉人的类似诉求就得到了承认。在该案中，法院注意到，"申诉人没有被列入军事委员会审判名单，自 2002 年 3 月 27 日，即过去 12 年以来，他一直被无限期拘留，从未被指控犯有刑事罪。最后一次对他拘留的合法性进行审查是在 7 年前，即 2007 年 3 月 27 日"。法院认为，这本身就相当于公然拒绝司法。

第四，系统地、全面地拒绝被告接触律师。同样是在"阿姆亚德诉德国案"中，申诉人认为依据美国总统的军事命令，引渡后他将被转移到美国境外的一个关押地点，不被允许接触律师，也不能适用普通的刑事诉讼法律使其得到公正审判。法院认为，如果请求国故意地或者系统地拒绝律师为当事人辩护，特别是当事人在国外被拘留时，必然被视为公然剥夺《欧洲人权公约》第 6 条第 1 款所指的公正审判。[3] 法院注意到美国政府已向德国政府承诺申诉人不会被军事法庭起诉，而是适用普通的刑事诉讼程序，并且申诉人在抵达美国之后会立即被带见布鲁克林或纽约地方法官，因此认定该案中申诉人不存在公正审判权将被侵犯的风险。

第五，在刑事程序中使用通过刑讯逼供获得的证词并以此进行判决

---

〔1〕 Case of AI-Moayad v. Germany, ECHR, Appication no. 35865/03, para. 101.

〔2〕 Case of AI-Moayad v. Germany, ECHR, Appication no. 35865/03, para. 107.

〔3〕 Case of AI-Moayad v. Germany, ECHR, Appication no. 35865/03, para. 102.

的行为构成公然违背公正审判权。[1] 在"艾哈斯基诉比利时案"[2]（Case of EI Haski v. Belgium）中，申诉人于 1975 年出生于摩洛哥，1993 年至 2002 年定居于叙利亚，在此期间两次前往阿富汗参加军事首领（Hekmatyar）的军事训练。2004 年申诉人持假身份证进入比利时时被捕，被比利时指控 2004 年 1 月作为领导人参加恐怖主义团体 GICM 的活动，以及伪造证件、使用虚假名称、非法入境等多项违法行为，并被判处 7 年监禁。2007 年申诉人向欧洲人权法院申诉，指称比利时法院的裁判根据来自于摩洛哥方面提供的、经过刑讯逼供获得的证人证言，因此，比利时违反了《欧洲人权公约》关于公正审判权的规定。但是比利时政府辩称申诉人未能提供充足证据证明摩洛哥证人的证词是通过酷刑获得的。法院认为，违背《欧洲人权公约》第 3 条通过酷刑、不人道或者有辱人格的方法获取证据的行为违反该公约保障的核心和绝对权利，即便这些证据对于定罪不具有决定性，也会导致刑事诉讼程序严重有违其公正性。进而言之，第 3 条在诉讼程序中所保障的权利不仅适用于被告人而且还会扩展到第三人，如果对被告诉讼结果产生影响的证据是通过对第三人刑讯逼供获得的，仍然会导致对该公约第 6 条的违反，构成"公然违背司法"。欧洲人权法院经过对事实的多方面查证，认定摩洛哥当局获得的有关申诉人的证据在实质上的确存在"真实的酷刑风险"，因此按照该公约第 6 条，比利时国内法院不应当将其作为证据予以接纳，而布鲁塞尔上诉法院也未对根据案件的具体要素进行核实，因此，构成对该公约第 6 条公正审判权的违反。[3] 在该案中，比利时行使了普遍管辖权，并未将申诉人进行引渡，但是本案判决对于理解"公然违背司法公正"这一重要概念提供了具有重要参考价值的标准，并在嗣后的"奥斯曼（阿布卡塔达）诉英国案"等引渡案中被适用。

---

　　[1]　《欧洲人权公约》第 3 条"禁止酷刑"：不得对任何人施以酷刑或者是使其受到非人道的或者有损人格的待遇或者是惩罚。

　　[2]　Case of EI Haski v. Belgium, ECHR, Application no. 649/08.

　　[3]　Case of EI Haski v. Belgium, ECHR, Application no. 649/08, para. 99.

### 三、公然违背司法标准在引渡实践中适用的突破

尽管在引渡案件中的，公正审判权的可适用性不再受到质疑，但是其在实践中的适用门槛却一直居高不下。[1] 也就是说，公正审判权在引渡案件中的可适用性一直停留在合理性的理论层面，迄今为止，无论是国际还是区域层面从未在任何一个案例中因确认被请求国可能侵犯这一权利而阻止引渡。

例如，在"塞伊多维奇诉意大利案"（Case of Sejdovic v. Italy）中，法院认为请求国在被告人缺席的情况下拒绝重新进行诉讼程序，并且没有任何证据表明被告人在审判期间放弃了他在场的权利，这被认为是"公然拒绝司法"，使得诉讼程序显然违反《欧洲人权公约》第6条或者第6条所载的精神。[2] 但令人遗憾的是，法院综合其他因素最终认为整个诉讼程序是公正的，因此没有认定引渡违反公正审判权。这一实践表明，尽管人权机构在引渡案件中对请求国保障公正审判权的审查遵循了相关人权公约的基本标准，但是"公然违背司法公正"的标准实际上提高了公正审判权的适用阈值，这其中的主要原因在于引渡案中对于这一人权保障的审议涉及对请求国（第三国）司法制度的评估，在该国为非缔约国的情况，适用的情形更是严之又严。此外，如果人权机构作出对请求国整体的否定性评价，其与传统引渡领域所遵循的国际礼让原则也是相悖的。[3]

面对公正审判权在引渡中适用的重重阻力，学者们也提出了一系列针对性的解决方案。例如，迪加尔和温加尔教授认为，应根据司法程序的不同环节来适用公正审判权，例如，根据《引渡示范条约》第3条第g款的规定，对于在请求国已经判罪却未能享有刑事诉讼程序最低限度保障的情况，应阻止引渡；而对于尚未定罪量刑的情况，是否判定阻

---

〔1〕 Case of Einhorn v. France, Application No. 71555/01.

〔2〕 Case of Sejdovic v. Italy, ECHR, Application no. 56581/00, para. 84.

〔3〕 JMT Labuschargne and Michele Olivier, "extradition, Human Rights and the Death Penalty: Observation on the Process of Internalistionl of Criminal Justice Values", South Aruican Yearbook of International Law, vol. 29, 1990, p. 113.

止引渡则需要结合具体情况具体分析。[1] 此外，温加尔教授还就欧洲区域的问题专门进行了分析，认为参照部长理事会关于向非缔约国引渡的意见，对于公正审判权的适用应根据区域设定不同的门槛，对于欧洲区域内的国家，提高适用的门槛，而对于其他区域的国家则降低门槛，因为被请求人脱离了《欧洲人权公约》保护的范围，更应提高对于被请求人的公正审判权的保障。这一观点充分显示了公正审判权的适用直接与对请求国司法体系的信任程度密切相关，[2] 但判断标准的客观性模棱两可。

经过理论与实践的不断积累，特别是国际人权法在各国的普遍适用，最终促使欧洲人权法院在审理引渡和驱逐案件中对于公正审判权的适用实现了突破。在"侯赛因（祖拜达）诉波兰案"（Case of Husayn [Abu Zubaydah] v. Poland）[3] 中，申诉人因涉嫌恐怖主义犯罪于2002年在巴基斯坦被美国中央情报局逮捕，后转移到美国中央情报局设在波兰的一个秘密关押基地。2003年波兰根据特别引渡条款将申诉人引渡，申诉人以在美国会遭到军事委员会的不公正审判为由指称波兰的引渡行为构成对《欧洲人权公约》第6条的违背。欧洲人权法院注意到申诉人在波兰被拘留期间已经遭受到美国中央情报局的刑讯逼供，而由此获得的非法证据可能构成其嗣后在美国军事委员会审判时所使用的部分甚至是决定性证据。更为重要的是，法院认为美国军事委员会是根据总统军事命令成立的，设立在美国联邦司法系统之外，由美国武装部队的委任军官组成，用于打击从事恐怖主义的非美国公民。2006年美国最高法院裁定该委员会没有权力进行审判，理由是违背了统一军事法典和日内瓦公约第3条，并且军事委员会在此案中没有能够提供使申诉人获得独立审判的相关保证。综上，欧洲人权法院认定申诉人在美国面临公然违背司法的真实风险，波兰的引渡行为构成对《欧洲人权公约》第6

〔1〕　John Dugard, Christine Van Den Wyngaert, "Reconciling Extradition with Human Rights", *American Journal of International Law*, 1998, （92）, p. 203.

〔2〕　Christine Van Den Wyngaert, "Applying the European Convention on Human Rights to Extradition: Open Pandora's Box", *International and Comparative Law Quarterly*, 1990, （39）, p. 771.

〔3〕　Case of Husayn （Abu Zubaydah） v. Poland, ECHR, Application no. 7511/13.

条的违背。此外，法院还进一步表达了对美国通过军事法庭审判恐怖分子违反公正审判义务的关切。"军事委员会对于恐怖分子的审判引起了全世界人权组织和媒体的严重关切。2003 年 6 月 26 日欧洲理事会大会通过的决议表示'不赞成对于上述人员由军事委员会进行审判，因为适用与美国国民不同的司法标准，会严重侵犯公正审判权'"。除此之外，法院注意到，申诉人自 2002 年 3 月 27 日起 12 年以来，一直被无限期拘留，从未被指控犯有刑事罪。最后一次对他拘留的合法性进行审查也是在 7 年前，即 2007 年 3 月 27 日，对此，法院认为，这本身就构成了"公然拒绝司法公正"。[1]

该案的价值就在于第一次在引渡案中认定请求国的引渡违反了公正审判权，尽管其对于公然违背司法标准的解释具有重要价值，但是令人遗憾的是该案只是申诉人被引渡后提起的诉讼，并未对引渡产生真正的影响。

在"奥斯曼（阿布卡塔达）诉英国案"中，申诉人出生在约旦，1993 年 9 月到达英国并获得庇护，理由是其曾在 1988 年 3 月和 1990 年至 1991 年期间受到约旦当局的拘留和酷刑，申诉人 1994 年被英国内务大臣确认为难民。1999 年申诉人被约旦当局缺席审判，罪名是合谋从事爆炸罪和参加恐怖主义组织罪。2001 年英国根据《反恐怖主义、犯罪和安全法案》（Anti-terrorism，Crime and Security Act）逮捕了申诉人并拘留至 2005 年该法失效，但申诉人仍然受到 2005 年《预防恐怖主义法案》（the Prevention of Terrorism Act）控制令的约束，申诉人不服该法案并提出上诉，在上诉审理期间，内务大臣向申诉人下达了驱逐的通知。英国内务大臣下达驱逐通知的前提是，2005 年英国政府与约旦政府达成了谅解备忘录（a memorandum of understanding），备忘录规定了约旦政府将遵守一系列国际人权标准的保证。2009 年申诉人向欧洲人权法院指称，因为本人及其有关证人在请求国曾经遭受刑讯逼供及缺席判决，英国的驱逐行为会导致他回到约旦后受到酷刑而违反《欧洲人权

---

〔1〕 Case of Husayn（Abu Zubaydah）v. Poland，ECHR，Application no. 7511/13，para. 557~559.

公约》第 3 条，还可能因为 1999 年的缺席审判而被重审，面临侵犯公正审判权的真实风险。经过审查，欧洲人权法院认定了约旦存在使用非法证据定罪量刑的问题，判定英国的驱逐行为将侵犯申诉人的公正审判权。这个裁定的作出主要基于非法证据排除这一国际人权标准在各国刑事司法领域的普遍共识，但是将其比照适用于引渡案件的可能性尚未得到确证。

对于《欧洲人权公约》第 3 条的申诉，欧洲人权法院审理的核心问题是评估在约旦当局广泛和常规性使用酷刑的背景之下，约旦政府在谅解备忘录中的承诺能否给个人提供充分的保护。考虑到英国与约旦双边关系的力度、谅解备忘录的重要性以及约旦国王的明确批准，法院认定作为谅解备忘录的一部分，约旦对英国政府的承诺为防止酷刑和有辱人格的待遇确实能够提供充分保证，因此裁判英国政府将申诉人驱逐到约旦并不违反《欧洲人权公约》第 3 条。[1] 对于违反该公约第 6 条公正审判权，英国政府针对申诉人的三条理由——法院缺乏独立性、法律援助的缺失、通过酷刑获得证据的危险，逐一反驳，认为即便请求国存在经常性酷刑的情形，但是对于判断特定人将遭受"公然拒绝司法公正"还需要更多直接的证据。申诉人认为，对"公然违背司法公正"的测试是定性的而非定量的，"公然"意味着使"权利本质无效"而非权利的每一项都被侵犯，这也意味着不公正必须是明显的以及可预测的。申诉人提出四点根据：①约旦的国家安全法院是军事法庭；②他本人是"臭名昭著"的具有平民身份的嫌疑犯；③通过酷刑获得的共同被告人的口供对于他的定罪具有决定性；④国家安全法院不会对证据是否通过酷刑获得的情况进行调查。[2] 通过各方对于本案的广泛举证，欧洲人权法院确定约旦法院的确通过刑讯逼供获得口供，并存在使用这一非法证据对申诉人治罪的情况，与此同时，约旦国家安全法院无法证明能够

---

〔1〕 Case of Othman（Abu Qatada）v. the United Kingdom, ECHR, Application no. 8139/09, para. 160~207.

〔2〕 Case of Othman（Abu Qatada）v. the United Kingdom, ECHR, Application no. 8139/09, para. 248.

排除酷刑的指控。申诉人被驱逐后在约旦接受重审，将再次受到这些非法证据指控。上述情况违反国际刑事司法的最基本准则，构成对于约旦法院系统持续的、确凿的负面评价。因此，在申诉人已经完成举证的情况下，如果他被驱逐回约旦，存在"公然违背司法公正"的真正风险。

自 1989 年"索林案"确认公正审判权在引渡中的适用性以来，直到 2012 年的"奥斯曼（阿布卡塔达）诉英国案"，历经 23 年欧洲人权法院才第一次裁判在驱逐中存在事实上违背《欧洲人权公约》第 6 条公正审判权的情况。本案从实质上是通过驱逐实现了引渡犯罪嫌疑人回国接受刑法处罚的目的，虽非一般意义上的引渡案件，但是从实质上具有等同价值，从而为公正审判权适用于引渡进一步奠定了基础。

在人权事务委员会审理的案件中，也有关于公正审判权的案例，只不过其审理的内容是引渡后对于相关权利的侵害。在"胡安·佩拉诺·巴索诉乌拉圭"案中，申诉人的家族银行生意违反了乌拉圭的相关法律，因此在申诉人逃往美国后又被引渡回乌拉圭。由于在乌拉圭的审判遭到了无故延迟，因此申诉人就乌拉圭违反《公民权利和政治权利国际公约》第 14 条向人权事务委员会提起了申诉。该委员会经审查认为，在申诉人被引渡回乌拉圭之后，该国于 2008 年 9 月 11 日发出了审查启动令。从那时以来，诉讼一直在审前阶段，尽管根据该国《刑事诉讼法》第 136 条，这一阶段不得无故超过 120 天，但是缔约国没有就这一个阶段的期限作出任何解释，也没有说明诉讼可能何时结束。在这种情况下，委员会认为，缔约国侵犯了《公民权利和政治权利国际公约》第 14 条第 3 款（丙）项所规定的关于受审时间不得无故拖延的权利。[1]

在"阿迈诉吉尔吉斯斯坦"案中，申诉人因为牵涉恐怖爆炸案件，而被从哈萨克斯坦引渡回吉尔吉斯斯坦，其受到了刑讯逼供，并被判处死刑。对此，申诉人以吉尔吉斯斯坦违反了《公民权利和政治权利国际公约》第 7 条免受酷刑的权利、第 14 条公正审判权为理由向人权事务

---

〔1〕 Juan Peirano Basso v. Uruguay, Communication No. 1887/2009, CCPR/C/100/D/1887/2009, para10. 3.

委员会提出了申诉。经过审查，人权事务委员会认为，申诉人称他在审讯期间受到警察和调查官员的严刑拷打，被迫签署认罪书，尤其是在没有律师在场的情况下，承认参加了在车臣的军事训练营，并提交了详细的情况说明和证据。申诉人称因为他的身体状况很糟，第一调查监狱拒绝接受他，而且他在一审法院庭审时，推翻了他认罪的供词，但是检方和法院都无视了他的申诉。在这方面，委员会忆及关于违反《公民权利和政治权利国际公约》第 7 条的虐待申诉一经提交，缔约国就必须进行适当和充分调查的一般性规则。尽管所有审议申诉人刑事案的法院在裁决中都提到申诉人关于酷刑和逼供的指控，但这些指控最终都被驳回，被认为没有事实根据，没有得到卷宗中材料的证实，作出这些指控的目的是逃避刑事责任，而裁决中没有提及对于这些指控进行了调查。因此，委员会认为吉尔吉斯斯坦侵犯了申诉人根据《公民权利和政治权利国际公约》第 7 条和第 14 条第 3 款（庚）项应享有的权利。

上述对于公正审判权适用于引渡的研究表明，尽管对于公正审判权适用于引渡的标准——公然违背司法公正及其细则进行了充分的发展，但是在引渡中的适用却因为政治性和法律体系的差异性等原因而遭遇了种种阻碍。国际和区域人权机构在引渡案件中对于被请求人的公正审判权的保障仍旧任重而道远。

综上所述，国际人权法在引渡实践中的适用引发了引渡制度和实践的结构性变革，其通过对请求人提供了救济途径而从某种程度上平衡了国家引渡利益和人权保障之间的要求。但是，实践中，能够影响引渡条件和结果的权利还是非常有限的。其中，免受酷刑的权利和生命权不仅在实践中得到了保障，而且逐步融入引渡实践，成为新的引渡原则——酷刑不引渡和死刑不引渡原则，并得到普遍承认。公正审判权也逐步受到了引渡实践的重视，但是在实践中的适用需要进一步的发展。就总体而言，对于被请求人的权利保障成为引渡不可忽视的原则，并为其未来的发展规定了一项不可忽视的纬度。

# 第五章　国际人权法适用于引渡的
# 审查内容和标准

自 20 世纪 80 年代末，欧洲人权机构开辟了对于引渡的人权审查实践以来，国际和区域人权机构已经审理了大量的类似案例。面对被引渡人提出的人权诉求，人权机构不仅要在形式上进行审查，以确定该案件的可受理性，而且还要根据被请求人的情况进行实质性审查，以确定被请求国是否违反人权义务，以此在实践中确立了相关的"司法标准"。

## 第一节　对于引渡案件的程序性审查

在引渡案件中，程序性审查主要是指人权机构对案件是否符合人权公约及其议定书规定的受理条件所进行的审查，以确保有关申诉符合受案范围。纵观国际和区域人权机构的实践，程序性审查所包含的要素大致相同，例如，根据《公民权利和政治权利国际公约任择议定书》第 2 条、第 3 条以及第 5 条规定，人权事务委员会受理个人来文的条件包括：①声称其在公约规定下的任何权利遭受侵害；②可以运用的国内补救办法，悉已援用无遗或补救办法的实施有不合理的拖延；③向委员会提出书面申请；④并非系不具名、或经委员会认为滥用此项呈文权、或不符合公约的规定者；⑤同一事件不在另一国际调查或解决程序审查之中。如果个人来文违反上述任一条件，则人权事务委员会不得受理。再如，《欧洲人权公约》第 35 条也规定了类似的程序性要件：一方面，可接受的来文必须是所涉事项已穷尽所有国内救济；须在国内最终司法裁决作出后四个月内提出。另一方面，不予接受的来文包括：匿名的，或者在本质上与已被法院审查的事项相同的，或者与已被提交至另一国际调查或争端解决程序事项相同且不包含新信息的；或者该申诉与公约及其议定书条文不相符的，或者明显无根据的，或者滥用申诉权的；或者申诉人没有遭受严重损失、除非是出于对于公约及其议定书规定的人权之尊重要求对案件进行实体审理的案件。相比较而言，欧洲人权法院对于人权申诉的受理标准比人权事务委员会的标准略高。实践中，申诉人的请求是否属于受案范围以及申诉是否用尽国内救济两项是人权机构着重审查的程序性条件，在绝大多数的情况下，对于这两个条件的审查决定着来文的可受理性。鉴于程序性相关的具有代表性的裁定相对较少，而驱逐案件在可受理性问题上与引渡案件并无二致，因此，为了更好地展现国际和区域人权机构在可受理性问题上所确立的细则，下文适当援用部分驱逐案的裁决，以解释说明。

一、关于受案范围的审查

关于受案范围的审查主要是强调申诉人所提起的权利申诉必须在其主张的公约的保障范围之内。[1] 对此，国际和区域人权机构不仅要将申诉人的诉求依照相关公约条文进行逐项对照，还要结合公约的实践来检验其主张的权利是否属于公约保障的人权的职能范围。例如，在"L. J. R 诉澳大利亚案"中，禁止酷刑委员会认为，尽管申诉人认为引渡将导致面临生命权和公正审判权的侵害风险，但是这两项权利诉求均超出了公约所规定的权利范围，因此，委员会无法受理相关诉求。[2]又如，在"胡安·佩拉诺·巴索诉乌拉圭案"（Juan Peirano Basso v. Uruguay）中,[3] 申诉人认为他遭到的拘留和指控是任意的和非法的，因为被请求国的引渡程序违反了《公民权利和政治权利国际公约》第2

---

〔1〕　参见《公民权利和政治权利国际公约任择议定书》，引言及第 2 条之规定。

〔2〕　L. J. R. v. Australia, Communication No. 316/2007, CAT/C/41/D/316/2007.

〔3〕　Juan Peirano Basso v. Uruguay, Communication No. 1887/2009, CCPR/C/100/D/1887/2009.

条第 1 款、第 2 款和第 3 款（甲）项。[1] 委员会回顾了以往的类似案件，相关裁判表明，公约第 2 条关于缔约国一般性义务的规定并不能独立成为保障个人所声称的被侵犯的权利的法律根据，实践中该条款一般是和其他实质性权利保障条款共同适用。因此，委员会根据《公民权利和政治权利国际公约任择议定书》第 2 条认为，申诉人的相关申诉不可受理。[2]

## 二、同一事项未在另一个国际调查程序审查

关于同一事项未在另一国际调查程序审查的规定，既是对"一事不二审"原则的参照，也是为了禁止重复起诉，避免资源浪费。对此，《公民权利和政治权利国际公约任择议定书》《禁止酷刑公约》《欧洲人权公约》等都规定了对于正在受到另一国际程序审查的案件不予受理。[3] 但是《禁止酷刑公约》对禁止重复起诉这一条件的规定更为严格，要求予以受理的事件还必须符合同一事项过去也未受到另一国际调查程序的审查。

在引渡或者遭返实践中，申诉人重复起诉的案例屡见不鲜，国际和区域人权机构根据具体情况，作出了不同的可受理性裁判。例如在"J. A. G. V. 先生诉瑞典案"（Mr. J. A. G. V. v. Sweden）[4] 中，瑞典政

---

〔1〕《公民权利和政治权利国际公约》第 2 条：①本公约每一缔约国承担尊重和保证在其领土内和受其管辖的一切个人享有本公约所承认的权利，不分种族、肤色、性别、语言、宗教、政治或其他见解、国籍或社会出身、财产、出生或其他身分等任何区别。②凡未经现行立法或其他措施予以规定者，本公约每一缔约国承担按照其宪法程序和本公约的规定采取必要的步骤，以采纳为实施本公约所承认的权利所需的立法或其他措施。③本公约每一缔约国承担：（甲）保证任何一个被侵犯了本公约所承认的权利或自由的人，能得到有效的补救，尽管此种侵犯是以官方资格行事的人所为；（乙）保证任何要求此种补救的人能由合格的司法、行政或立法当局或由国家法律制度规定的任何其他合格当局断定其在这方面的权利；并发展司法补救的可能性；（丙）保证合格当局在准予此等补救时，确能付诸实施。

〔2〕《公民权利和政治权利国际公约任择议定书》第 2 条："以不违反第一条的规定为限，凡声称其在公约规定下的任何权利遭受侵害的个人，如对可以运用的国内补救办法，悉已援用无遗，得向委员会书面提出申请，由委员会审查。"例如：Rogerson v. Australia, Communication No. 802/1998, CCPR/C/74/D/802/1998, para 7. 9。

〔3〕 参见《公民权利和政治权利国际公约任择议定书》第 5 条、《禁止酷刑公约》第 22 条、《欧洲人权公约》第 35 条。

〔4〕 Mr. J. A. G. V. v. Sweden, Communication No. 215/2002, CAT/C/31/D/215/2002.

府认为申诉人曾将其被遣返回哥伦比亚违反禁止酷刑义务的申诉提交过欧洲人权法院审理，因此该申诉不应再被禁止酷刑委员会受理。但是禁止酷刑委员会认为，由于申诉人在欧洲人权法院审查前已经撤回了申诉，因此，《禁止酷刑公约》第 22 条第 5 （a）款不妨碍该案的可受理性。而在"阿勒斯诉西班牙案"中，申诉人声称将其引渡至摩洛哥侵犯了其根据《公民权利和政治权利国际公约》所享有的多项权利，特别是将使其面临遭受隔离监禁和酷刑逼供的风险。在审议针对《公民权利和政治权利国际公约》第 7 条的申诉可否受理时，人权事务委员会注意到申诉人在几年前曾经两次以摩洛哥的监狱条件构成不人道待遇、该国违反《欧洲人权公约》第 3 条为由向欧洲人权法院提出过类似的人权申诉，但是都被驳回。对此，委员会认为"《公民权利和政治权利国际公约任择议定书》第 5 条第 2 款中'同一事项'应理解为意指同一提交人、相同事实和相同的实质权利，考虑到本案的具体情况，申诉人根据《公民权利和政治权利国际公约》第 7 条和第 9 条提出的申诉所涉事项与向欧洲人权法院提交的事项存在实质上的不同"[1]，因此可以受理。而对于确已经过欧洲人权法院审理的"同一人的、相同的事实和相同的实体权利"的人权申诉，人权事务委员会则会作出不予受理的决定。例如，在"U 先生诉瑞典案"（Mr. U. v. Sweden）中，申诉人就瑞典将其强行遣返至乌兹别克斯坦的决定违反《禁止酷刑公约》第 3 条的问题向禁止酷刑委员会提出了相关申诉，此前，申诉人还向欧洲人权法院提出过类似申请，要求瑞典停止驱逐行为。对此，禁止酷刑委员会认为，申诉人提交给欧洲法院的申请涉及同一人并涉及相同的事实和相同的实质性权利，依照《禁止酷刑公约》第 22 条第 5 款（a）项驳回了申诉。[2]

### 三、关于用尽国内救济的审查

用尽国内（当地）救济是国际法中的重要原则，也是申诉人向国

---

〔1〕　Aarrass v. Spain, Communication No. 2008/2010, CCPR/C/111/D/2008/2010, para 9. 4.

〔2〕　Mr. U. v. Sweden, Communication No. 643/2014, CAT/C/56/D/643/2014, para 6. 4.

际或区域人权机构提交个人来文的重要前提，旨在强调国内人权保障的首要性和国际人权保障的辅助性。但是在国内的救济措施存在不合理拖延或当事人无法获得有效救济的情况下，该项原则无需适用。《公民权利和政治权利国际公约任择议定书》《禁止酷刑公约》《欧洲人权公约》等都规定了这一原则[1]。在引渡实践中，无论是申诉人还是被请求国均需要对于这一原则的遵行承担证明责任。对于缔约国而言，如果认为国内补救尚未用尽，需要提供有关未穷尽的、有效的救济途径的详细情况。而对于申诉人而言，如果认定存在前述例外情形，则必须提供详细证据予以证明，才能被采信并免除相关义务。因为在委员会看来，仅仅怀疑某个救济途径的有效性，不足以免除用尽国内救济这一义务。[2]

例如在"魏斯诉奥地利案"[3] 中，申诉者向人权事务委员会申诉，指称奥地利将其引渡至美国可能使其面临终身监禁的风险，因此奥地利违反了《公民权利和政治权利国际公约》第 7 条的规定。在审查该案的可受理性时，奥地利称申诉者并没有对法院作出的引渡决定提出上诉，因此申诉者没有用尽国内救济。但人权事务委员会认为，"缔约国没有证明所建议的补救手段是有效的，提交者已经被引渡，关押在美国监狱，无法再提起国内诉讼，因此应认定提交者已经用尽当地救济，委员会可以审议相关申诉。"[4] 在本案，申诉者由于已经被引渡而无法再获得奥地利国内提供的有效救济，事实上已用尽国内救济，而且奥地利也没有尽到证明的义务。在"Z. A. H. 诉加拿大案"（Z. A. H. v. Canada）[5] 中，申诉人认为加拿大的驱逐将使其面临酷刑风险，而加拿大指出申诉人并未就遣返前的风险评估决定以及加拿大边境服务局关于延期遣返请求的决定向联邦法院申请司法复审，且并未从人道主义方面提

---

〔1〕 参见《任择议定书》第 5 条第 2 款、《禁止酷刑公约》第 22 条第 5 款、《欧洲人权公约》第 35 条第 1 款。

〔2〕 参见联合国人权概况介绍第 7 号（第二次修订版）:《联合国人权条约下的个人申诉程序》，2013 年，第 8 页。

〔3〕 Weiss v. Austria, Communication No. 1821/2008, CCPR/C/106/D/1821/2008.

〔4〕 Weiss v. Austria, Communication No. 1821/2008, CCPR/C/106/D/1821/2008, para 8.3.

〔5〕 Z. A. H. v. Canada, Communication No. 687/2015, CAT/C/61/D/687/2015.

出救济申请，因此申诉人未能用尽国内救济办法。对此，禁止酷刑委员会注意到申诉人向加拿大移民和难民委员会及联邦法院都提交了申请，并在遣返前的风险评估程序中提交了有关保障人权的申请；法院还注意到加拿大政府提到的联邦法院的司法复审主要基于程序问题，而不涉及对案件案情的实质性审查，因而，委员会认为加拿大要求申诉人就遣返前风险评估决定以及对延期遣返请求的决定申请司法复审并不合理。此外，在任何情况下，以人道主义为由的救济申请都不是一种有效的补救方法，因为这样的申请并不具有法律性质，也无法暂缓对申诉人的遣返。因此，委员会认为，本案申诉人已经用尽国内救济。

在"S. A. C 诉摩洛哥案（S. A. C v. Morocco）"[1] 中，申诉人向禁止酷刑委员会指称，鉴于巴西监狱的恶劣条件，若摩洛哥将其引渡至巴西，则可能使其面对不人道或有辱人格的待遇。对此，巴西指出根据国务院通过的行政决定，申请人可以就驱逐和遣返决定向最高法院申诉。但是本案申请人没有向最高法院提出撤销引渡裁决的申请，因此申请人没有用尽国内救济。对于这一说法，申请人并未进行争辩。委员会还注意到其在审议摩纳哥根据《禁止酷刑公约》第 19 条提交第四次和第五次定期报告时，缔约国也介绍了这方面可适用的程序，对此，委员会认为"这一救济途径适当修正可以适用于引渡决定，正如缔约国所说的只要实际具有中止效果的救济就是有效的救济"[2]。据此，委员会认为申请人未通过该途径进行申诉，没有用尽国内救济，因此不能受理此案。

在"纳卡温德诉加拿大案"（Joyce Nakato Nakawunde v. Canada）[3] 中，加拿大指出尽管申诉人有资格申请庇护，但是没有向难民保护司申请难民身份和永久居留权，而一旦对她签发了遣返令，她已不再符合申请难民地位的资格。此外，申诉人在遣返前风险评估和司法复核期间提

---

〔1〕　S. A. C v. Morocco, Communication No. 346/2008, CAT/C/49/D/346/2008.

〔2〕　S. A. C v. Morocco, Communication No. 346/2008, CAT/C/49/D/346/2008, para 7. 2.

〔3〕　Joyce Nakato Nakawunde v. Canada, Communication No. 615/2014, CAT/C/64/D/615/2014.

交了新证据，但并没有请求加拿大边境服务局推迟遣返决定。对此，委员会认为，除声称对国内补救办法中所有可用程序不了解之外，申诉人没有提供任何资料说明她为获得法律救济作出了何种努力，也没有证明加拿大政府所提出的难民身份的申请和请求推迟遣返的程序是无效的补救办法。因此，委员会认定申诉人没有尝试援用任何程序来阻止遣返，也没有就遣返裁决寻求司法复核，因此未用尽国内救济。

"胡安·佩拉诺·巴索诉乌拉圭案"（Juan Peirano Basso v. Uruguay）中[1]，申诉人在被引渡后迟迟得不到审判，并向人权事务委员会提出了申诉。申诉人声称，他就超期羁押问题向相关法院分别提出了保释申请、释放申请以及短期离开监狱的申请，都被法院以"可能有潜逃嫌疑"以及"可能妨碍司法公正"为由拒绝了，申诉人进一步说明，根据乌拉圭法律，国内对于保释申请的唯一救济方式就是"司法审核"，但由于保释问题附属于主要诉讼，这类申请不符合申请人直接向最高法院申请司法审核的理由，提交人认为其已经用尽国内救济办法。乌拉圭认为该案正在调查阶段，相关证据正在收集，法院还没有就申诉人的刑事责任作出最后判决，因此提交人尚未用尽国内救济，并未达到可受理来文的标准。人权事务委员会认为，乌拉圭所主张的"因为案件没有审理结束，所以申诉人并未用尽当地救济"的论点，与提交人提出的各项申诉是否可受理并无关系，因为申请人的申诉包含了申请临时假释、受审时间拖延等问题，如果等到诉讼过程结束再确定是否可受理的话，申请人请求救济的权利其实就没有救济的必要了，因此委员会认为，缔约国的论点同申诉人提出的申诉可否受理问题无关。结合本案实质性问题和程序性问题，委员会作出受理决定。

在"保利诉加拿大案"（Régent Boily v. Canada）[2] 中，申诉人以引渡将使其面临酷刑风险为由向禁止酷刑委员会提出来文。在国内程序中，该申诉人曾经以相同诉由向联邦法院提起申诉但被驳回，此后又向

---

[1] Juan Peirano Basso v. Uruguay, Communication No. 1887/2009, CCPR/C/100/D/1887/2009.

[2] Régent Boily v. Canada, Communication No. 327/2007, CAT/C/47/D/327/2007.

同一法院提出了因可能在被引渡后遭受酷刑而寻求救济的另一诉讼，但还没有得到审理结果。对此，加拿大以申诉人在国内提起的申诉还未结束为由，认为其未用尽救济。对此，委员会根据其在"A. R. 诉瑞典案"（A. R. v. Sweden）〔1〕所作出"用尽国内补救办法的原则仅适用于与申诉人提出的引渡导致酷刑风险直接相关的案例"的裁判意见，认为申诉人关于引渡所导致的酷刑风险的申诉，曾于 2007 年向加拿大最高法院提出了上诉请求，但被驳回。而对于申诉人提出另外的救济赔偿申诉，现有的国内救济方法在申诉人被引渡至墨西哥前并不适用，申诉人获得有效补救的可能性很小，因此，申诉人所声称的第一个关于引渡违反《欧洲人权公约》第 3 条的申诉已经用尽了国内救济。

在"阿列克谢·卡利尼琴科诉摩洛哥案"（Alexey Kalinichenko v. Morocco）〔2〕中，申诉人因被俄罗斯指控犯有严重的经济罪，而被摩洛哥裁定引渡回国。由此，申诉人向人权事务委员会提出了引渡将引发酷刑风险的来文。摩洛哥以申诉人没有就引渡决定向最高法院行政庭提出上诉为由，认为申诉人未能用尽国内救济。此外，摩洛哥还指出，申诉人在一审法院和最高法院刑事法庭前均未提出上述相关申诉。但是委员会注意到，申诉人曾在最高法院提及如被引渡将面临酷刑危险的问题，但是其主张并未被反映在法院判决中，而申诉人未能就引渡裁决提起上诉则与申诉人从未正式收到司法部长批准引渡的最后决定关系重大。根据上述情况，委员会根据《议事规则》（Rules of Procedure）第 115 条第 9 款请摩洛哥详细说明，申诉人在本案的特定情况下，能够利用的并符合《禁止酷刑公约》第 22 条第 5 款（b）项规定的有效补救办法，但该国没有回复这一问题。鉴于摩洛哥未能按照委员会的要求说明最高法院行政庭如何处理申诉人的请求以及国内可提供的其他有效的国内补救办法，委员会认为，用尽国内救济原则的适用并不影响其宣布来文可受理的决定。

在"J. K. 诉加拿大案（J. K. v. Canada）"中，申诉人是同性恋，

---

〔1〕　A. R. v. Sweden, Communication No. 170/2001, CAT/C/27/D/170/2001.

〔2〕　Alexey Kalinichenko v. Morocco, Communication No. 428/2010, CAT/C/47/D/428/2010.

因受到国内警察部门的酷刑和通缉而从乌干达逃往加拿大，但是未得到庇护，其以如被遣返回国将面临酷刑风险为由向禁止酷刑委员会提出申诉。对于该申诉是否用尽国内救济的问题，加拿大提出了两个质疑：其一，申诉人于 2014 年 4 月 9 日提出准许进行司法复查的申请，但是联邦法院于 2014 年 7 月 23 日驳回了该申请。由此，申诉人基于国内法院初审的结果于 2013 年 9 月 29 日向委员会提起申诉时，其在国内向联邦法院提起司法复审的审议结果还没有正式公布。其二，申诉人没有通过申请人道主义保护来获得永久居留权，因此，其未能用尽国内补救办法。对于加拿大所述补救方法是否有效的问题，委员会回顾了其以往判例，认为，虽然基于人道主义理由获得帮助的权利是法律所规定的补救办法，但这种帮助是由行政部门基于纯粹人道主义的标准给予的，并不是根据法律给予的，因此具有特准的性质。此外，当联邦法院准许司法复查时，它主要是将案件发回作出原先裁决的机关或另一个决策机关，它自己并不对案情进行审查，或作出任何裁决。该裁决在相当程度上取决于部长的酌情决定权，也就是行政部门的裁量权。鉴于上述考虑，委员会得出结论：就本案而言，可能未用尽这一补救办法对委员会受理该来文并不构成障碍。[1] 此外类似的还有"T. I. 诉加拿大案"(T. I. v. Canada)[2] 以及"卡伦索诉加拿大案" (Kalonso v. Canada)[3]。"T. I. 诉加拿大案"中申请人于 2003 年 4 月 1 日申请永久居留权，并在同年 6 月 19 日提交遣返前风险评估申请，但这两项申请于 2006 年 5 月 11 日被驳回，两份申请的决定是由同一名遣返风险评估官员签发。申请人于 2006 年 11 月收到相关决定的正式通知。2007 年 2 月 5 日，申请人向联邦法院上诉，要求对遣返风险评估部门决定进行司法审查，未申请对永久居留权的审查。缔约国指出，申诉人没有就被驳回永久居留权的决定依据人权主义理由寻求协助，因此其未能用尽国内救济。委员会重申了与其在"J. K. 诉加拿大案（J. K. v. Canada）"中类

---

〔1〕　J. K. v. Canada，Communication No. 562/2013，CAT/C/56/D/562/2013.

〔2〕　T. I. v. Canada，Communication No. 333/2007，CAT/C/45/D/333/2007，para 6. 3.

〔3〕　Kalonso v. Canada，Communication No. 343/2008，CAT/C/48/D/343/2008，para 8. 3.

似的观点，认为申诉人已用尽国内救济。在"卡伦索诉加拿大案"[1]中，申诉人是居住在加拿大的刚果人，由于其犯罪行为和其父亲的不同政见而担心被遣返后会再次被逮捕并遭受酷刑，于是向禁止酷刑委员会提出申诉。缔约国提出申诉人未用尽国内救济，理由包括：其一，申诉人自愿放弃在加拿大的庇护申请，且没有申请对遣返决定进行司法审查；其二，是申诉人没有以人道主义为由提出居留申请。对于缔约国的意见，委员会认为申诉人尝试了其可尝试的唯一补救办法，即提出了审查遣返风险评估的申请，但遭到了拒绝。委员会结合之前对于该国关于司法复审和人权主义协助方法的基本认识，认为两者均不是有效的救济方法，因此，并不妨碍委员会受理此案。由此可见，这两个案子对于用尽国内救济的评估，也重在考察救济方法的"有效性"和可靠性。

上述案件表明，用尽国内救济原则在实践中的适用并不是机械性的，人权机构在审理案件时，根据个案的情况，对于用尽国内救济原则的具体使用作出了不同的阐释和裁决。

### 四、其他可诉性审查

除了上述最为重要的程序性审查，国际或区域人权机构还会审查案件是否符合公约的其他程序性审查要求，包括申诉是否匿名、提出申诉是否滥用权利、申诉者是否遭受严重损失、提出的申诉是否明显证据不足或者不符合公约其他规定。以滥用权利为例，欧洲人权法院要求申诉者必须在用尽国内救济后4个月内提出申诉。《公民权利和政治权利国际公约第二任择议定书》中并未规定提出申诉的时间限制，但是，为防止出现滥用权利的情况，人权事务委员会在议事规则中出台了有关延迟提出的规定，即延迟提交不会自动构成滥用诉权。但是，申诉者如果在用尽国内补救办法5年之后，或者案件在另一国际调查或解决程序结案3年之后才提起申诉，则可能存在滥用诉权的问题。[2] 再如，人权机构也会对来文是否具有一定的法律和事实根据进行审查，以防止滥诉的问题。例如在"J. K. 诉加拿大案"中，加拿大主张申诉无根据而且不

---

〔1〕　Kalonso v. Canada, Communication No. 343/2008, CAT/C/48/D/343/2008, para 8. 3.

〔2〕　参见人权事务委员会议事规则，2019年，CCPR/C/3/Rev 12，第99条。

可受理，对此，禁止酷刑委员会确认来文中包含实质性问题，具有可受理性。[1] 针对缔约国提出的申诉人没有可靠依据证明其在乌干达会受到真实酷刑风险的主张，委员会结合申诉人提出的材料、乌干达国内对于同性恋群体的人权状况以及《反同性恋法案》等规范性文件，认为申诉人关于被遣返将面临酷刑危险的申诉具有一定的根据，不存在受理障碍。

## 第二节　对于引渡案件的实质性审查

在引渡案件中，当国际和区域人权机构完成对于人权来文的形式审查后，会对申诉人提出的权利申诉进行实质审查，从而确定引渡是否构成人权风险，并裁定被请求国是否违反人权公约。在对案件的实质审查中，每个人权机构所适用的标准具有一定的类似性，但各有侧重。一般来讲，人权机构的实质性审查主要包括两个方面，一是对于人权风险发生的真实性和可能性的审查，二是对于免除人权风险的外交保证的审查，以此确定被引渡人是否会因为引渡而面临人权风险并导致被请求国违反人权公约。

### 一、对于真实风险的审查

是否存在真实的人权风险是判断引渡行为合法与否的关键，因此在引渡案件中，国际和区域人权机构对于是否违反人权公约的裁定实质上取决于对于人权风险的评估。对此，早在"索林案"中，欧洲人权法院就提出了在引渡案中，这种人权风险不是主观想象，而是有一定根据的、真实存在的风险，因此这种评估须基于事实的综合判断。

（一）真实风险的内涵及适用

在"索林诉英国案"中，尽管欧洲人权法院首先肯定了引渡行为在打击犯罪、防止犯罪嫌疑人逃避刑事责任方面的积极作用，但是也申

---

〔1〕 J. K. v. Canada, Communication No. 562/2013, CAT/C/56/D/562/2013, para. 9.3.

明"如果引渡行为对被请求人依据公约所享有权利造成不利影响，使其遭受酷刑的真实风险（real risk），法院可以根据公约要求缔约国承担相应的人权义务"。[1] 这表明"缔约国尽管有引渡的义务，也应该承担基于（欧洲人权）公约第3条的禁止酷刑义务，不能无视被引渡人的人权而执意引渡，除非其在请求国能享有公约规定的权利保障"。[2] 由此，欧洲人权法院认为，索林被引渡至美国后所面临的"死牢"待遇，将使其处于切实存在的、不人道待遇的风险之中，因此，欧洲人权法院判定英国的引渡违反《欧洲人权公约》第3条的义务。

此后，真实风险原则成为人权机构审理引渡案时所遵循的根本标准，即如果有充分理由认定个人会因为引渡而在引渡请求国遭受可预见的、切实的、针对个人的真实风险，那么引渡行为则被认为违反国际人权义务。《禁止酷刑公约》第1号一般性意见对于真实风险原则进一步解释为：对酷刑风险的评估不能仅凭借理论或者怀疑，但也不需要达到高度可能性，其必须符合针对个人的和现实存在的两个条件。即风险必须是现实的、可预见的、针对个人的。[3] 依照真实风险原则，申诉者有义务在引渡案中提供充足的事实依据以证明其可能遭受切实的、针对个人的真正酷刑风险，并由被请求国作出相应的解释。实践中，人权机构针对不同人权风险确立了一系列标准，可供具体案件参考并作出裁决。鉴于生命权和公正审判权在国际和区域人权机构中审理的较少，因此下文主要以引渡引发的酷刑风险为例，来解释真实风险的具体要件和标准。

1. 有关刑讯逼供、羁押待遇及歧视等原因导致的真实酷刑风险

作为对于引渡案例进行人权审查的首要标准，真实风险原则在每一个案例中都会作出明确裁判。对此，人权机构通常结合申诉人的身份、经历及其提供的证据、请求国的解释，以及国际组织提供的关于一国人

---

〔1〕　Soering v. the United Kingdom, ECHR, Application No. 14038/88, para 85.

〔2〕　Soering v. the United Kingdom, ECHR, Application No. 14038/88, para 86.

〔3〕　General comment No. 1, Implementation of article 3 of the Convention inhae context of article 22, CAT/C/GC/1（A/53/44 Annex IX）, 16 September 1998, para. 6.

权状况的报告等材料对于申诉人所面临的真实风险作出综合评价后，得出明确的结论。例如在"X 诉俄罗斯案"（X v. Russian）〔1〕中，申诉人 X 是被拘留在俄罗斯的乌兹别克斯坦公民，他的妻子自杀之后，乌兹别克斯坦根据国内法指控申诉人教唆自杀，并请求俄罗斯进行引渡。针对申诉人 X 提出的引渡会导致酷刑风险的来文，委员会回顾了其关于乌兹别克斯坦第三次定期报告的结论性意见，认为该国存在严重的酷刑问题，特别是对持有不同政见者存在系统性的实施酷刑和虐待的问题，而申诉者就属于易受酷刑的、持有不同政见的特殊组织的成员。因此，禁止酷刑委员会认为，有充分理由认定申诉者若被引渡至乌兹别克斯坦将会面临现实性的、可预见的酷刑风险，因此引渡违反公约规定。在"X 诉哈萨克斯坦案"（X v. Kazakhstan）〔2〕中，申诉人声称其在被请求国时曾遭受绑架和酷刑，并向被请求国法院提供了因酷刑导致骨折的事实证据，但并未获得审查。禁止酷刑委员会认为，结合有关国际组织对于俄罗斯人权状况的意见，包括国内存在大规模、经常性施以酷刑的现象以及申诉人提及的情况，有充分证据证明，如果将申诉人引渡至俄罗斯，无疑会使其面临可预见的、现实的、针对个人的酷刑风险。在"托尼·沙欣诉瑞典案"（Tony Chahin v. Sweden）〔3〕中，申诉人曾向瑞典政府提交证据，证明其曾被叙利亚最高国家安全法院认定为恐怖分子，并被判处叛国罪，以及曾经遭受酷刑的事实。对此，委员会结合叙利亚堪忧的人权状况以及申诉人提供的资料认为，有足够理由相信申诉人在拘留和审讯期间会面临遭受酷刑的切实风险，瑞典将申诉人遣返回叙利亚违反《禁止酷刑公约》第 3 条的规定。

但是在申诉人不能提供充分证据的情况下，人权机构则可能不会支持其关于酷刑风险的诉求。在"L. J. R 诉澳大利亚案"〔4〕中，当事人指出澳大利亚将其引渡至美国会使其遭受酷刑风险，并列举了美国国内

---

〔1〕 X v. Russia, Communication No. 542/2013, CAT/C/54/D/542/2013.

〔2〕 X v. Kazakhstan, Communication No. 554/2013, CAT/C/55/D/554/2013.

〔3〕 Tony Chahin v. Sweden, Communication No 310/2007, CAT/C/46/D/310/2007.

〔4〕 L. J. R. v. Australian, Communication No. 316/2007, CAT/C/41/D/316/2007.

存在的若干酷刑问题。但是，委员会指出"申请人的主张只停留在一般情况上，未提供具体证据证明其被加州警察询问时曾遭受过酷刑对待，也没有证据证明其被引渡后在加州监狱的羁押待遇会违反《禁止酷刑公约》的规定。"[1] 在此案中，申请人虽然提出了美国存在严重的酷刑风险，并没有提出充分的证据证明其会遭遇这些可预见的、现实的、针对个人的真实酷刑风险，因此委员会认定澳大利亚没有违反公约义务。

在"梅尔达·穆罕默德·贾姆希迪安诉白俄罗斯案"（Merhdad Mohammad Jamshidian v. Belarus）中，申诉人是伊朗人，自 1993 年开始在白俄罗斯居住，但未取得合法身份。2012 年 4 月申诉人前往伊朗看望生病母亲，8 月返回白俄罗斯，10 月份被舅舅告知其母亲和兄弟死亡，12 月伊朗以谋杀母亲和兄弟的罪名对申诉人发出国际逮捕令。申诉人在请求庇护的理由中提到：其兄弟是伊朗一个政治反对派运动组织的成员；自己被指控的罪名是谋杀，可判处死刑。人权事务委员会注意到，白俄罗斯认为伊朗当局提供了足够资料以证明申诉人犯有谋杀罪，并基于这些理由拒绝了申诉人的庇护和保护申请，作出了引渡决定。对此，委员会认为，尽管有资料显示，伊朗监狱仅在涉及国家安全相关罪行的案件中存在刑讯逼供的问题，但是鉴于伊朗当局对申诉人所参与的革命活动表现出的特殊兴趣，申诉人的案件可能在伊朗被视为与国家安全有关的案件，因此申诉人可能面临遭受针对个人的和现实的酷刑风险。[2]

在"X 诉哈萨克斯坦案"（X v. Kazakhstan）[3] 中，申诉人声称在俄罗斯时与朋友一起被执法机构绑架，其后，朋友被杀害，他个人遭受了酷刑，并逃至哈萨克斯坦投奔叔叔。俄罗斯指控申诉人触犯了刑法并向哈萨克斯坦提交了引渡请求。申诉人被哈萨克斯坦当局拘留后向有关司法部门进行了申诉和上诉，内容主要包括莫须有的罪名指控、被引渡后将会面临极大的酷刑风险等，并提供了其曾在请求国遭受酷刑的伤痕

---

〔1〕　L. J. R. v. Australian, Communication No. 316/2007, CAT/C/41/D/316/2007, para 7. 5.

〔2〕　Merhdad Mohammad Jamshidian v. Belarus, Communication No. 2471/2014, CCPR/C/121/D/2471/2014, para 9. 3.

〔3〕　X v. Kazakhstan, Communication No. 554/2013, CAT/C/55/D/554/2013.

等证据，但该申诉人的三次申诉均被驳回。[1] 针对申诉人向禁止酷刑委员会提起的申诉，哈萨克斯坦称，申诉人提出的可能遭受酷刑的指控没有得到哈萨克斯坦总检察长办公室的证实，而且其在被捕和被拘留时都未提出过相关指控。此外，塔吉克斯坦总检察长办公室曾提供过外交保证，包括保障被请求人获得法律援助和不受酷刑的保障，承诺与俄罗斯联邦当局合作，监测申诉人返回后的情况，并定期向委员会提供最新资料。禁止酷刑委员会认为，尽管委员会相当重视有关缔约国机关对事实的调查结果，但委员会不受这些调查结果的约束，其有权根据《禁止酷刑公约》第22条第4款的规定，针对每一案件的全部情况自由评估事实。[2] 在此案中，委员会注意到，委员会对于俄罗斯国家报告的国别结论性意见[3]印证了申诉人提供的资料，以及俄罗斯存在针对被拘留者实施酷刑和虐待的做法，这充分表明申诉人在被引渡到俄罗斯时存在可预见的、真实的个人遭受酷刑的危险。

此外，在部分案例中，人权机构还会全面考察申诉人在请求国和被请求国的历史和现实表现来判定真实风险的存在。在"S. F 等人诉瑞典案"（S. F and others v. Sweden）[4] 中，欧洲人权法院分别从请求国伊朗的人权状况、申诉人在伊朗期间的政治活动以及申诉人在瑞典期间的政治活动进行了分析。法院认为，伊朗的人权状况堪忧，政府当局经常逮捕并且虐待参与人权运动或者反政府运动的人，参与反对伊朗政权活动的人极有可能面临酷刑风险。虽然申诉人在伊朗国内参与的政治活动级别较低且时间久远，不足以引起伊朗当局的重视，但是，申诉人在瑞

〔1〕 X v. Kazakhstan, Communication No. 554/2013, CAT/C/55/D/554/2013, para 2.3 ~ 2.6. 申诉人声称于2012年10月遭到绑架和酷刑，并提供了文件，证实纳兹兰区检察官办公室于2012年11月对他的失踪和可能被谋杀展开了刑事调查。申诉人在2013年7月1日向西哈萨克斯坦地区法院提出的上诉中明确提到他身上有许多酷刑痕迹，包括骨折，但法院却没有下令审查，以核实这些酷刑指控的真实性。

〔2〕 General comment No. 1, Implementation of article 3 of the Convention in the context of article 22, CAT/C/GC/1（A/53/44 Annex IX），16 September 1998, para. 5.1.

〔3〕 X v. Kazakhstan, Communication No. 554/2013, CAT/C/55/D/554/2013, para 12.6. 参见《对俄罗斯联邦第五次定期报告的结论性意见》，CAT/C/RUS/CO/5，para 13.

〔4〕 S. F and Others v. Sweden, ECHR, Application No. 52077/10.

典仍然不断公开参与政治性活动，电视台和网络上都出现了他们的名字和照片以及他们批判伊朗当局的言论。这些都表明申诉人在反对政府的活动中已经扮演了非常重要的领导角色。此外，伊朗当局设有监控网络上批判政府言论的情报部门，申诉人公开的政治活动无疑加大了被识别和侦查的可能性。基于以上事实，法院认为申诉人已经卷入到真正的政治和人权活动中，这些活动会使他们在伊朗面临真正的酷刑风险。

2. 健康原因导致的真实风险

在实践中，关于因健康状况导致不人道待遇真实风险的判定标准略有差异，其中涉及医疗资源及待遇问题的情况都援用了较高的风险原则。在"阿斯瓦特诉英国案"（Aswat v. the United Kingdom）[1]中，申诉者患有偏执型精神分裂症。英国法院考虑到其心理健康问题及英国精神卫生法中关于羁押条件的规定，因此将其拘留在高度安全的精神病院进行治疗。欧洲人权法院认为申诉者所患的精神疾病非常严重，相关医学证据也表明为了其健康和安全，必须将其从普通监狱转移到戒备森严的精神病院。因此将申诉者引渡至美国是否违反禁止酷刑义务很大程度上取决于他将被羁押的环境和可获得医疗服务的程度。但是，美国并没有公布申诉者在候审阶段的羁押期限以及羁押地的相关信息。此外，"鉴于本案申诉者患有比较严重的精神疾病，根据当前医学上的证据，若将申诉者引渡到一个陌生的国家，羁押在一个与熟悉的环境不同的、可能更具敌意的监狱中，会导致其身心健康严重恶化从而达到（欧洲人权）公约第 3 条规定的不人道待遇的严重程度，因此构成真正的风险。"[2]基于上述考虑，欧洲人权法院认为，如果申请人被引渡回国的话，可能使其面临在心理和精神健康方面无法弥补的风险。

在此后的"巴巴·阿迈德和其他人诉英国案"中，（Case of Babar Ahmad and Others v. the United Kingdon）欧洲人权法院对在医疗案件中"真实风险"的判断标准作出了进一步阐释。该案共有六位申诉人以精神和身体各方面的严重疾病提出中止引渡的申诉，理由是其被引渡至美

---

〔1〕　Aswat v. the United Kingdom，ECHR，Application No. 17299/12.

〔2〕　Aswat v. the United Kingdom，ECHR，Application No. 17299/12，para 57.

国后，将因无法在监狱中获得适当的医疗条件而导致不人道待遇。对此，欧洲人权法院重申缺乏适当的医疗条件可能会导致对《欧洲人权公约》第3条的违反，特别是对于精神病患者来说，必须考虑到他们自身的脆弱性和特有的无力感可能导致其无法提出相关保护要求。对于申诉人的健康状况和羁押期间待遇的相容性，法院提出三个考量因素：囚犯的医疗状况；羁押期间所能提供医疗帮助和护理的充分性；对申请人的健康状况而言，拘留设施是否合适。[1]

上面的案例表明，羁押待遇引发的健康问题可能会导致不人道待遇的风险已经在引渡实践中得到了一定的承认，但是对于在一般情况下，因医疗资源的差别而造成的健康问题是否构成不人道待遇的问题，人权机构却基本持有否定的态度，或者设置了更高的适用门槛。下面的驱逐案例中所确立的对于真实风险的认定规则虽然不能完全适用于引渡案件，但是充分揭示了国际人权机构在面对健康原因导致不人道风险问题上所采用的更加严格的适用立场。在"N. 诉英国案"（N. v. The United Kingdom)[2]中，申诉人患有艾滋病，申诉人指称若被遣返回乌干达，将无法继续获得在英国享有的药物治疗，这将使他的病情恶化。对此，欧洲人权法院指出本案申诉人若被遣返，其身体健康可能会受到影响，但这一事实并不违反《欧洲人权公约》第3条的规定，第3条并没有给缔约国设置义务让他们为无权居住的外来人口提供免费且无限的医疗服务从而弥补不同国家间医疗水平的差异。将患有严重疾病的外来人员驱逐或遣返至医疗基础设施和医疗手段比较落后的国家，只有在极其特殊的情况下，包括严重疾病会导致极度的痛苦、需要专门的医疗服务、个人在遣返后很难获得必要的医疗服务等情况，才可适用《欧洲人权公约》第3条的规定。本案申诉人虽然患有艾滋病，且一旦回到乌干达，其生活质量和寿命会受到影响，但并没有达到遭受严重的疾病折磨的程度，且申诉人在乌干达能够获得一定程度的药物治疗，还有亲戚可以对

---

〔1〕 Case of Babar Ahmad and Others v. the United Kingdoms, ECHR, Application Nos. 24027/07、11949/08、36742/08、66911/09 and 67354/09, para. 215 , 2012.

〔2〕 N. v. the United Kingdom, ECHR, Application No. 26565/05.

其进行照顾，因此不属于极其特殊的情况。基于此，法院认为申诉人无法证明其被遣返回国将面临极其特殊的情形，即严重威胁身体健康的现实风险。因此英国的遣返行为不违反《欧洲人权公约》第 3 条的规定。对此，欧洲人权法院明确，被驱逐或引渡的外国人不能要求任何留在缔约国领土上的权利，包括医疗、社会或其他形式的援助和服务。如果将其从缔约国遣返或驱逐出境会使得申诉人的健康状况恶化或预期寿命减少，这本身并不构成对于《欧洲人权公约》第 3 条的违反，除非是引渡请求国不能提供同种医疗设置，才可能会引发《欧洲人权公约》第 3 条的管辖。[1]

由此看见，尽管在健康原因引发酷刑风险的案例中也同样适用"真实风险"原则的判断标准，但是欧洲人权法院认为应当坚持较高的门槛（the high threshold），只有出于情况非常特殊且迫在眉睫（compelling）的人道主义考虑，才构成真实风险，违反《欧洲人权公约》第 3 条。[2] 如此严格的原因正是源于医疗案件的特殊性，引渡或者遣返后的人权风险并非来自于当局或者国家机构故意的作为或不作为，而是源于申诉人自身的疾病和在引渡请求国缺乏足够的医疗资源。[3]

由上述案件可知，国际、区域人权机构对于"真实风险"的实质性评估，主要结合请求国的人权状况、特别是司法体系内存在的酷刑问题、政府对于申诉人的态度、申诉人曾经遭受虐待的历史和个人的健康情况等来判断引渡是否会导致真正的、现实的人权风险。

（二）国家总体情况与个人情况相结合的审查原则

国家总体情况与个人情况相结合原则是人权机构在审查引渡中的人权风险、特别是酷刑风险时所采取的一种指导原则和方法，该原则强调对于人权风险的评估应考案件的所有具体情形，既包括国内的总体情况，也包括个人的具体情况，从而对于个人的真实风险作出综合判断。人权机构之所以支持采取这一审查原则是因为：在实践中，国家的人权

---

[1] Case of N. v. the United Kingdom, ECHR, Application no. 26565/05, para. 42, 2008.

[2] Case of D. v. the United Kingdom, ECHR, Application no. 30240/96, para. 54, 1997.

[3] Case of N. v. the United Kingdom, ECHR, Application no. 26565/05, para. 44, 2008.

状况不佳并不意味着个人必然会遭受人权风险；同时，个人的风险也会因为国家人权状况改变而受到直接的影响，因此两者是相互联系的，需要全面分析。该原则是禁止酷刑委员会审理引渡案件时明确遵行的一般方法，并在其他人权机构审理案件时也得到了一定的参照和适用。

　　追本溯源，国家总体情况与个人情况相结合原则最初是在"索林诉英国案"中确立的，并由人权事务委员会在随后的"加拿大三案"中进一步确认和适用。在"索林诉英国案"中，欧洲人权法院提出"判断什么情况构成酷刑和其他残忍待遇取决于案件的所有情况，并且还需要考虑公约（此处指《欧洲人权公约》）规定的社会价值与个人基本权利的保护要求之间的平衡"。[1] 在该案中，法院首先分析了美国死牢的羁押环境及囚犯待遇问题，为死牢现象是否构成不人道待遇提供了一个整体的背景性分析，然后又结合索林的个人情况进行了综合性评估。为了更清楚的展现"死囚"的羁押待遇，法院在判决中详细地介绍了相关的情况：美国的死囚牢房通常是 3 米乘 2.2 米大小的房间。夏季，"死囚"每周有 7.5 小时娱乐时间，而冬季在天气允许的情况下，每周约有 6 小时的娱乐时间。这些囚犯每天早上可以在公共区域活动 1 小时，并需要完成相应的工作。"死囚"所获得的医疗服务与普通囚犯相同，部分监狱还为"死囚"提供心理和精神的治疗服务。"死囚"可以周六、周日固定时间在探视室接受非接触式探视，律师会谈不受此限，表现好的囚犯还可以每周两天接受与直系亲属的接触式探视。死刑犯在死刑执行前 15 天被移送至死刑之家，死刑之家就在死刑执行室旁边，当囚犯被关进死刑之家后，会受到 24 小时监控，死刑之家室内没有灯光，只能借助外面的灯光照亮。那些利用上诉程序争取免除死刑的囚犯会被关进死刑之家好几次。[2] 综上，欧洲人权法院结合美国存在的死牢现象，指出"不人道及其他残忍的待遇不仅要考虑肉体经受的苦痛，还要考虑在处罚之前长时间的拖延，这可能会增加被判刑人遭受的心理

---

〔1〕　Soering v. the United Kingdom，ECHR，Application No. 14038/88，para 89.

〔2〕　Soering v. the United Kingdom，ECHR，Application No. 14038/88，para 68.

痛苦，也是一种暴力行为。"〔1〕 考虑到"申诉人将在极端情形的死牢中等待很长一段时间，并遭受等待死刑的持续不断的痛苦，且申诉人的个人情况较为特殊，包括其犯罪时的年龄仅有 18 岁，心理并不成熟，且精神状态也存在一定问题等。并且，本案引渡的合法目的可以通过另一种手段来实现，而该另一手段不会使申诉人遭受此种痛苦。"〔2〕 因此，法院认为，基于索林的特殊情况，其被引渡后关进美国的"死牢"会构成不人道的待遇，因此英国的引渡行为违反禁止酷刑的义务。由此案可知，对于死牢现象是否构成残忍的不人道待遇并没有统一的判定标准，需要结合案件整体情形和个人的具体情况予以分析。

实践中，国际和区域人权机构对于一国人权状况，或者在具体领域中的人权问题的整体评估和分析，为确认引渡中的人权风险提供了一个背景性的、不可忽视的影响因素；而个人的情况则是判定其是否面临真实人权风险的决定性因素。

1. 关于请求国国内人权状况的审查

在国际和区域人权机构审理的引渡案件中，国家人权状况是首要的也是重要的审查内容。其中，《禁止酷刑公约》第 1 号一般性意见还专门对此进行了规定：人权机构需要查明是否有证据表明所涉国家存在严重、公然或大规模侵犯人权情形，并需要关注该国国内的情势以及人权状况的变化。其中"一贯严重、公然或大规模侵犯人权情况"，主要是指由公职人员或以官方身份行事的人施行或煽动或认可或默许的、长期的、严重侵犯人权的情形。为了确证这一情况的存在，人权机构不仅要审查涉案双方提交的证据材料，还要审查国际和区域人权机构、国际组织关于该国人权情况的相关报告，从而尽可能全面客观地判断所涉国家整体的国内人权状况。

在许多案件中，请求国国内人权状况不佳的情况往往会导致人权机构认定引渡会导致酷刑风险，并裁判被请求国违反人权公约的结论。例如，在"阿勒斯诉西班牙案"中，人权事务委员会指出被请求国在审

---

〔1〕 Soering v. the United Kingdom, ECHR, Application No. 14038/88, para 100.

〔2〕 Soering v. the United Kingdom, ECHR, Application No. 14038/88, para 111.

查酷刑风险时"必须考虑所有相关事实和情况，包括申诉人被驱逐或引渡的目的地国家的总体人权情况。"[1] 在该案中，引渡请求国摩洛哥国内实施刑讯逼供情况泛滥，狱警虐待问题严重，国内人权状况不佳。鉴于被引渡者是恐怖活动的犯罪嫌疑人，其个人情况使其更容易遭受酷刑，因此委员会认为西班牙的引渡行为违反禁止酷刑义务。在"瓦列托夫诉哈萨克斯坦案"（Valetov v. Kazakhstan）中，人权事务委员会同样强调了"哈萨克斯坦在评估被引渡者是否会遭受不可挽回的现实酷刑风险时，必须将所有相关因素纳入考虑范畴，包括吉尔吉斯斯坦国内的人权现状。"在该案中，委员会认为，吉尔吉斯斯坦的司法秩序混乱，强制措施缺乏证据支持，对被拘留者施加酷刑的情况屡见不鲜，国内人权状况不佳。考虑到申诉人曾在吉尔吉斯斯坦进行过越狱并犯有其他罪行的个人情况，其更容易遭受酷刑。因此哈萨克斯坦的引渡行为违反禁止酷刑义务。[2] 此外，在"佐希多夫诉俄罗斯案"[3] 中，关于申诉人是否在引渡后面临酷刑风险的问题，欧洲人权法院也首先考量了请求引渡国乌兹别克斯坦国内的人权状况，并注意到 2002 年至 2007 年期间，乌兹别克斯坦国内的人权状况堪忧。法院过往的判例以及其他国际组织报告显示，乌兹别克斯坦对关押人员进行了系统性的虐待和酷刑。且从 2007 年以后，乌兹别克斯坦的人权状况并没有任何改善。基于此，法院认定虐待关押人员是乌兹别克斯坦存在的一个很重大的问题。[4] 在审查被引渡者的个人情况后，法院认定俄罗斯的引渡行为违反禁止酷刑义务。

在"梅尔达·穆罕默德·贾姆希迪安诉白俄罗斯案"（Mrhdad Mohammad Jamshidian v. Belarus）中，人权事务委员会注意到，在伊朗人权状况特别报告员提交的 2017 年报告中提到律师缺乏独立性的问题，

---

〔1〕 Aarrass v. Spain, Communication No. 2008/2010, CCPR/C/111/D/2008/2010, para 10.3.

〔2〕 Valetov v. Kazakhstan, Communication No. 2104/2011, CCPR/C/110/D/2104/2011, para 14.5.

〔3〕 Zokhidov v. Russia, ECHR, Application No. 67286/10.

〔4〕 Zokhidov v. Russia, ECHR, Application No. 67286/10, para 134~135.

特别是在死刑案件中尤为严重。鉴于有资料对该国刑事案件被告可获得的法律辩护的独立性和有效性以及在死刑案件中可能使用酷刑的情况提出严重怀疑，委员会认为申诉人被引渡回伊朗后将面临被任意处决和酷刑的真实风险。[1]

在前述"X诉哈萨克斯坦（X v. Kazakhstan）案"中，对于哈萨克斯坦无视申诉人曾在请求国俄罗斯遭受过酷刑的情况并坚持引渡的问题，欧洲人权法院回顾了其关于俄罗斯第五次定期报告的国别结论性意见，该意见对于俄罗斯国内持续的对于被拘留者实施酷刑和虐待的情况表示关切——北高加索地区公职人员或其他以官方身份行事的人所犯下或在其唆使、同意或默许下的严重侵犯人权行为，包括酷刑和虐待、绑架、强迫失踪和法外处决等。因此，委员会认为，鉴于本案中俄罗斯北高加索地区存在严重、公然或大规模侵犯人权等情况，申述人在被引渡后面临酷刑或其他残忍、不人道或有辱人格待遇的重大危险可以被充分确定。[2]

国内人权状况和个人情况相结合的原则同样在遣返案中得以适用，在"西尔维·巴卡图-比亚诉瑞典案"（Sylvie Bakatu-Bia v. Sweden）[3]中，申诉人主张刚果存在严重的大规模侵犯人权现象，且其个人曾经遭受过强奸和虐待，这些情况都使其更容易遭受酷刑。委员会根据联合国专家对刚果国内人权形势的评估，认定刚果国内各地存在武装部队、叛乱团体和平民对妇女的暴力侵害和强奸情况。性暴力是该地区令人严重关切的事项。委员会认为"基于刚果国内的不稳定形势，该国暂时不存在能保证申诉人安全的地区。"[4]结合其他考虑因素，委员会认定瑞典的遣返行为违反《禁止酷刑公约》规定。

由上述案例可知，国家人权状况是判断被请求引渡人是否会在请求

---

〔1〕　Merhdad Mohammad Jamshidian v. Belarus, Communication No. 2471/2014, CCPR/C/121/D/2471/2014, para 9. 4.

〔2〕　X v. Kazakhstan, Communication No. 554/2013, CAT/C/55/D/554/2013, para 12. 6.

〔3〕　Sylvie Bakatu-Bia v. Sweden, Communication No 379/2009, CAT/C/46/D/379/2009.

〔4〕　Sylvie Bakatu-Bia v. Sweden, Communication No 379/2009, CAT/C/46/D/379/2009, para 10. 7.

国遭受酷刑的一个重要因素。虽然国家法治良好、积极履行保障人权的义务，并不能绝对排除被请求引渡者遭受酷刑的可能性，但是在国家人权状况较差，法律保障严重不足的情况下，被请求者确定极有可能在引渡后面对酷刑之灾。因此，国际和区域人权机构在引渡案件中，对于人权风险的评估首先要审查请求国国内整体的人权状况，并在此基础上再结合个人的情况作出裁定。

2. 被请求引渡者的个人情况

尽管在审查涉及酷刑的引渡案件时，国际和区域人权机构都会重申审查被请求国人权状况的重要性，但同时也会强调国家人权状况并不是决定被引渡者是否会遭受酷刑风险的唯一因素。委员会指出"国家在审查酷刑问题时，必须考虑所有相关因素，包括请求引渡国国内是否存在大量的实施酷刑的行为，以及大规模侵犯人权的现象。但是审查国内人权状况的目的在于确认个人是否会处于酷刑风险中，一国国内存在大规模侵犯人权的现象既不能充分证明、也不能完全否定需要考虑特定个人的其他情况。"[1]

因此，在引渡案例中，人权机构在对请求国的人权状况进行审查的基础上，还要针对被请求人的个人情况进行评估以最终确定是否存在可预见的、切实的、针对个人的酷刑的危险。对此，《禁止酷刑公约》第1号一般性意见具体规定了如下几个方面的审查：被引渡者在引渡请求国是否曾经遭受过国家公职人员实施的酷刑、是否有医疗证据能够证明被引渡者遭受过酷刑、被引渡者是否属于政治犯或者是容易遭受酷刑的群体的一员等。[2] 其他国际和区域人权机构都未对该内容予以规定，但在引渡实践中也适用了与之类似的审查标准。

如上所述，欧洲人权法院早在"索林诉英国案"就已经充分申明个人情况是确定美国的死牢现象是否构成不人道待遇的决定性因素。在随

---

〔1〕 禁止酷刑委员会若干涉及酷刑的引渡案件中都提及该内容，包括：L. J. R. 诉澳大利亚案、X 诉俄罗斯案、X 诉哈萨克斯坦案等。

〔2〕 General comment No. 1, Implementation of article 3 of the Convention in the context of article 22, CAT/C/GC/1（A/53/44 Annex IX），16 September 1998, para. 8.

后的"加拿大三案"中，人权事务委员会依照"索林案"所考察的角度，包括羁押期限、羁押条件、健康状况、个人年龄及精神状况等，结合每个案件中申诉人的情况进行了逐一分析，认为上述三案中申诉人的个体情况与索林的情况存在极大差异，如他们都是健康的成年人等，因此，作出了这三案中"死牢现象"不构成酷刑风险的裁判。

在此后国际和区域人权机构对于引渡案件的审查中，个人情况的审查始终发挥着非常重要的作用。在很多案例中，尽管人权机构发现请求国的人权状况非常不好，如存在大量的刑讯逼供等问题，但是经过对个人情况的审查，并没有认定引渡行为会导致被引渡者面临酷刑风险。例如在"L. J. R. 诉澳大利亚案"（L. J. R. v. Australian）[1] 中，申诉者指出澳大利亚将其引渡至美国会使其遭受酷刑风险。禁止酷刑委员会通过有关报告了解到：在美国，执法官的确存在过度、滥用武力的情形以及大量针对弱势群体和少数者的虐待行为，对此，申诉人提供了相关证据，但委员会也指出美国整体的酷刑问题不能作为其被引渡后将面临可预见的、现实的、针对个人的酷刑风险的必要理由，当事人还需要提供更加具体的个人情况予以证明。在"Y. G. 诉瑞士案"（Y. G. v. Switzerland）[2]，禁止酷刑委员会注意到伊朗人权状况特别报告员的报告中，非伊斯兰教派的成员经常受到攻击和粗暴的对待，并面临被任意逮捕、骚扰和拘留的风险，且经常会被指控犯有危害国家或传播反国家言论等涉及国家安全罪行等情况。但是，委员会强调无法仅凭请求国存在侵犯人权现象这一因素本身，就得出申诉人本人会面临酷刑风险的结论。结合本案情形，委员会认为，申诉人没有提供证据证明他改变信仰和他的政治活动已经引起伊朗当局的注意，也不能表明他如果返回伊朗将面临遭受酷刑的危险。

在"X 诉哈萨克斯坦案"（X v. Kazakhstan）中，在评估将申诉人引渡到俄罗斯联邦是否违反缔约国根据《欧洲人权公约》第 3 条承担的禁止酷刑义务时，委员会认为必须考虑到所有相关情况，包括是否存

---

[1]　L. J. R. v. Australian，Communication No. 316/2007，CAT/C/41/D/316/2007.

[2]　Y. G. v. Switzerland，Communication No 662/2015，CAT/C/65/D/822/2017.

在一贯严重、公然或大规模侵犯人权的情况。委员会重申，一国存在侵犯人权行为本身并不构成被引渡人返回该国后可能遭受酷刑的充分理由，申诉人还必须提出其他理由，以表明其将处于针对其个人的危险之中。同样，不存在一贯公然侵犯人权的情况并不意味着一个人在其特定情况下不会受到酷刑。[1] 委员会的这一观点再一次印证了个人的、切实的风险才是评估引渡中的人权风险的根本要件，而国家状况则是重要的佐证。

在另外一些案件中，人权机构通过对于个人情况的审查，进一步确认了申诉人可能遭受现实的、针对个人的酷刑风险。例如，在"宝利诉加拿大案"（Boily v. Canada）[2] 中，禁止酷刑委员会着重审查了申诉人是否曾经遭受过酷刑的个人情况，并认定了酷刑风险的存在。申诉人声称其 1998 年在墨西哥被捕时曾遭受酷刑并在监狱医务室遭到过酷刑威胁，对此他提供了医学报告，证实他患有创伤后压力等心理障碍，他还提供了加拿大警方实施的测谎检查，结果都表明他提出的酷刑指控是可信的。申诉人声称他将被送回的监狱正是其曾出逃的监狱，因此，他若被引渡回国将面临很大的酷刑风险。在本案中，委员会认可了申诉人的指控，认为加拿大在作出引渡决定前并没有考虑到申诉人面临酷刑风险的所有情况。其中包括如下事实："申诉人将被送回他多年前曾逃出的监狱，当年他越狱时造成一名狱警死亡，且狱警的死亡也是请求国提起引渡的理由之一。"[3] 以上情况无疑加大了申诉人遭受酷刑风险的可能性。又如，在"阿勒斯诉西班牙案"中，申诉者因为参与恐怖主义犯罪而被要求引渡回墨西哥。人权事务委员会在审查后指出申诉者的个人情况较为特殊，是恐怖主义犯罪嫌疑人。"申诉者向国家高等法院提交的证据材料表明，在摩洛哥，许多与申诉者的案件相关的、因恐怖主义犯罪而获刑的人员都遭到了隔离监禁及毒打等酷刑和虐待。"[4] 调查

---

〔1〕 X v. Kazakhstan, Communication No. 554/2013, CAT/C/55/D/554/2013, para 12.3.

〔2〕 Boily v. Canada, Communication No. 327/2007, CAT/C/47/D/327/2007.

〔3〕 Boily v. Canada, Communication No. 327/2007, CAT/C/47/D/327/2007, para 14.5.

〔4〕 Aarrass v. Spain, Communication No. 2008/2010, CCPR/C/111/D/2008/2010, para 10.4.

显示，在摩洛哥，恐怖主义罪犯遭受酷刑的概率较高。因此，委员会认为西班牙未对请求人的个人情况进行妥善评估而进行引渡的行为违反《公民权利和政治权利国际公约》第7条的内容。再如，在"梅尔达·穆罕默德·贾姆希迪安诉白俄罗斯案"中，申诉人于2002年皈依基督教，这在伊朗是一项死罪，而且其兄弟是伊朗一个政治反对派运动的成员，委员会注意到"缔约国国内主管部门没有考虑到伊朗当局对申诉人兄弟参与革命活动表现出的兴趣，而且申诉人的案件可能在伊朗被视为与国家安全有关的案件，因此申诉人可能面临遭受酷刑的风险"。[1] 在处理本案时，委员会除了考虑提交人被指控的罪名可能带来的酷刑外，还考虑了提交人及其亲属在伊朗的特殊地位可能导致的酷刑风险。同样在"阿勒斯诉西班牙案"中，人权事务委员会注意到，申诉人的被引渡请求与摩洛哥国内的恐怖主义犯罪案件——"Belliraj 案"有关，依据的是摩洛哥《刑法典》和关于打击恐怖主义的第03/03号法案。在引渡过程中，西班牙国家高等法院注意到，有资料提到摩洛哥使用酷刑逼供的情况和狱警及安全部队的虐待行为，但法院驳回了申诉人关于酷刑风险的申诉，认为申诉人所指的侵犯行为不能被视为一贯和普遍行为。但委员会指出，申诉人向国家高等法院提交的可靠报告和公开的资料表明，在摩洛哥，许多因参与恐怖主义活动而获刑的人员，特别是 Belliraj 案的涉案人员都遭到了隔离监禁及毒打和酷刑。考虑到申诉人涉嫌恐怖主义犯罪的个人情况，委员会认为西班牙未能妥善评估申诉人面临的酷刑和严重虐待风险，因此如将其引渡到摩洛哥会违反《公民权利和政治权利国际公约》第7条。[2]

在部分案件中，人权机构认可了个人具有部分组织的成员身份就意味着个人存在酷刑风险的标准。例如，在"佐希多夫诉俄罗斯案"中，欧洲人权法院审查了申诉者的个人情况，确定了其作为恐怖组织 HT 成员的事实。法院指出，通过审查申诉人被指控的罪行、他们在乌兹别克

〔1〕 Merhdad Mohammad Jamshidian v. Belarus, Conmunication No. 2471/2014, CCPR/C/121/D/2471/2014, para. 9. 3.

〔2〕 Aarrass v. Spain, Communication No. 2008/2010. CCPR/C/111/D/2008/2010, para. 10. 4.

斯坦的 HT 成员身份，以及涵盖 2009 年至 2011 年国内情况的材料，有确切证据表明，墨西哥的确存在针对加入或支持 HT 组织的人进行迫害以及刑讯逼供的问题。因此，将他们引渡至乌兹别克斯坦将违反《欧洲人权公约》第 3 条。[1] 在审理该案的过程中，欧洲人权法院忆及过去的判例，即 "萨迪诉意大利案"[2] 所确立的规则，指出 "如果某一群体经常处于被实施酷刑的处境，《欧洲人权公约》第 3 条对该群体成员的保护便生效。只要该成员能证实其属于该群体，以及独立的国际人权保护组织或非政府组织近期的报告能确认该群体确实处于此种境地之中，则在此种情况下，法庭也不再要求该群体的成员证明其个人情况。"[3] 法院认为，此项推理规则同样适用于本案，申诉者被乌兹别克当局指控属于 HT 组织的成员，而可靠的信息证实，当局对 HT 的成员实施了持续性的酷刑和虐待。将申诉人引渡回国，极有可能将其置于违反《欧洲人权公约》第 3 条待遇之中。

相较而言，在遣返案中，人权机构则认为，申诉人过去曾在请求引渡国遭受过酷刑并不必然导致其将再次面临酷刑风险。在 "西瓦格纳拉特南诉丹麦案"（Sivagnanaratnam v. Denmark）[4] 中，申诉人宣称其在斯里兰卡曾经遭受过酷刑，若被遣返回斯里兰卡，则很可能再次遭受酷刑待遇。但是委员会指出："即使认定申诉人过去曾经遭受过酷刑，但目前最重要的是确定她如今被遣返回斯里兰卡是否会面临酷刑，而过去遭受酷刑的经历并不能得出她未来也会面临酷刑风险的结论。"[5] 委员会在审查了所有资料后认为，申诉人提交的证据不足以证明斯里兰卡当局对她过去帮助猛虎组织等活动十分关注，也不能证明她的个人情况会使其再次遭受酷刑风险。因此认定丹麦的遣返行为不违反公约规定。相

---

〔1〕 Zokhidov v. Russia, ECHR, Application No. 67286/10, para 137.

〔2〕 Saadi v. Italy, ECHR, Application No. 37201/06.

〔3〕 Zokhidov v. Russia, ECHR, Application No. 67286/10, para 138.

〔4〕 Sivagnanaratnam v. Denmark, Communication No. 429/2010, CAT/C/51/D/429/2010.

〔5〕 Sivagnanaratnam v. Denmark, Communication No. 429/2010, CAT/C/51/D/429/2010, para 10.5.

类似的，在"X诉丹麦案"（X v. Denmark）[1] 中，对于申诉者提出的过去曾经在埃塞俄比亚遭受过酷刑，因此被遣返后会有酷刑风险的主张，委员也重申了以往的观点，"即便认定申诉人以往曾在缔约国遭受过酷刑，但这并不自动表明，在所提及的政治事件过去7年后，申诉人若被遣送回埃塞俄比亚仍将面临酷刑风险。而以往曾遭虐待只是考虑因素之一，目前申诉人被遣送回埃塞俄比亚后是否面临酷刑风险才是考虑的重点。"[2]

这些遣返案例，虽然不是典型的引渡案例，但是被遣返人在请求国内曾经的经历与引渡案中的被请求人的经历类似，不同的是前者被遣返回国后不再面临明确的追诉或者执行刑罚的额外风险。它突破了引渡案中，人权机构对于恐怖分子及其酷刑经历构成个人风险的认定，体现出了不同的思考和实践。

由上述案例可知，被请求引渡者的个人情况是判断其是否会因为引渡行为遭受酷刑风险的重要依据。人权机构需要在了解请求国内人权状况的基础上，全面审查引渡者的个人情况，包括其是否曾在请求国遭受过酷刑、是否存在可以证明的医疗记录、是否因为属于特殊团体或参与恐怖活主义犯罪而易遭受酷刑，以此准确判断引渡者是否会在请求国国内环境下因为个人特殊因素而遭受酷刑风险。

（三）真实风险证明的证据标准和证据内容

将引渡案件和其他人权案件相比较，人权机构在裁判缔约国是否违反公约方面存在的最大区别在于，前者是对于未来发生侵犯人权行为可能性的审查，后者是对于已经发生的事件进行审查。[3] 因此，在引渡案中的证据原则主要结合风险证明的特点、国家的引渡利益以及被请求人的人权等多项因素来确定证据标准。

首先，在证据的严格程度方面。在"索林案"中，欧洲人权法院

---

〔1〕　X v. Denmark, Communication No. 458/2011. CAT/C/53/D/458/2011.

〔2〕　X v. Denmark, Communication No. 458/2011. CAT/C/53/D/458/2011, para 9.5.

〔3〕　Hemme Battjes, "In Search of a Fair Balance: The Absolute Character of the Prohibition of Refoulement under Article 3 ECHR Reassessed", *Leiden Journal of the International Law*, Vol. 4, No. 1, 2009.

曾就这一点进行阐述，认为尽管根据国际法通行原则或者公约的要求，不应该裁定发生在引渡请求国（非《欧洲人权公约》缔约国）国内的责任，但是鉴于被引渡人可能遭受痛苦的严重性，有必要偏离这一原则。[1] 在以往裁定违反《欧洲人权公约》第 3 条的案件中，欧洲人权法院需要通过"排除合理怀疑"的证明标准来确认实际发生了违背公约的行为，例如在"鲁斯塔莫夫案"（Case of Rustamov v. Russia）中，法院认为，尽管在此案中并不要求申诉人提供"无可辩驳的"有关存在虐待风险的证据，但是申诉人的指控是其个人偏见而不是客观陈述，具有"推定性质"，因此拒绝认可申诉人关于虐待风险的主张。[2] 但是自"索林案"确立了在引渡案中对于人权风险审查的规则后，"排除合理怀疑"的举证责任逐步受到质疑和挑战，并引发了一系列反思。例如，在"埃尔哈斯基诉比利时案"（El Haski v. Belguim）中，比利时政府认为申诉人的举证应当是超越合理怀疑的（beyond reasonable doubt），欧洲人权法院则提出了三个理由进行驳斥：首先，引渡案件的国内程序不是刑事诉讼程序，申诉人提出合理的证据就能够获得采信，这一原则同样适用于欧洲人权法院；其次，比利时政府提出的加拿大和美国的判例法不能为欧洲人权法院审查人权案件的证据提供任何依据；最后，法院认为应当考虑证明酷刑指控的特殊困难，酷刑通常是由经验丰富的审讯人员秘密进行的，可能不会在受害者身上留下明显的伤痕，因此很难在司法系统的医务人员检查下被发现，这种高度证明责任对于受害者来说是不公平的。[3] 欧洲人权法院的上述观点表明，在引渡案件中，申诉人无法提交充分证据来证明还未发生的事情，"排除合理怀疑"的证明标准对于申诉人来说是不公平的，使得《欧洲人权公约》第 3 条的保护停留在理论层面，但是与此同时，对于被请求人进行无条件的保护使其规避引渡同样也是不可行的，与已然构建的国际法秩序明显背道而

---

[1] Case of Soering v. the United Kingdom, ECHR, Application no. 14038/88, para. 90~91, 1989.

[2] Case of Rustamov v. Russia, ECHR, Application no. 11209/10, para. 117, 2012.

[3] Case of El Haski v. Belguim, ECHR, Application no. 649/08, para. 86.

驰，因此需要在过高和过低的证明标准之间找到平衡点。[1]

其次，在证明的内容及标准方面。对于"索林案"所确立的"真实风险"原则人权机构在每个案件中都需要对于事实依据进行判定，对于申诉人提供的各种证据在多大程度上被采信，体现着人权机构对于引渡案中相关证据规则的思考和发展趋势。在"索林案"中，欧洲人权法院实际上为构成酷刑和不人道待遇"真实风险"的侵害行为设定了一定的"严重程度"，即只有证明酷刑和不人道待遇达到了一定严重程度，才能被认为违反公约。但是后面的案例不再要求有关虐待行为达到某种严重程度，从而降低了禁止酷刑义务的适用门槛，也减轻了"真实风险"的证明难度。对此，有学者认为，即便是很轻微的虐待行为也足以援引《欧洲人权公约》第3条，其理由在于如果忽略了轻微的酷刑和不人道或有辱人格待遇，那么就会有很多人遭受此类虐待。[2] 鉴于免受酷刑权的绝对性，这是合乎逻辑的结论。

在此后的案件中，申诉人对于"真实风险"的证明责任从虐待行为的"严重性"转移到了虐待风险发生的"可能性"上，由此改变了证明的内容。但是对于这种"可能性"的证明标准却经历了一个发展过程才得以确立，其中人权机构所遵行的证据标准也有波动和变化的情况。例如，在"维尔瓦拉吉和其他人诉英国案"（Case of Vilvarajah and Others v. the United Kingdom）中，申诉人认为身为泰米尔族人，其被遣返回斯里兰卡后会因其种族身份而存在遭受虐待的可能性，但是在对于斯里兰卡的局势和泰米尔族人的相关材料进行审议之后，法院认为这种可能性并没有达到真实风险的程度。[3] 此后，在"萨迪案"中，英国政府认为申诉人应当证明遭受虐待的风险达到"很有可能"（more likely than not），才能构成真实风险。法院驳斥了这一观点，但是回避了何

---

〔1〕 Enni Lehto, "Applicability of Article 3 of the European Convention on Human Rights at the Borders of Europe", *Helsinki Law Review*, Vol. 12, No. 1, 2018.

〔2〕 Ralf Alleweldt, "Protection Against Expulsion Under Article 3 of the European Convention on Human Rights", *European Journal of International Law*, Vol. 4, No. 1, 1993, pages 366~369.

〔3〕 Case of Vilvarajah and Others v. the United Kingdom, ECHR, Application no. 13163/87; 13164/87; 13165/87; 13447/87; 13448/87, para. 111~114, 1991.

种可能性能够构成真实风险这一关键问题。对此，在"阿兹莫夫案"（Case of Azimov v. Russia）中，虽然法院重申不要求申诉人提供在引渡请求国存在遭受酷刑风险"无可辩驳"（indisputable）的证据，[1] 但是真实风险的判断标准被设定为"极有可能"（a high likehood）。这对于证明可能遭受的酷刑风险无疑是非常高的证明标准，与《欧洲人权公约》第 3 条免受酷刑权利的绝对性是相冲突的，使得该项人权在引渡案件中的保护范围变得非常狭窄，与公约的精神和宗旨可以说是背道而驰的。对此，在"尤斯里·基蒂蒂诉摩洛哥案"（Yousri Ktiti v. Morocco）中，禁止酷刑委员会回顾其关于为实施《禁止酷刑公约》第 3 条的第 1号一般性意见并指出，委员会有义务评估是否有充分理由认为申诉人如被驱逐、遣返或引渡就可能有遭受酷刑的危险，在评估遭受酷刑的危险时，绝不能仅仅依据理论或怀疑。尽管这一风险不必证明其有高度的可能性，但必须是可预见的、真实的和针对个人的，而且是当前存在的风险，这一点委员会已在以前的决定中明确并反复重申。[2] 在嗣后的"X 诉哈萨克斯坦案"（X v. Kazakhstan）中，禁止酷刑委员会再次回顾了第 1 号一般性意见，并确定申述人对于酷刑风险的证明不必满足"极有可能"的标准，但它必须是个人的和真实存在的。[3]

综上，随着国际社会对于免受酷刑权利绝对性的承认，"索林案"提出的对于真实风险的证明责任从证明虐待行为需要到达"最低严重程度"转变为只需证明酷刑发生的"可能性"；从证明酷刑风险"极有可能"发生，转变为需要证明酷刑风险"很有可能"发生。这一系列证据规则的变化无不表明了国际社会对于免受酷刑权利绝对性的认可，以及对于被请求人享有该项权利的保障力度的提升。

最后，在举证规则方面。根据"谁主张谁举证"的一般司法原则，

---

〔1〕 Case of Azimov v. Russia, ECHR, Application no. 67474/11, para. 128, 2013.

〔2〕 Yousri Ktiti v. Morocco, Communication No. 419/2010, CAT/C/46/D/419/2010, para 8. 4.

〔3〕 X v. Kazakhstan, Communication No. 554/2013, CAT/C/55/D/554/2013, para 12. 4.

对于遭受"真实风险"的举证责任理应由申诉人承担。[1] 这一举证原则在法院的裁判中也得到印证,"原则上申诉人应当提供存在实质性理由(substantial grounds)的证据证明,以证明其在被引渡或驱逐之后,将面临违反公约(此处指《欧洲人权公约》)第 3 条的真实风险。"[2] 当申诉人完成举证后,应当由被诉国(被请求国)举证证明不存在真实风险的情况。例如在"希拉尔诉英国案"(Hilal v. the United Kingdom)中,申诉人在出示医疗报告和牛津大学的专家证言之后,尽管英国怀疑其证据的真实性,却无法提供任何相反的证据,因此法院采纳了申诉人提出的观点。[3]

在"奥斯曼(阿布卡塔达)诉英国案"中,申诉人认为真实风险应当采取举证责任倒置,依照英国的法律先由检方提供不存在真实风险的证据,况且引渡请求国约旦缺乏最基本的防止酷刑和虐待的保护措施,例如提供讯问记录、与律师或医生的联系机会等,这使得申诉人几乎无法举证。[4] 法院接纳了申诉人的部分观点,没有为申诉人设置过高的证明标准,并采纳了申诉人提交的关于约旦存在酷刑先例的部分证据。

这些案件对于举证责任的质疑引起了欧洲人权法院的思考,也为法院在"J. K. 等人诉瑞典案"(Case of J. K. and Others v. Sweden)中重新分配举证责任打下了基础。法院承认,原则上应由申诉人举证证明遭受酷刑的真实风险,这也符合法院先前的判例,但是考虑到申诉人在引渡请求国收集证据的困难,在评估引渡请求国的综合情况时,应当由被请求国有关部门提供相关证据。[5] 法院的这一观点从某种程度上完成了申诉人试图提出的举证责任倒置的要求。同时在本案中,法院还减轻了

---

〔1〕　Kathryn Greenman, A Castle Built on Sand? Article 3 ECHR and the Source of Risk in Non-Refoulement Obligations in International Law, in International Journal of Refugee Law, Vol. 10, No. 2, 2015.

〔2〕　Case of Saadi v. Italy, ECHR, Application no. 37201/06, para. 129, 2008.

〔3〕　Case of Hilal v. the United Kingdom, ECHR, Application no. 45276/99, para. 63, 2001.

〔4〕　Case of Othman (Abu Qatada) v. the United Kingdom, ECHR, Application no. 8139/09, para. 254.

〔5〕　Case of J. K. and Others v. Sweden, ECHR, Application no. 59166/12, para. 96-98.

申诉人的举证责任，只要申诉人有足够的证据证明过去曾经受到过酷刑，那么就可以认定其再次受到酷刑的可能性非常高，这一证明可以成为判断真实风险的重要依据，由此举证责任转移到了"被诉国"，由其证明这种风险不存在。[1] 值得注意的是，本案中法官采纳了联合国难民事务高级专员办事处提供的材料来重新分配举证责任，并与欧洲人权法院先前的判例进行了对比解释，这充分体现了法院保障诉讼中的程序正义的努力，其通过使申诉人和被请求国的举证责任与其所拥有的司法资源相对称，来落实公约对于个人权利的保护。[2]

实践中，国际和区域人权机构对于真实风险原则的证明责任或者审查标准不断地反思，试图对被请求国与申诉人之间的权利义务进行较为公平的分配，尽管对于证明责任的改变并不是一蹴而就的，但是其逐步强化免受酷刑权利保障的趋势是非常明确的。

## 二、对于外交保证的审查

引渡外交保证是指请求国对于被请求国提出的拒绝引渡的人权问题，作出确保被请求引渡者不会遭受人权风险的保证，例如免于死刑、酷刑、不公正审判等侵害的保证，以促动被请求国准许引渡。例如，联合国《引渡示范条约》中明确规定了请求国若作出充分保证不施行死刑，则可以引渡，体现了对于死刑不引渡义务的保证要求。随着国际人权法的发展和人权保障的不断完善，外交保证的适用越来越广泛，保证内容也从最初的禁止死刑，扩展到了更多方面。但是实践中，仅仅提供外交保证并不能确保引渡的顺利实施，这些保证还需要被请求国乃至有关人权机构分别在国内和国际层面进行审查，在确保其具有效力的情况下才予以接受。因此在引渡案件中，面对申诉人关于人权风险的申诉，人权机构不仅要审查是否存在国家实施人权侵害的可能性，还要审查请求国提交的避免人权风险的外交保证是否真实有效，以判断能否解除被请求国行为的违法性。

---

〔1〕 Case of J. K. and Others v. Sweden, ECHR, Application no. 5/0912, para. 102.

〔2〕 Enni Lehto, "Applicability of Article 3 of the European Convention on Human Rights at the Borders of Europe", *Helsinki Law Review*, Vol. 12, No. 1, 2018.

以禁止酷刑方面的外交保证为例，国际和区域层面逐步形成了一系列审查原则，并体现了从整体性的审查向个案分析标准的重大转变。[1]例如在"奥斯曼（阿布卡塔达）诉英国案"之前，欧洲人权法院采取整体性审查原则，对于国内人权状况不佳或存在大规模侵犯人权情形的国家提出的不施行酷刑的保证，欧洲人权法院不予认可。也就是说，一旦欧洲人权法院认定请求国存在大规模侵犯人权的制度和实践，该国提交的外交保证一律是无效的，并不审查个案的情况。例如在"伊斯莫伊洛夫诉俄罗斯案"（Ismoilov v. Russia）[2]中，乌兹别克斯坦针对伊斯莫伊洛夫等提出的酷刑问题，向俄罗斯提出了不对申诉人施行酷刑的保证。但是欧洲人权法院在审查乌兹别克斯坦的人权状况后，认为该国存在固有的、持续性的酷刑问题，在此情况下，当局提供的不施行酷刑的外交保证无法确保申诉者个人不遭受酷刑风险。欧洲人权法院实质上确立了一个非常严格的审查外交保证的原则，即直接从国家制度和国情层面而不是保证本身来判断国家保证的效力。在此标准下，欧洲人权法院在若干案例中对于请求国所提出的不施行酷刑的保证一律不认可，客观上限制了引渡行为的进行。

但是在2012年，欧洲人权法院审理"奥斯曼（阿布卡塔达）诉英国案"时，推翻了以往所贯彻的制度性整体审查标准，转而采用个案分析标准。[3]在该案中，英国与约旦之间就引渡问题签署过谅解备忘录协议（The agreement of a memorandum of understanding），约旦也就此案的引渡请求作出了不施行酷刑并提供符合国际标准的待遇的保证。欧洲人权法院在审查本案情形后，认定约旦国家存在严重的酷刑问题，奥斯曼本人被引渡后极有可能遭受酷刑风险。但是法院在详细审查两国之间的外交协议后，认为"英国和约旦政府已经作出切实努力，提供了透明和详细的保证，以确保被引渡者返回约旦后不会受到酷刑。"[4]因此认

---

〔1〕郝鲁怡："引渡中的人权问题探究"，载《国际法研究》2015年第6期。

〔2〕Ismoilov v. Russia，ECHR，Application No. 2947/06.

〔3〕郝鲁怡："引渡中的人权问题探究"，载《国际法研究》2015年第6期。

〔4〕Othman v. the United Kingdom，ECHR，Application No. 8139/09，para 194.

定约旦政府提出的外交保证有效。在本案中，欧洲人权法院转而实施个案审查标准，在判断引渡请求国提出的保证是否具有使个人免于酷刑风险的效力时，依照案件的具体情况进行了分析和裁判。欧洲人权法院在判决中指出，"约旦的总体人权状况不佳不代表不能接受约旦政府的任何保证"[1]，而"在一个引渡案件中，要求一国提供不施行酷刑的国家保证的同时，又因为该国存在严重的酷刑问题而质疑国家保证的效力，这在逻辑上是自相矛盾的。"[2] 在此案中，欧洲人权法院倾向于认为，对于存在大规模侵犯人权现象的国家，对其提出的不施行酷刑的保证不应该完全否定，而应该进行更全面的审查，以了解保证本身的内容及其可能发挥的作用。对比原来欧洲人权法院所持有的对于外交保证进行整体性审查原则，个案审查原则在结果上推动了引渡的顺利进行。即使请求国国内人权状况不佳，引渡请求国也可以通过提供有效的国家保证实现引渡。尽管对此变化有学者认为体现了欧洲人权法院在保障《欧洲人权公约》第3条方面的倒退。[3] 但是事实上，从保证本身而不是国家整体层面进行审查更具有针对性，有利于全面准确判断外交保证的效力。而欧洲人权法院在审查原则上的转变并不意味着其对外交保证审查的宽松化，其在本案中还提出了11项针对外交保证的具体审查要素，在进一步丰富审查规则的同时，仍然秉承着严格审查的原则。

欧洲人权法院首次就判断保证效力提出了若干标准，包括"①保证的内容是否已经向法院说明；②保证的内容是具体明确的还是模糊不清的；③作出保证的主体机构是谁，是否对引渡请求国的其他机关具有约束力；④如果保证是由引渡请求国中央政府作出的，地方政府是否会遵循；⑤保证提供的待遇在引渡请求国是否合法；⑥保证是否是缔约国之间作出的；⑦引渡请求国和被请求国之间的双边关系是否具有长期性和稳定性，是否存在引渡请求国曾经遵守类似保证的记录；⑧引渡请求国

〔1〕　Othman v. the United Kingdom, ECHR, Application No. 8139/09, para 194.

〔2〕　Othman v. the United Kingdom, ECHR, Application No. 8139/09, para 193.

〔3〕　Edward Fitzgerald, "Recent Human Rights Developments in Extradition Law & Related Immigration Law", *The Denning Law Journal*, Vol. 25, (2013), p. 90.

有无遵守保证是否可以通过外交途径或其他监督机制得到客观的核实，包括被请求国可以不受限制地接触被请求引渡者的律师；⑨引渡请求国是否有有效的防止酷刑制度，包括是否愿意与国际监督机构合作，以及是否愿意调查关于酷刑的指控并惩罚相关责任人；⑩被请求引渡者以前是否在请求引渡国遭受过酷刑；⑪保证的可靠性是否由被请引渡求国的国内法院审查过。"[1] 结合本案情形，欧洲人权法院认为"英国和约旦政府已经作出切实努力，提供了透明和详细的保证，以确保被引渡者返回约旦后不会受到酷刑"。[2] 法院还指出"英国与约旦之间签署的谅解备忘录协议优于禁止酷刑委员会和人权事务委员会审查的任何其他保证。其具体而全面，直接保障了被引渡者在约旦享有的人权公约（此上指《欧洲人权公约》）中规定的权利"。[3] 法院有足够的证据得出"谅解备忘录协议中的保证是由一个与英国的双边关系非常紧密的政府作出的，且该保证已经得到了约旦政府最高处的批准，并得到了国王的明确支持，能够约束约旦国家的官员"。[4] 因此，欧洲人权法院认可了约旦不施行酷刑保证的效力，英国的引渡行为因此不违反酷刑不引渡义务。欧洲人权法院通过此案提出了判断国家不施行酷刑保证效力的 11 个具体标准，包括保证的内容、作出保证的主体、保证的适用范围、两国的外交关系、保证的监督机制等方面，几乎囊括了其他审查机关在相关案件中所提及的审查内容，并结合本案案情对以上标准的适用进行了详细分析，阐明了约旦提出的保证有效的缘由，为其他审查机关判断不施行酷刑保证提供了理论和实践指导。

在人权事务委员会与禁止酷刑委员会对于外交保证的审查中，也从不同角度运用了上述原则对于外交保证的有效性进行了裁判，特别是重点审查了国家之间的外交关系是否稳固、保证的内容是否全面、作出保证的主体是否具有权威性以及保证是否具有相应的监督机制等。例如在

---

〔1〕 Othman v. the United Kingdom, ECHR, Application No. 8139/09, para 189.

〔2〕 Othman v. the United Kingdom, ECHR, Application No. 8139/09, para 194.

〔3〕 Othman v. the United Kingdom, ECHR, Application No. 8139/09, para 194.

〔4〕 Othman v. the United Kingdom, ECHR, Application No. 8139/09, para 195.

"瓦列托夫诉哈萨克斯坦案"中，人权事务委员会指出，"哈萨克斯坦获得了吉尔吉斯斯坦总检察厅尊重被引渡者各项权利的保证。在引渡案件中，是否存在着保证、保证的内容是否全面以及是否存在监督机制和监督机制是否能发挥作用，都是确认保证能否真正保障被引渡者免遭酷刑的关键要素。因此，哈萨克斯坦所获得的保证，应包含各监督机制及一些切实可行的安排，以为被请求国和请求国双方切实执行这些保证提供保障"。[1] 但是，事实上，被请求国无视了人权事务委员会提出的暂停引渡的要求，强行将申请者引渡，且事后未前往吉尔吉斯斯坦的羁押场所探访申诉者并审查羁押环境，没有落实两国之间所达成的引渡保证。因此，人权事务委员会得出结论，哈萨克斯坦的行为表明其并未作出切实可行的措施以落实保证内容、获得吉尔吉斯斯坦总检察长的总体保证，不能被视为保护申诉者免遭酷刑风险的有效机制。此外，在"X.诉俄罗斯案"（X. v. Russian）中，针对乌兹别克斯坦提出的不施行酷刑的保证，禁止酷刑委员会认为"该保证不能作为违反《禁止酷刑公约》第3条的充分理由，且乌兹别克斯坦并没有提供有关保证更为详细的内容，以证明申诉人被引渡回国后，该国国内存在对其是否遭受酷刑的监督制度并确保该监督是客观的、充分的、可信赖的"。[2] 由此，禁止酷刑委员会认为该保证不能免除申诉人遭受酷刑的危险。禁止酷刑委员会在另一案件"X诉哈萨克斯坦案"（X v. Kazakhstan）中也提出了类似的观点，"俄罗斯作出的不施行酷刑的保证，并没有像其声称的那样，向申诉人提供后续措施以确保保证内容的落实"。[3]

引渡中的外交保证实质上是确保国家间顺利实现引渡的政治性保障，因而国家保证是对履行酷刑不引渡义务的一种限制适用。即使请求国存在酷刑问题、被引渡者将面临酷刑风险，若请求国提出了不施行酷刑的保证且被认可，那么被请求国仍然可以进行引渡。但是在国际实践

---

〔1〕 Valetov v. Kazakhstan, Communication No. 2104/2011, CCPR/C/110/D/2104/2011, para 14. 5.

〔2〕 X. v. Russian, Communication No. 542/2013, CAT/C/54/D/542/2013, para 11. 9.

〔3〕 X. v. Kazakhstan, Communication No. 554/2013, CAT/C/55/D/554/2013, para 12. 8. 12. 8ns.

中，禁止酷刑委员会和欧洲人权法院对国家保证效力的审查标准十分严格，上述案件除"奥斯曼（阿布卡塔达）诉英国案"外，其他案件提出的国家保证都没有被认可。因此，尽管国家保证在一定程度上解除了酷刑不引渡义务的履行，但在国际引渡实践中，国家保证的认可和确认是比较严格的，并没有全面限制酷刑不引渡义务的适用。

# 第六章　国际人权法对于中国引渡
# 制度与实践的影响

近年来，中国为了加强反腐败国际多边及双边合作、加大追逃追赃力度，积极对外缔结引渡条约等司法协助类条约，推进引渡工作的有序进行。随着国际人权法的批准和实施，关于人权保障的内容不仅体现在国内引渡制度以及与刑事诉讼相关的规则中，而且全面体现在中国签订的双边条约中并影响着中国的引渡实践。纵观中国现有的引渡制度和实践，其中仍然存在进一步强化人权保障的完善空间。提升引渡中对于人权保障的承诺和落实情况，不仅有利于我国进一步履行相关国际人权义务，更有利于推进中国的反贪和引渡工作的顺利进行，因为人权保障已经成为世界范围内引渡制度和实践中不可缺乏的条件之一。

## 第一节　中国引渡制度与实践在人权保障方面的现状

经过多年的努力，我国已经建立了较为完整的引渡制度体系，除了在国际层面上已缔结若干条约之外，在国内立法方面还有《中华人民共和国引渡法》（以下简称《引渡法》）、《中华人民共和国刑法》（以下简称《刑法》）、《中华人民共和国刑事诉讼法》（以下简称《刑事诉讼法》）等一系列法律文件与相关措施配套适用，从而为全面加强人权保障与国际合作提供了坚实的法律基础。

**一、中国国内的引渡制度及其对人权的保障**

我国国内的引渡制度主要包括《引渡法》《刑法》《刑事诉讼法》以及《监察法》等，这些法律不仅为引渡实践提供了稳定的秩序，而且从不同层面保障了被请求人免受歧视和免受酷刑的权利以及公正审判权等各项人权。

（一）《引渡法》及其关于人权的保障

2000年12月28日第九届全国人民代表大会常务委员会第十九次会议通过了《引渡法》，该法主要分为"总则""向中华人民共和国请求引渡""向外国请求引渡"以及"附则"四章，以关于引渡的国际共识为基础，结合我国的立法和基本国情，对我国开展国际引渡合作发挥规范、引导和示范作用，弥补了我国在引渡领域存在的法律空白。

《引渡法》吸收了国际社会普遍认同的引渡合作原则和惯常做法，首次建立了对外国引渡请求的司法审查、行政审查的双重标准，将我国与国外相互移交逃犯的合作法治化、规范化，[1] 对我国的引渡工作起到重要的指导和规范作用。首先，《引渡法》出台前，关于引渡的内容基本是通过双边引渡条约确定的。订立双边引渡协议或在签署批准有关引渡的国际条约时，在国际规则、期限和术语等三方面出现了"一个国家一个样"的局面，这不仅导致了引渡条约之间的混乱，还导致实际运用中的效率低下等问题。《引渡法》的生效，一方面，在我国订立双边条约和签署、批准司法协助条约时，提供了国内法参照依据；另一方面，规范了引渡条约在引渡原则、期限等方面的核心内容，使我国在国际和国内层面的引渡制度趋于完整和统一，促进了引渡工作的高效实施。其次，《引渡法》在总结以往经验和参考其他国家引渡模式的基础上，明确了我国处理外国引渡请求的工作程序，各个部门在该程序中各司其职，使得引渡决定更具专业性、权威性和科学性。《引渡法》除了规定我国对于外国引渡请求的处理流程，还规范了我国向国外提出引渡请求时的国内程序，该法第47条规定了基本程序，即"由负责办理有

─────────

〔1〕 参见黄风、陶琳琳："关于《中华人民共和国引渡法》修订的几个主要问题"，载《吉林大学社会科学学报》2020年第4期。

关案件的省、自治区或者直辖市的审判、检察、公安、国家安全或者监狱管理机关分别向最高人民法院、最高人民检察院、公安部、国家安全部、司法部提出意见书，并附有关文件和材料及其经证明无误的译文。最高人民法院、最高人民检察院、公安部、国家安全部、司法部分别会同外交部审核同意后，通过外交部向外国提出请求"，通过此种提交至直属上级部门的审核程序，明确了不同层级的责任主体，减少了因程序模糊带来的推诿拖延，提高了相关工作的效率。《引渡法》分别从"引出去"和"引进来"两个角度规定了国内的处理程序，其规定的层层审批和多机关参与的工作模式能够确保相关决定的科学性、公正性，在保证了国内引渡工作有序开展的同时，也保证被请求对象能够得到公正审判和人道待遇，有助于保障被引渡请求人在引渡程序中的基本权利。

《引渡法》的颁布和生效在我国引渡立法领域具有里程碑意义，其受到了国际人权法的影响，相关程序和制度内容推进了对于被请求人基本权利的保障。《引渡法》不仅规定了双重犯罪原则、本国公民不引渡原则、政治犯不引渡原则等国际公认的规则，而且展现了对于人权的尊重和保障，具体表现在对于平等权、禁止酷刑的权利、禁止缺席审判的权利，以及人道主义保护规则的规定。

尽管《引渡法》的基本内容和程序性规定对于推进我国的引渡实践发挥了重要的建章立制的作用，但是仍然存在可补足缺漏之处。例如，对于以"死刑"为代表的问题，我国尚未给出明确、稳定的解决办法，从目前的实践来看，其他国家对于被请求引渡人在我国可能被判决或执行死刑的问题仍然存在较大顾虑。基于此，我国还需要进一步完善《引渡法》以及相关的司法协助等法律和配套法规，力求在法律制度层面解决死刑问题阻碍引渡实践的问题。

（二）其他法律及其对于人权的保障

除《引渡法》外，我国关于引渡的法律还体现在部门法中，例如《刑法》关于犯罪、责任与刑罚的规定以及《刑事诉讼法》关于司法协助的规定等。此外，为了开展全方位、高强度的反腐工作，加强对贪污贿赂犯罪的打击力度，国内还颁布了《中华人民共和国监察法》，专门调查职务违法和职务犯罪行为，并规范了引渡内容。

1.《刑法》及《刑事诉讼法》关于引渡的规定

我国的《刑法》经历了多次修订，尽管其条文对于引渡问题没有明确规定，但是该法是衡量被请求引渡人犯罪行为以及国家的追溯行为是否符合引渡条件的实体法依据，在引渡工作中发挥着基础性作用。首先，《刑法》关于罪名和刑罚的规定，对于确定被请求引渡人的引渡罪名、量刑是否构成犯罪，是否符合双重犯罪原则等实质问题提供最根本的依据。例如，根据《刑法》关于属人管辖的第 7 条第 1 款规定，"中华人民共和国公民在中华人民共和国领域外犯本法规定之罪的，适用本法，但是按本法规定的最高刑为三年以下有期徒刑的，可以不予追究"。据此，我国对于最高刑为 3 年以下的犯罪行为不予引渡。其次，《刑法》第 35 条规定："对于犯罪的外国人，可以独立适用或者附加适用驱逐出境。"该条关于驱逐出境的规定在与我国未建立双边引渡条约的国家开展引渡工作时，可以作为引渡的替代方式进行，该条规定在实质上扩大了引渡的适用范围，为我国引渡工作的顺利开展提供法律依据。

在引渡过程中，《刑事诉讼法》与《刑法》配合发挥作用，为司法机关确定被请求人的罪名、刑罚种类和刑法惩罚幅度提供程序性的规范，并发挥着保证被引渡人诉讼权利的作用。我国无论是作为请求国对于被请求人根据《刑法》进行追诉，还是作为被请求国对于被请求人犯罪行为的核实，都需要依法遵循相应的程序性规定，才能确保作出公正的裁判，维护司法的公正。除此之外，《刑事诉讼法》还在确定国内外管辖方面作出了更为细致的规定，以帮助确定引渡工作中的案件归属。对《引渡法》而言，在我国向他国请求引渡的工作程序中，确定案件归属对于整个引渡工作的开展十分重要。《刑事诉讼法》第 18 条规定："根据中华人民共和国缔结或者参加的国际条约，或者按照互惠原则，我国司法机关和外国司法机关可以相互请求刑事司法协助。"该条确立了我国第一个严格意义上的涉及引渡问题的司法规范的内容。虽然并未明确提出"引渡"，但是作为司法协助的一部分已经包含引渡行为在内，为之后的立法工作奠定了基础，也为我国开展引渡、诉讼移管等广泛的国际司法协助活动提供了依据。此外，《刑法》和《刑事诉讼法》对于罪犯的人权保障，可以体现在死刑的适用和执行、无罪推定、证据规则等公正审判的各项规则中，其对于被请求人的罪行核实和引渡决定发挥着重要的作用。例如，对于引渡中的缺席审判问题，有关缺席审判的构成要件和确认流程在《刑事诉讼法》都有明确规定，为被请求人的诉讼权利提供保障。

2.《中华人民共和国监察法》关于引渡的规定

2018 年 3 月，第十三届全国人大第一次会议表决通过了《中华人民共和国监察法》（以下简称《监察法》），该法主要针对职务违法和犯罪问题予以规制，重点打击贪污腐败犯罪。《监察法》第六章"反腐败国际合作"部分，主要针对与其他国家开展跨国反腐败追赃追逃工作进行细致规定，第 51 条规定："国家监察委员会组织协调有关方面加强与有关国家、地区、国际组织在反腐败执法、引渡、司法协助、被判刑人的移管、资产追回和信息交流等领域的合作。"该条规定国家监察委员会是反腐败领域协调各方工作的主体。《监察法》是《联合国反腐败公约》精神和内容在我国法律体系中的落实和体现，二者共同作用，推进了国际引渡合作的顺利开展。

**二、双边引渡条约及其对于人权的保障**

我国十分重视引渡工作，特别是十八大以来党和国家开展了全面而深刻的反腐败工作，对于海外的追逃追赃成为反腐败工作的重要战场，引渡被放在了国际合作中的重要位置。根据我国外交部公开的信息，截至 2020 年年底，我国已与 81 个国家缔结引渡条约、司法协助条约、资产返还和分享等共 169 项，[1] 其中引渡条约 46 项（44 项生效）。[2]

从地理分布角度来看，我国与亚洲国家、欧洲国家签署司法协助类条约数量较多，生效率也高；但是仍旧有许多国家尚未与我国建立司法

---

〔1〕 中共中央纪律检查委员会官网：http://www.ccdi.gov.cn/toutiao/202011/t2020111_229776.html，最后访问日期：2023 年 7 月 20 日。

〔2〕 外交部官网，条约数据库：treaty.mfa.gov.cn/web/search.jsp，最后访问日期：2023 年 7 月 20 日。

协助关系或尚未缔结引渡条约，特别是作为犯罪分子外逃的首选地——美国与加拿大，均未与我国建立国际引渡合作关系。此统计说明，我国的引渡合作关系国与犯罪分子外逃国并不匹配，这对于我国引渡工作、追逃追赃以及惩罚犯罪工作造成极大的阻碍。

从签署和生效的时间来看，生效时间的早晚与国家间的政治外交方面有一定关系。与我国建交早、关系友好的国家签署并批准相关条约的时间更早，条约种类也更丰富、全面。例如，我国与俄罗斯于1992年6月签署了民事和刑事司法协助条约（1993年11月生效），于1995年6月签署了引渡条约（1997年1月生效），于2010年9月签署了《关于打击恐怖主义、分裂主义和极端主义的合作协定》（2017年3月生效）。而与我国在政治上、外交方面有分歧的国家，在建立引渡关系等方面则持消极和拖延的态度。对此，我国在引渡实践中，要特别关注由于引渡问题所引发的国家间的法律制度、观念和文化方面的碰撞，坚持求同存异，尽可能与更多的国家建立合作关系，力求实现国际合作打击犯罪的最优效果。

为了更好地与各国引渡制度接轨，强化对于被引渡人的权利保障，在我国与他国缔结的已生效的44项双边引渡条约中，共有43项条约规定了政治犯不引渡原则；39项条约规定了引渡中的禁止歧视义务；9项条约规定了引渡中禁止酷刑义务；25项条约规定了对被引渡人获得公正审判权的保护；5项条约包含了死刑不引渡原则。具体情况见下表：

表6-1　我国签订的双边引渡条约

| 国家 | 政治犯不引渡 | 禁止歧视 | 禁止酷刑 | 公正审判 | 死刑不引渡 | 签署时间 |
|---|---|---|---|---|---|---|
| 泰王国 | √ | √ | × | × | × | 1993年8月26日 |
| 白俄罗斯共和国 | √ | √ | × | × | × | 1995年6月22日 |
| 俄罗斯联邦 | √ | × | × | × | × | 1995年6月26日 |
| 保加利亚共和国 | √ | √ | × | × | × | 1996年5月20日 |

| 国家 | 政治犯不引渡 | 禁止歧视 | 禁止酷刑 | 公正审判 | 死刑不引渡 | 签署时间 |
|---|---|---|---|---|---|---|
| 罗马尼亚 | √ | √ | × | √ | × | 1996 年 7 月 1 日 |
| 哈萨克斯坦共和国 | √ | √ | × | × | × | 1996 年 7 月 5 日 |
| 蒙古国 | √ | √ | × | × | × | 1997 年 8 月 19 日 |
| 吉尔吉斯共和国 | √ | × | × | × | × | 1998 年 4 月 27 日 |
| 乌克兰 | √ | × | × | × | × | 1998 年 12 月 10 日 |
| 柬埔寨王国 | √ | √ | × | √ | × | 1999 年 2 月 9 日 |
| 乌兹别克斯坦共和国 | √ | × | × | × | × | 1999 年 11 月 8 日 |
| 大韩民国 | √ | √ | × | × | × | 2000 年 10 月 18 日 |
| 菲律宾共和国 | √ | √ | × | × | × | 2001 年 10 月 30 日 |
| 秘鲁共和国 | √ | √ | × | × | × | 2001 年 11 月 5 日 |
| 突尼斯共和国 | √ | √ | × | √ | × | 2001 年 11 月 19 日 |
| 南非共和国 | √ | √ | × | √ | × | 2001 年 12 月 10 日 |
| 老挝人民民主共和国 | √ | √ | × | √ | × | 2002 年 2 月 4 日 |
| 阿拉伯联合酋长国 | √ | √ | × | √ | × | 2002 年 5 月 13 日 |
| 立陶宛共和国 | √ | √ | × | √ | × | 2002 年 6 月 17 日 |
| 巴基斯坦伊斯兰共和国 | √ | √ | × | × | × | 2003 年 11 月 3 日 |
| 莱索托王国 | √ | √ | × | × | × | 2003 年 11 月 6 日 |
| 巴西联邦共和国 | √ | √ | × | √ | × | 2004 年 11 月 12 日 |
| 阿塞拜疆共和国 | √ | √ | × | √ | × | 2005 年 3 月 17 日 |
| 西班牙王国 | √ | √ | × | √ | √ | 2005 年 11 月 14 日 |
| 纳米比亚共和国 | √ | √ | × | × | √ | 2005 年 12 月 19 日 |
| 安哥拉共和国 | √ | √ | × | √ | × | 2006 年 6 月 20 日 |

续表

| 国家 | 政治犯不引渡 | 禁止歧视 | 禁止酷刑 | 公正审判 | 死刑不引渡 | 签署时间 |
|---|---|---|---|---|---|---|
| 阿尔及利亚民主人民共和国 | √ | √ | × | √ | × | 2006 年 11 月 6 日 |
| 葡萄牙共和国 | √ | √ | × | √ | × | 2007 年 1 月 31 日 |
| 法兰西共和国 | √ | √ | × | √ | √ | 2007 年 3 月 20 日 |
| 墨西哥合众国 | √ | √ | × | √ | × | 2008 年 7 月 11 日 |
| 印度尼西亚共和国 | √ | √ | × | √ | × | 2009 年 7 月 1 日 |
| 意大利共和国 | √ | √ | √ | √ | × | 2010 年 10 月 7 日 |
| 伊朗伊斯兰共和国 | √ | √ | × | √ | × | 2012 年 9 月 10 日 |
| 波斯尼亚和黑塞哥维那 | √ | √ | √ | √ | × | 2012 年 12 月 20 日 |
| 阿富汗伊斯兰共和国 | √ | √ | √ | √ | × | 2013 年 9 月 27 日 |
| 埃塞俄比亚联邦民主共和国 | √ | √ | √ | √ | × | 2014 年 5 月 4 日 |
| 越南社会主义共和国 | √ | √ | √ | × | × | 2015 年 4 月 7 日 |
| 智利共和国 | √ | √ | × | √ | √ | 2015 年 5 月 25 日 |
| 巴巴多斯 | √ | √ | √ | √ | × | 2016 年 3 月 23 日 |
| 格林纳达 | √ | √ | √ | × | × | 2016 年 3 月 24 日 |
| 塔吉克斯坦共和国 | √ | √ | × | √ | × | 2014 年 9 月 13 日 |
| 摩洛哥王国 | √ | √ | × | √ | × | 2016 年 5 月 11 日 |
| 比利时王国 | √ | √ | √ | √ | √ | 2016 年 10 月 31 日 |
| 塞浦路斯共和国 | √ | √ | √ | √ | × | 2018 年 6 月 29 日 |

注："√"表示公约文本中作出了相关规定；"×"表示没有作出相关规定。

此外，我国批准的多边国际公约也规定了关于保护被引渡人人权的条款。如《联合国反腐败公约》第 44 条规定，"15. 如果被请求缔约国有充分理由认为提出引渡请求是为了以某人的性别、种族、宗教、国籍、族裔或者政治观点为理由对其进行起诉或者处罚，或者按请求执行将使该人的地位因上述任一原因而受到损害，则不得对本公约的任何条款作规定了被请求国引渡义务的解释"。《反对劫持人质国际公约》第 9 条规定，"1. 依照本公约提出引渡某一嫌疑犯的要求不得予以同意，如果收到此项要求的缔约国有充分理由相信：（a）以第 1 条所称罪行为理由而提出引渡要求，但目的在于因某一人的种族、宗教、国籍、民族根源或政治见解而予以起诉或惩罚"。《联合国打击跨国有组织犯罪公约》第 16 条，"十四、如果被请求缔约国有充分理由认为提出该请求是为了以某人的性别、种族、宗教、国籍、族裔或政治观点为由对其进行起诉或处罚，或按该请求行事将使该人的地位因上述任一原因而受到损害，则不得对本公约的任何规定作规定了被请求国的引渡义务的解释"。上述从政治犯罪、禁止歧视的角度关于保障被引渡人的规定也为我国实施引渡行为设置了人权义务。

### 三、引渡司法实践中对被引渡人的人权保障

在引渡中，中国对于被引渡人的人权保护实践主要分为两类：第一类是中国作为请求国引渡罪犯或者犯罪嫌疑人的情况；第二类是中国作为被请求方引渡嫌疑人的情况。实践中，中国从国外将逃犯引渡回国的案例非常多，其中最具代表性的当属赖昌星案以及黄海勇案。

赖昌星系厦门特大走私案的首要嫌疑犯，涉嫌走私普通货物罪和行贿罪，案值共计人民币约 270 亿元，偷逃应缴税额共计人民币 140 亿元，其于 1999 年 8 月携家人经香港潜逃至加拿大，并一直申请难民身份，以期作为难民留居在加拿大。加拿大的难民确认程序主要分为两部分，即难民身份确认以及遣返前的风险评估程序。如果难民身份得到确认就不会进入到遣返评估程序。由于我国与加拿大没有签订引渡条约，因此，将赖昌星递解回国并非基于引渡程序，而是以遣返作为替代措施

来执行。对于赖昌星在国内犯下的严重罪行，加拿大移民及难民事务委员会认为其并非政治罪行，不具备获得难民身份的资格。由此，该案进入遣返前的评估程序，主要围绕遣返是否导致赖昌星面临酷刑、死刑风险以及中国承诺不判处赖昌星死刑的可信性的评估，以判定对于赖昌星的遣返是否会违反国际和国内的相关法律。

如前所述赖昌星1999年潜逃至加拿大，为尽早实现对赖昌星的遣返，我国在2001年的外交照会中就明确提出了最高人民法院关于不对赖昌星处以死刑的决定，但是由于当时国际社会对于中国法治状况的误解，以及赖昌星方为拖延程序、逃避回国而对我国司法状况进行的抹黑污蔑，导致加拿大联邦法院对中国提交的不予处以死刑等外交保证不予采信，并一直拖延遣返工作。由此，中加两国司法界和学界关于赖昌星被遣返是否会因中国的司法状况而遭受死刑和酷刑的争论持续了十年之久。对此，加拿大移民局向出庭作证的我国专家学者提出14大类与中国法治相关的问题，对此，我国先后派出多名专家证人出庭作证，就我国的刑事司法程序、法治改革、人权状况等问题进行细致说明。[1] 在该案中，关于"酷刑""不公正审判"的争议，是赖昌星方律师利用加拿大法院对于我国法治和人权状况的误解而故意挑起的，是为了拖延审判时间对中国进行的有意诋毁。通过专家证人以及我国政府的不懈努力，加方对于中国法律制度和人权状况有了客观了解后，加拿大联邦法院于2011年7月作出判决（加拿大联邦法院IMM-4373-11号判决书），表达了对中国外交保证的认可，并在判决书中说明"中国司法状况确有显著改善"，能够"合理地断定赖昌星在中国……不会受到折磨和残酷的、不同寻常的惩罚处置"，并最终同意了对于赖昌星的遣返。

黄海勇案是中华人民共和国成立以来最为复杂的引渡案，该案经历了秘鲁地方法院、宪法法院审理，还经历了美洲人权委员会以及美洲人权法院的审理。我国最高人民法院、最高人民检察院、外交部等机关及

---

〔1〕 在该案中，赖昌星及其律师还声称，赖昌星被遣返后将面临非人道以及不公正待遇以及不公正的审判的风险，并抹黑、扭曲中国人权状况，加剧了加方对中国司法制度的不信任。参见赵秉志、张磊："赖昌星案件法律问题研究"，载《政法论坛》2014年第4期。

其工作人员均参与了黄海勇案的引渡工作，并由中国专家证人出庭作证，最终才成功将黄海勇引渡回国。黄海勇案也是美洲人权法院受理的第一起引渡案件，因此具有重要意义。

该案被引渡人黄海勇于 1996 年至 1998 年期间伙同他人走私进口保税货物，涉案金额 12.15 亿元，偷税金额高达 7.17 亿元。我国公安部根据我国《刑法》（1997 年），以黄海勇涉嫌违反第 153、154、191、389、390 条，构成走私普通货物罪、洗钱罪和行贿罪为由，向秘鲁请求采取相关措施，以便开展后续的引渡程序。根据《刑法》（1997 年）第 151 条、第 153 条关于走私普通货物罪的规定，"情节特别严重的，将被处以无期徒刑或死刑"，本案金额已明显达到情节特别严重的程度，黄海勇回国很有可能面临死刑判决。对此，黄海勇以将其引渡会遭受死刑以及司法不公正待遇为由提起诉讼以阻止秘鲁的引渡。在庭审过程中，美洲人权委员会美籍委员卡瓦利阿罗和黄海勇所聘律师在辩论中攻击中国司法制度和人权状况，指控中国的羁押待遇、存在刑讯逼供的情况以及缺乏对酷刑的人权评估，并提出黄海勇被引渡回国可能会被秘密执行死刑的谬论。[1] 美洲人权法院针对黄海勇对于中国人权状况的质疑，邀请中方专家证人北京师范大学赵秉志教授、外交部条约法律司孙昂参赞、中国社会科学研究院柳华文教授分别对中国的司法程序、人权状况进行了说明。通过对于专家证人的证言的审查，美洲人权法院充分了解了中国人权状况，认为中国司法实践情况已得到专家证人的说明和澄清，原告主张的酷刑风险没有充分的证据支持，不足以认定黄海勇在引渡后将面临酷刑或其他残忍、非人道或有辱人格待遇的真实的、可预见的个人风险，因此秘鲁的引渡并不违反《美洲人权公约》。

在作为被请求方提供引渡合作的实践中，中国有关机关也按照《引渡法》的规定，对于被引渡人的各项权利给予了应有的保障。在"大韩民国向中华人民共和国请求引渡犯罪人、大韩民国公民卞仁镐案"中，被请求人卞仁镐在韩国犯有经济罪，其自 1997 年至 1998 年共诈骗

---

〔1〕 参见柳华文："美洲人权法院引渡第一案的意义及其启示"，载《东南大学学报（哲学社会科学版）》2016 年第 6 期。

3亿美元和4000亿韩元，并被韩国首尔中央地方法院判决有期徒刑15年，卞仁镐不服，提起上诉。在二审期间，卞仁镐利用患病暂停羁押进行治疗的机会逃入我国境内。与此同时，韩国法院在卞仁镐缺席的情况下驳回其上诉，维持原判。2006年韩国向我国提出引渡请求，我国司法机关审慎查阅中韩两国的引渡条约与我国《引渡法》，确定卞仁镐的行为在中国与韩国均构成犯罪，符合双重犯罪原则。而对于卞仁镐的缺席判决情况，我国要求韩国承诺在保障其出庭的情况下，重新对于卞仁镐进行审判，从而力求保障被请求引渡人的公正审判权。[1]

"法国申请引渡马尔丹·米歇尔案"是我国引渡法实施后我国最高人民法院审理的第一起引渡案件，该案涉及对于被请求人遭受酷刑风险的审查问题，具有十分重要的指导意义。被请求引渡人马尔丹·米歇尔于1982年至1992年期间，在法国对未成年人实施了强奸等犯罪，并于1998年逃入中国境内。2001年法国以涉嫌强奸罪向中国请求引渡马尔丹·米歇尔，我国司法机关依法进行审查。在此期间，马尔丹·米歇尔及其代理律师提出两点抗辩理由：其一，如果被引渡回国，可能受到残忍待遇；其二，马尔丹·米歇尔在中国与中国公民同居并生有一女，如其被引渡回国，将导致他们无法实现家庭团聚，从而损害其合法权益。[2]针对马尔丹·米歇尔提出的第一点抗辩理由，我国司法机关在审查相关证据材料之后，认为马尔丹·米歇尔提出可能面临酷刑风险的理由不足，不予采信。针对第二点抗辩理由，考虑到被引渡人近亲属的合法权益，中国向法国提出，请求国能否妥善解决这一问题是影响是否准予引渡的关键因素，法国收悉后，为被请求引渡人的女儿做了公证，证明其为法国公民，同时承诺会尽最大努力促使他们团聚。因此，我国根据引渡法裁定准予引渡。该案很好地体现了我国对于引渡人的人权保

---

〔1〕 最高人民法院公报："大韩民国向中华人民共和国请求引渡犯罪人、大韩民国公民卞仁镐案"，http：//gongbao.court.gov.cn/Details/a058ad74f9e515cfabeb790daa5938.html，最后访问日期：2021年5月31日。

〔2〕 最高人民法院公报："法兰西共和国申请引渡马尔丹·米歇尔案"，http：//gongbao.court.gov.cn/Details/bf904ae4669d711913bd5e6adf4526.html，最后访问日期：2021年5月31日。

障义务的履行。

## 第二节　中国引渡制度与实践在人权保障方面的问题及完善对策

中国大量开展对外缔结双边引渡条约的工作可以追溯到 20 世纪 90 年代初，而《引渡法》的颁布也已经超过了 20 年，其中，部分关于引渡的制度规定已经滞后于当今的国际形势、社会环境、司法实践以及人权保障的发展和时代的要求，因此，我国在国际和国内的引渡法都需要进一步的完善，从而与时俱进。

### 一、关于死刑不引渡原则的落实

尽管死刑不引渡原则在我国的多边引渡公约或刑事司法协助公约中均有规定，并在引渡实践中发挥着越来越重要的作用，但是死刑问题在我国仍然阻碍着有关的引渡工作。对于目前废除死刑的国家越来越多的实际情况，我国在今后缔结引渡条约和引渡实践中，应进一步重视对于死刑问题的规定以及提交免除死刑的外交保证的及时性和有效性。

尽管死刑对于我国的现状来说是必要的，但是要正视和处理好死刑不引渡原则在实践中所带来的问题。它不仅源于引渡制度与实践的要求，还源于中国的实践经验。在黄海勇案中，黄海勇所涉的走私普通货物罪按照当时我国的刑法，应该判处死刑。但由于我国与秘鲁签订的引渡条约中规定了"死刑不引渡"的原则，而落实这一引渡义务势必与我国国内的法律制度相违背，也由此造成有关部门在提交免除黄海勇死刑的外交保证时，出现了拖延、迟疑和承诺不力的问题，并延误了引渡的时间。对这些问题的反思主要包括如下几个方面：一是迟迟不向秘鲁法院提交我国《刑法》关于走私货物罪及其死刑处罚条款的译文，导致秘鲁法院对我国法律制度的不信任；二是对黄海勇不处以死刑的承诺模糊，作出有效承诺的时间较晚，从而增加了引渡的难度和时间成本。具体而言，国内有关部门在与秘鲁开展引渡合作时存在着如下两个方面的不足：

第一，该案在国内进行审理时，秘鲁最高法院就提出黄海勇可能被判处和执行死刑的问题，对此，我国首先由负责本案的中国武汉海关缉私局提交报告，指出了黄海勇同案犯所适用的法条，但该报告未提及黄海勇的罪行可能适用死刑的问题。此后，我国作出了一系列外交保证，来消除黄海勇将面临的人权风险。在第一次外交照会中，外交部出具了公安部提交的关于不会对黄海勇判处死刑以及按照我国国内法以及与秘鲁的引渡条约对黄海勇追究刑事责任的保证；第二次外交照会中说明了与黄海勇案类似案件的判决结果，以证明我国不会对黄海勇判处死刑。第三次外交照会则最终说明了即便黄海勇犯有应判处死刑的罪行，最高人民法院也决定不对黄海勇适用死刑的保证。第四次外交照会，我国重新提交了《刑法》第151条的译文。第五次外交照会，重申不对黄海勇判处死刑外，还承诺邀请秘鲁政府派遣观察员监督审判和执行情况，并对中国最新的刑法改革以及溯及力问题作出解释说明。[1] 从时间顺序看来，直到第三次外交照会才是有效的表态，而第五次外交照会才真正赢得秘鲁司法机关的认可。从秘鲁最高法院作出第一次判决到我国正式提出第五次外交照会中间经历了3年的时间，其中有些时间延误是完全可以避免的，例如前两次外交照会中关于死刑问题的解释存在瑕疵：一方面，我国对是否判处黄海勇死刑含糊其辞，我国并非判例法国家，却只用判例说明问题，说服力不强，并不能针对黄海勇案本身作出明确表态，无法获得秘鲁法院的认可；另一方面，第一次承诺不判处死刑的是公安部，在主体上并不符合我国国内和国际规范，同样不具备说服力，从某种程度上被视为无效承诺，因为针对判罪量刑问题只有在法院作出承诺的情况下才算是有效的保证。在双边引渡实践中，各方都特别重视国家的态度和诚信，以上模糊处理的方式容易导致秘鲁方面对我国司法机关在死刑问题上的不信任，致使引渡无法顺利进行，造成犯罪分子长年逍遥法外的后果。

---

〔1〕 参见赵秉志、张磊："黄海勇案引渡程序研究（下）——以美洲人权法院黄海勇诉秘鲁案判决书为主要依据"，载《法学杂志》2018年第2期。

因此，在引渡实践中，需要正视死刑问题，按照国际规则作出必要的保证，从而促成引渡的顺利进行。尽管在引渡过程中承诺不会对相关罪犯判处死刑从某种程度上会受到关于司法公正性的质疑，但是这也是国家面对不同国家的法律制度，实施追逃追赃、通过引渡惩罚犯罪而作出的必要妥协。对此，时任最高法院新闻发言人的倪寿明在将赖昌星"引渡"回国时重申了如下观点，"承诺不判处赖昌星死刑，是通过国际合作途径缉捕赖昌星的必要条件，是追究赖昌星刑事责任的合理代价，是权衡利弊后的正确选择，这种做法与司法是否公平没有任何关系"。

第二，我国有关部门针对死刑问题需要及时澄清、说明，并通过合法的途径递交有关文件。在黄海勇案处理过程中，2011 年 2 月我国通过了《刑法修正案（八）》（于 2011 年 5 月 1 日生效），其中废除了相关罪名的死刑，中国方面于 4 月 6 日将该情况通知秘鲁宪法法院。但是由于国际社会对于我国的死刑问题和法治状况存在偏见，秘鲁宪法法院于 2011 年 5 月 24 日作出不得将黄海勇引渡回国的判决。判决主要包含两个方面内容：一是认为中国国内存在法外执行和任意处决问题；二是中国虽提交了《刑法修正案（八）》的相关材料，但并未通过正式外交程序递出，因此不能被采纳为判决依据。针对 2011 年 7 月 7 日才纳入卷宗的中国提交的外交保证，秘鲁宪法法院重新进行了有效性评估，并对判决作出了相应修改，但是法庭仍然认为中国提交的外交担保并不充分，不足以保证黄海勇回国后不会被执行死刑，原因在于材料中也没有说明该修正案的溯及力问题，因此不能改变已作出的判决。

针对黄海勇案出现的上述问题，尽管有些情况可能是由于秘鲁法院对于中国司法状况的误解造成的，但是也需要我国有关部门认真地总结工作中的经验教训。其中，国内相关机关应该特别重视解释说明及宣传工作，全面消除关于国外对于中国法律制度和实践的误解，特别是需要对溯及力在内的与死刑相关问题进行澄清说明。在该案审理的过程中，国际上存在对我国死刑执行问题的错误认知，即认为我国存在法外执行和任意处决问题，在舆论上对我国引渡工作造成十分不利的影响。该案同时也反映出，国际、区域和国内对于死刑不引渡原则的审查，并不局限于一国刑法中对于死刑罪名的设定问题，还包括其国内对于适用死刑和执行死刑实践的关注。对此，我国在引渡实践中需要及时澄清有关我国的误解，通过详实的资料来明确否定有关"法外处决""秘密执行"的怀疑，并向国际社会积极展示我国司法制度的先进性、独立性以及我国在人权保障领域取得的进步成果，以客观反映中国的人权状况。近年来，我国致力于社会主义法治国家的建设，重视对人权的尊重和保障，以人为本的思想深入立法、司法和执法的各方面和全过程，但是彻底改变国际社会对于中国的偏见从而营造有利于引渡的国际环境，还需要进一步加大对外宣传与交流，增强国际社会的了解和合作。

**二、关于酷刑不引渡义务的落实**

尽管中国的引渡法明确将酷刑风险作为拒绝引渡的条件，并在引渡实践中积极落实《禁止酷刑公约》的相关义务，但是在双边条约中对于酷刑不引渡义务的规定以及引渡实践中对于该项义务的审查实践仍然只是差强人意，有待于进一步改善。

第一，截至2020年底，我国已与81个国家缔结引渡条约、司法协助条约等169项。[1] 但是在可以查阅的外交部公布的已生效的44个双边条约中，仅有9项明确规定了禁止酷刑的义务。虽然这一现状并不能全面反映我国在引渡中履行禁止酷刑义务的实践，但是却在客观上会影响国际社会对于中国履行"酷刑不引渡"义务的看法和双边引渡实践的顺利进行。这个问题可能是因为在上述公约签订时酷刑不引渡义务尚未取得决定性地位以及国内的《引渡法》尚未颁布而造成的，但是这也恰恰反映了国内必须重新认识该项义务的重要性以及进行必要调整的紧迫性，从而使国际条约与国内法和实践相一致，强化对于禁止酷刑义务在引渡制度和实践中的落实。

第二，国内在引渡案件中，审查酷刑风险的标准需要进一步完善。尽管《引渡法》规定了引渡案件中的审查程序和审查主体问题，但是具体的审查标准还需要细化。例如，在中国于2006年向禁止酷刑委员

〔1〕　北京日报："我国已于81个国家缔结引渡条约、司法协助类条约等169项"，https：//baijiahao.baidu.com/s? id=1683018498943546047&wfr=spider&for=pc。

会提交的第四次国家报告中和 2013 年提交的第五次国家报告中，中国对于相关问题的介绍都未涉及酷刑审查标准方面的内容，包括对于外交保证的审查等方面。[1] 对此，在针对中国第四次国家报告的结论性意见中，禁止酷刑委员会指出尽管被引渡请求人可能存在遭受酷刑的危险，但是现有的制度和实践却无法获得任何法律保障使他们免于酷刑或引渡。[2] 对此，委员会建议中国通过适当的法律，将其在《禁止酷刑公约》第 3 条下的义务充分纳入国内法，从而确保任何人不被驱逐、遣返或引渡至有充分理由相信其将面临酷刑危险的另一个国家，特别是建立适当的司法机制来进行引渡审查，为每个将被引渡的人提供充分的法律保障。随后，中国在 2013 年的第五次国家报告[3]中补充了我国新的引渡规定，而禁止酷刑委员会则在结论性意见[4]中重申了中国在引渡中的酷刑审查问题，指出中国应彻底审查每一起引渡案件的案情，包括请求引渡国国内实施酷刑的总体状况，以履行《禁止酷刑公约》第 3 条规定的义务。由此可知，虽然中国在若干国际条约和国内法律中规定了酷刑不引渡义务，但是在引渡实践中，中国作为引渡被请求国对于部分引渡案件中的酷刑问题还需要进一步全面审查，以提升对于被引渡人的权利保障。

基于以上问题，中国需积极在与其他国家签署的双边引渡条约中强化对于禁止酷刑义务的规定，扩大酷刑不引渡义务在双边引渡条约的适用，从而为保证被引渡者的权利提供法律依据。同时，中国应该积极推动引渡规则的完善，将国际和区域引渡实践中确立的酷刑审查原则和内

---

[1] Consideration of Reports Submitted by States Parties Under Article 19 of The Convention Concluding Observations of The Committee Against Torture China, CAT/C/CHN/4, 2007, para 44~58; Concluding observations on the fifth periodic report of China, CAT/C/CHN/5, 2014, para 34~35.

[2] Consideration of Reports Submitted by States Parties Under Article 19 of The Convention Concluding observations of the Committee against Torture CHINA, CAT/C/CHN/CO/4, 2008, para 26.

[3] Concluding Observations on the Fifth Periodic Report of China, CAT/C/CHN/5, 2014, para 34~35.

[4] Concluding Observations on the Fifth Periodic Report of China, CAT/C/CHN/CO/5, 2016, para 46~48.

容进一步融入法律，使立法层面有关酷刑审查的规定更加完善，为引渡实践提供理论基础。实践证明，国家提出有效的不施行酷刑的外交保证是既能保障被引渡者权利，又能顺利实现引渡的重要方式。但是，只有有效的外交保证，才能经得起请求国和国际、区域人权机构的审查，才能消除有关各方对于人权风险的怀疑，推动引渡的顺利进行。对此，有关部门还需要根据现有的实践和标准，提升外交保证的质量及其有效性，我国一旦作出国家保证，需严格遵守，保证被引渡者在国内的免受酷刑权，树立我国积极遵循承诺，保障人权的国际形象。此外，中国应该认真思考禁止酷刑委员会的建议，在引渡实践中加强履行酷刑不引渡义务，对他国提出的引渡请求进行彻底的审查以判断被引渡者是否会遭受酷刑，对可能导致酷刑风险的引渡请求予以拒绝，或者要求不实施酷刑的外交保证，从而提升中国对于酷刑不引渡义务的履行情况。

### 三、关于公正审判权的保障

由于公正审判权在引渡中的保障尚不完善，因此，在很多国家的引渡国际和国内法中，对于这一权利的保障还不够具体和全面。在我国，对于被引渡人的公正审判权的保障正在经历一个不断发展的过程，还有待于制度和实践的逐步推进。该规则在中国所签订的引渡条约中，相比于"死刑不引渡"和"酷刑不引渡"条款，关于保护公正审判权的规定相对缺乏，并存在如下问题：

第一，在引渡条约中多数缺乏公正审判权的规定，或者只规定了禁止"缺席判决"一种拒绝引渡的情形。如前所述，公正审判权是国际人权公约中一项重要的人权。《公民权利和政治权利国际公约》以及区域人权公约毫无例外都规定了此项权利，且人权机构通过一系列开创性案件，使公正审判权正在日益影响引渡的过程和结果。上文表6-1关于《我国签订的双边引渡协议》的统计显示，在已有的44个条约中，仅有25项条约涉及公正审判权。这种情况与公正审判权在我国司法审判实践中的地位不断提升的现状存在着一定的差距。考虑到禁止"缺席判决"已经写入了我国的《引渡法》，双边条约中对于这一公正审判权的保障已经滞后而亟待更新和修订。此外，对于国际和区域人权机构的实践考察也表明，公正审判权的内涵不仅限于"缺席判决"一种情形，它还包括完全忽略被申请人、被拒绝会见律师、被延期审判、采纳刑讯逼供的证据进行裁判以及请求国违反了罪行特定性原则等。[1] 鉴于缺席审判已经不能覆盖公正审判权越来越丰富的内涵和实践，我国应该在更多的条约中直接规定公正审判权来保障被请求人的相关权利，从而符合国际和区域人权保障的发展趋势。

第二，在我国签订的引渡条约中，关于禁止缺席审判条款的规定需要进一步的统一。对于外交部公开的已生效引渡条约的研究表明，国内的引渡条约不仅缺乏对于缺席审判条款的规定，而且已有规定也不统一。有些条约明确表明除非外交保证或法律赋予重新审判或者上诉的机会，否则不承认缺席判决；有些条约则规定，对于被引渡人的缺席判决违反法律基本原则，因此被视为应当拒绝引渡或者可以拒绝引渡的情形；有些条约则规定，如果引渡将与被请求方法律的一些基本原则相抵触，应被视为可以拒绝引渡的情形。上述规定的不完善性不仅会影响我国的双边引渡实践，还会影响其他国家对于我国引渡工作的整体判断。具体条约内容，经整理如下表所示[2]：

表 6-2　引渡条约中有关"缺席审判"的规定

| 缔约国 | 涉及条款 | 涉及内容 | 态度 |
|---|---|---|---|
| 中国和法国 | 第 3 条第 1 款第 6 项 | 引渡请求涉及对被请求引渡人执行缺席判决，而请求方没有保证在引渡后重新进行审理 | 应当拒绝引渡的情形之一 |
| 中国与西班牙 | 第 3 条第 1 款第 7 项 | 请求方根据缺席判决提出引渡请求，并且没有保证在引渡后重新进行审理 | 应当拒绝引渡的情形之一 |

　〔1〕　它至少还包括：①请求国违反了（罪行）特定性原则；②引渡请求是建立在缺席判决的基础之上；③如果被引渡人曾经或很有可能被特别的或特设的法庭审判。Dionysios Spinellis, Extradition-Recent Developments in European Criminal Law, *European Journal of Law Reform*, vol. VIII, issue 2, 2006, p. 247.

　〔2〕　此表格参考了黄风教授已有研究成果，并结合实践的发展进行了重新的整理。

| 缔约国 | 涉及条款 | 涉及内容 | 态度 |
|---|---|---|---|
| 中国与塔吉克斯坦 | 第3条第1款第7项 | 请求方根据缺席判决提出引渡请求，但请求方保证被请求引渡人有机会在其出庭的情况下对案件进行重新审理的除外 | 应当拒绝引渡的情形之一 |
| 中国与老挝 | 第3条第1款第7项 | 请求方根据缺席判决提出引渡请求。但请求方承诺在引渡后对被请求引渡人给予在其出庭情况下进行重新审判机会的除外 | 应当拒绝引渡的情形之一 |
| 中国与印尼 | 第3条第1款第6项 | 请求方根据缺席判决提出引渡请求，除非请求方保证在引渡后，被请求引渡人有权在其出庭的情况下进行重新审判 | 应当拒绝引渡的情形之一 |
| 中国与阿联酋 | 第3条第1款第7项 | 请求国提出的引渡请求基于缺席判决，且请求国未承诺引渡后重新进行审判 | 应当拒绝引渡的情形之一 |
| 中国与墨西哥 | 第3条第1款第6项 | 请求方根据缺席判决提出引渡请求，并且没有保证在引渡后重新进行审理 | 应当拒绝引渡的情形之一 |
| 中国与阿塞拜疆 | 第3条第1款第8项 | 请求方根据缺席判决提出引渡请求，并且没有保证在引渡后重新进行审理 | 应当拒绝引渡的情形之一 |
| 中国与安哥拉 | 第3条第1款第8项 | 请求方根据缺席判决提出引渡请求，并且没有保证在引渡后重新进行审理 | 应当拒绝引渡的情形之一 |
| 中国与阿尔及利亚 | 第3条第1款第8项 | 请求方根据缺席判决提出引渡请求，但请求方给予被请求引渡人在引渡后在其出庭的情况下重新审判机会的除外 | 应当拒绝引渡的情形之一 |
| 中国与波黑 | 第3条第1款第7项 | 请求方系根据缺席判决提出引渡请求，但请求方保证被请求引渡人有机会在其出庭的情况下对案件进行重新审理的除外 | 应当拒绝引渡的情形之一 |

续表

| 缔约国 | 涉及条款 | 涉及内容 | 态度 |
|--------|----------|----------|------|
| 中国与突尼斯 | 第 3 条第 1 款第 6 项 | 引渡请求是基于在请求方境内作出的缺席判决，且请求方法律又不允许被请求引渡人进行上诉从而使其在出庭的情况下获得重审 | 应当拒绝引渡的情形之一 |
| 中国与柬埔寨 | 第 3 条第 1 款第 6 项 | 如果请求方的判决为缺席判决，被判定有罪的人没有得到有关审判的充分通知或未得到安排辩护的机会，而且已没有机会或将没有机会使该案件在其出庭的情况下得到重新审理 | 应当拒绝引渡的情形之一 |
| 中国与埃塞俄比亚 | 第 3 条第 1 款第 7 项 | 请求方根据缺席判决提出引渡请求，但被定罪的人事先已经得到充分通知，并且请求方保证被请求引渡人有机会在其出庭的情况下对案件进行重新审理或者上诉的除外 | 应当拒绝引渡的情形之一 |
| 中国与葡萄牙 | 第 3 条第 1 款第 7 项 | 请求方是根据缺席判决提出引渡请求。除非请求方承诺，被请求引渡人在引渡后有权利和机会对其定罪进行上诉、或者在其出庭的情况下进行重新审判 | 应当拒绝引渡的情形之一 |
| 中国与意大利 | 第 3 条第 1 款第 7 项 | 如果准予引渡可能会损害被请求方的主权、安全、公共秩序或其他重大利益，或者导致与其本国法律基本原则相抵触的后果，包括被请求方法律禁止的刑罚种类的执行 | 应当拒绝引渡的情形之一 |
| 中国与伊朗 | 第 6 条第 1 款第 7 项 | 请求方根据缺席判决提出引渡请求，但请求方保证被请求引渡人有机会在其出庭的情况下对案件进行重新审理的除外 | 应当拒绝引渡的情形之一 |

续表

| 缔约国 | 涉及条款 | 涉及内容 | 态度 |
|---|---|---|---|
| 中国与阿富汗 | 第 3 条第 1 款第 7 项 | 请求方根据缺席判决提出引渡请求，但请求方保证被请求引渡人有机会在其出庭的情况下对案件进行重新审理的除外 | 应当拒绝引渡的情形之一 |
| 中国与巴巴多斯 | 第 3 条第 1 款第 7 项 | 请求方根据缺席判决提出引渡请求，但请求方保证被请求引渡人有机会在其出庭的情况下对案件进行重新审理的除外 | 应当拒绝引渡的情形之一 |
| 中国与塞浦路斯 | 第 3 条第 1 款第 9 项 | 请求方根据缺席判决提出引渡请求，但请求方保证被请求引渡人有机会在其出庭的情况下对案件进行重新审理的除外 | 应当拒绝引渡的情形之一 |
| 中国和比利时 | 第 3 条第 1 款第 7 项 | 请求方根据缺席判决提出引渡请求，但请求方保证被请求引渡人有机会在其出庭的情况下对案件进行重新审理的除外 | 应当拒绝引渡的情形之一 |
| 中国和摩洛哥 | 第 3 条第 1 款第 7 项 | 如果被请求引渡人被缺席判决有罪，但请求方书面保证被请求引渡人有机会在其出庭的情况下对案件进行重新审理的除外 | 应当拒绝引渡的情形之一 |
| 中国和智利 | 第 5 条第 1 款第 6 项 | 请求方根据缺席判决提出引渡请求，并且没有保证在引渡后重新进行审理 | 应当拒绝引渡的情形之一 |
| 中国与罗马尼亚 | 第 4 条第 1 款第 3 项 | 如果同意引渡将与被请求方法律的一些基本原则相抵触 | 可以拒绝引渡的情形之一 |
| 中国与泰国 | 第 4 条第 1 款第 2 项 | 未涉及制度审判 | 可以拒绝引渡的情形之一 |
| 中国与吉尔吉斯 | | 未涉及缺席审判 | |

| 缔约国 | 涉及条款 | 涉及内容 | 态度 |
|---|---|---|---|
| 中国与韩国 | | 未涉及缺席审判 | |
| 中国与南非 | | 未涉及缺席审判 | |
| 中国与刚果 | | 未涉及缺席审判 | |
| 中国与莱索托 | | 未涉及缺席审判 | |
| 中国与纳米比亚 | | 未涉及缺席审判 | |
| 中国与哈萨克斯坦 | | 未涉及缺席审判 | |
| 中国与俄罗斯 | | 未涉及缺席审判 | |
| 中国与乌克兰 | | 未涉及缺席审判 | |
| 中国与白俄罗斯 | | 未涉及缺席审判 | |
| 中国与蒙古国 | | 未涉及缺席审判 | |
| 中国与乌兹别克斯坦 | | 未涉及缺席判决 | |

| 缔约国 | 涉及条款 | 涉及内容 | 态度 |
|---|---|---|---|
| 中国与保加利亚 | | 未涉及缺席审判 | |
| 中国与立陶宛 | | 未涉及缺席判决 | |
| 中国与菲律宾 | | 未涉及缺席判决 | |
| 中国与秘鲁 | | 未涉及缺席判决 | |
| 中国与巴西 | | 未涉及缺席判决 | |
| 中国和越南 | | 未涉及缺席判决 | |
| 中国和巴基斯坦 | | 未涉及缺席判决 | |
| 中国和格林纳达 | | 未涉及缺席判决 | |

　　在引渡条约中对于公正审判权规定的上述不足，从侧面反映了我国应进一步加强该项权利在引渡制度和实践中的保障，从而促进引渡的顺利实施。近年来，我国在人权的司法保障方面取得了一系列成就，充分展现了国内的人权保障进步和法治水平的提高，这些进步为保障被引渡请求人的公正审判权提供了制度和实践基础。为了进一步增强国际合作，我国不仅要在引渡条约中重视对于公正审判权的规定，而且要为该项权利的实现提供良好的司法环境。针对引渡条约和国内法中普遍规定的因缺席判决拒绝引渡的问题，国内立法和司法机关要特别重视对于缺

席审判程序的规范和适用。近年来，为了加大反腐力度，更好地打击危害国家安全、恐怖主义犯罪，我国于2018年修改了《刑事诉讼法》，将缺席审判程序作为特别程序的新设章节写进法律。但是在实践中，为了保障引渡的顺利进行，我国应该针对存在缺席审判情形的引渡案件，积极主动地向被请求国提供给予被引渡人以重审机会的外交保证，从而打消被请求国对于侵犯公正审判权的顾虑。对此，外交保证不仅必须包括通过重审获得补救办法的可能性，而且还必须包括该补救办法的效力说明。因为如果请求方的国内法不允许重审，则被请求方没有义务引渡。[1] 除此之外，我国向被请求国提交的外交保证也要重视现有国际和区域所提出来的标准，以保证其有效性。

**四、其他需要改善的问题**

为了进一步完善我国的引渡制度与实践，以下几个方面的问题也需要给予重视。

第一，引渡的简易程序需明确。在我国的刑事诉讼法等诉讼程序法中常有简易程序的相关规定，而在引渡法中却没有类似的规则。在被引渡人同意引渡的情况下，可以适当简化引渡的程序，减少被引渡人的等待时间，尤其是涉及拘留、逮捕的情形。"实行简易引渡一方面能够节省司法资源，加快国际合作的进程，另一方面，也体现出对被请求引渡人诉讼权利和意愿的尊重，并缩短该人在被请求国受羁押的时间。"[2] 而我国签订的双边引渡条约中，有的规定了类似的引渡程序，例如《中国和秘鲁引渡条约》第13条规定了"简捷移交"的程序："如果被请求引渡人同意被移交给请求方，被请求方可以在其法律允许的范围内尽快移交该人，而无需任何后续程序"；"目前，简易引渡程序在国际社会被广泛推行。很多国家的引渡法、国家间的引渡条约以及含有引渡条款的国际公约都有关于简易的引渡程序的规定。"[3] 但是，在我国的引渡

---

〔1〕 Explanatory Report-ETS98-Extradition（Second Additional Protocol）.

〔2〕 黄风："国际引渡合作规则的新发展"，载《比较法研究》2006年第3期。

〔3〕 黄风、陶琳琳："关于《中华人民共和国引渡法》修订的几个主要问题"，载《吉林大学社会科学学报》2020年第4期。

法中，还没有关于简易程序的具体规定，从而不利于被请求人利用这一程序来保障个人的权利，因此，我国有关部门需要考虑未来在引渡条约和国内引渡制度中专门对于简易程序进行细致的规范，在简化引渡程序的同时，强化这一程序的可适用性以及程序权利的保障。

第二，引渡第三国国民及其人权保障的规范有待完善。本国国民不引渡原则基本已被国际社会接受，但是在引渡实践中，对于引渡请求国、被引渡请求国以外的第三国公民的引渡问题还没有形成一致的规范和做法，并亟待规范。由于跨国犯罪的日益增多，类似的问题时有发生。例如，2016年1月8日，芬兰决定将被美国指控犯有电信诈骗和滥用罪的俄罗斯公民马克西姆·塞纳克（Maxim Senakh）引渡给美国，引起了俄罗斯与芬兰之间的外交争议。而2018年12月1日，加拿大根据美国的引渡请求，拘捕和扣押了途经温哥华转机的华为公司时任首席财务官中国公民孟晚舟的做法更是引起了国际社会的关注，对此，我国外交部对此表达了强烈不满和坚决反对。在前述案例中，芬兰、加拿大是否有权利将其境内的个人引渡至第三国、如何确保其恰当地履行了相关人权保障义务，既涉及引渡的合法性问题，更涉及人权保障的问题。而对于俄罗斯、中国作为引渡程序中的第三国来讲，如何保护本国国民免受"非法"引渡，不仅关涉主权及国家在国际法中的权利和义务等具体国际法，而且直接涉及保护被引渡请求人免受酷刑的权利以及公正审判权等人权问题。

相较于普通的引渡程序，在对于第三国国民的引渡过程中，被引渡人因缺乏国籍国的保护而处于更加弱势的地位。现有国际法体系下，没有明确禁止引渡双方对第三国公民进行引渡，甚至有的国家的司法实践还认可通过各种非诚信的方式来引渡第三国国民，例如，"美国不但不顾及其国民成为美国引渡对象的第三国的权利，相反还允许采取包括诱骗在内的多种手段，以实现将受其追诉的人员从外国引渡、驱逐或遣送至美国受审"[1]。因此，在引渡程序中对于被引渡的第三国国民的人权

---

[1]　李永胜："从国际法上看引渡第三国国民问题"，载《国际法研究》2020年第6期。

保障尤为必要。

由于国际社会对于第三国国民的引渡问题尚未达成共识，导致我国对于这一问题的规定也处于空白状态。一方面，国际法为第三国在引渡程序中创设的权利并不明晰，甚至还存在较大的理论争议，而"拒绝引渡第三国国民"在国际社会并未普遍接受和认可。另一方面，第三国公民引渡问题也不纯粹是国际法问题，还涉及国际政治、外交和意识形态等问题。尽管如此，对于第三国国民的人权保护却是必不可少的。在中国作为被请求国的情况下，保护第三国国民的人权是我国履行国际人权义务的要求，并关涉到国际形象问题；在中国作为被引渡的第三方国民的国籍国时，如何保护自己的国民不被引渡，使其人权不被侵害，同样也是一个国家的重要职责。对此，我国相关立法、行政和司法部门应该对于这一问题进行积极的规范，并在实践中一并善意履行有关国际义务，兼顾国家利益的同时注重被请求人的权利保障。

第三，增加指导性案例，引导引渡的司法实践。司法审查是引渡程序中的一个重要环节，我国《引渡法》的实施已近 20 年，然而相关的指导性案例极少，截至 2020 年最高人民法院公报上发布的案例仅两篇，也未出台相关的司法解释，对地方司法实践的指导性不足，不利于保障被引渡人的各项权利。例如，在上海地区的首个引渡案例中，上海高院就如何设置诉讼程序、法庭布局、裁定书制作等进行了深入地研究后才完成案件的审理。[1] 然而，在该案件中，因有关司法机关经验不足，甚至一度将被请求引渡人行为发生地视为中国而对案件进行审理，并导致羁押时间延长等问题。由此可见，在引渡案件的司法审查中，既要求司法工作人员精通国内的刑事司法程序，更要求对引渡程序、国际引渡条约有较深入的了解，否则，即不利于把握引渡司法审查的重点，也不利于保护被引渡人的人权，而这种情况将导致我国无论是作为请求国还是被请求国均无法适当地履行已有国际人权义务，因此，最高院等部门应该进一步提高对于引渡案件的指导，指导受理相关案件的司法机关更

---

〔1〕 齐奇、黄祥青、徐立明："准确把握引渡案件的审查要领——上海高院首例引渡案件审查回顾"，载《人民司法》2007 年第 4 期。

好地履行引渡的义务和人权保障义务。

　　与此同时，最高院等有关部门还要加强对于引渡规则的司法解释，从而切实落实引渡制度对于人权的保障。例如，引渡法中规定因政治犯罪而请求引渡的，应当拒绝引渡。虽然政治犯不引渡早已成为国际上普遍承认的原则，然而关于政治犯的界定，在各国的司法实践以及学者的论述中均存在较大的差异。甚至有学者指出，"对于政治犯罪，国际法上不存在明确的定义。"[1]对此，最高院应该通过司法解释或者相关的指导案例阐明对于政治犯概念的一般性理解，否则很难统一司法实践中的审查标准。再比如，双重犯罪原则也是国际上普遍认可的原则，然而，在司法实践和学者的论述中也存在着较大的差异，被请求引渡国是否就犯罪事实开展实质性审查、是否审查被请求人的行为依据请求国的法律构成犯罪等均存在一定的争议，而这对于司法实践却又至关重要。总而言之，如果有相关的司法解释或指导性案例对这些问题进行明确，毫无疑问，能更好地保护被引渡人的人权。

　　在人权保障成为引渡制度和实践不可或缺的组成部分的今天，中国无论是作为引渡的请求国还是被请求国，对于被引渡人的人权保障都至关重要。对于中国现有引渡制度和实践的考察表明，尽管我国的双边引渡条约和国内引渡法中部分规定了人权保障的条款，但是部分规定已经落后于实践，也没有根据我国日益增多的人权义务以及日益提升的人权状况而进行更新，因此，有必要对已有条约和相关制度进行修订和补充，以提高对于被引渡人的权利保障，从而更好地反映我国对于人权保障的水平和对于引渡制度的完善。

---

　　[1]　[韩]李万熙：《引渡与国际法》，马相哲译，法律出版社2002年版，第206~207页。

# 参考文献

## 一、著作及期刊

### （一）中文著作

1. 周鲠生：《国际法》（上册），商务印书馆 1976 年版。

2. 徐显明主编：《国际人权法》，法律出版社 2004 年版。

3. 黄风：《引渡问题研究》，中国政法大学出版社 2006 年版。

4. 彭峰：《引渡原则研究》，知识产权出版社 2008 年版。

5. ［英］詹宁斯·瓦茨：《奥本海国际法》，王铁崖等译，中国大百科全书出版社 1998 年版。

6. 张明楷编著：《外国刑法纲要》，清华大学出版社 2007 年版。

7. 胡云腾：《死刑通论》，中国政法大学出版社 1995 年版。

8. ［德］卡尔·布鲁诺·赖德尔：《死刑的文化史》，郭二民编译，生活·读书·新知三联书店 1992 年版。

9. 赵秉志等译：《现代世界死刑概况》，中国人民大学出版社 1992 年版。

10. ［韩］李万熙：《引渡与国际法》，马相哲译，法律出版社 2002 年版。

11. 马德才：《国际法中的引渡原则研究》，中国政法大学出版社 2014 年版。

12. 黄风：《引渡制度（增订本）》，法律出版社 1997 年版。

13. 王光贤：《禁止酷刑的理论与实践——国际和国内监督机制相结合的视角》，上海人民出版社 2007 年版。

14. 刘全德：《西方法律思想史》，中国政法大学出版社 1996 年版。

15. ［美］莫蒂默·艾德勒、查尔斯·范多伦编，《西方思想宝库》编委会译编：《西方思想宝库》，吉林人民出版社 1988 年版。

16. ［英］罗吉尔·胡德：《死刑的全球考察》，刘仁文、周振杰译，中国人民公安大学出版社 2005 年版。

17. 外交部条约法律司编：《引渡法资料选编》，世界知识出版社 1998 年版。

18. 许文琼、彭胜娟、梁文钧译：《英国 2003 年引渡法》，中国政法大学出版社 2007 年版。

19. ［奥］曼弗雷德·诺瓦克：《国际人权制度导论》，柳华文译，北京大学出版社 2010 年版。

20. 朱晓青：《欧洲人权法律保护机制研究》，法律出版社 2003 年版。

21. 沈太霞：《人权的守卫者：欧洲人权法院个人申诉制度》，暨南大学出版社 2014 年版。

22. 孙萌：《经济、社会和文化权利的可诉性——标准与实践》，知识产权出版社 2011 年版。

23. ［美］托马斯·伯根索尔：《国际人权法概论》，潘维煌、顾世荣译，中国社会科学出版社 1995 年版。

24. 谷盛开：《国际人权法：美洲区域的理论与实践》，山东人民出版社 2007 年版。

25. 刘亚军：《引渡新论——以国际法为视角》，吉林人民出版社 2004 年版。

26. ［意］切萨雷·贝卡利亚：《论犯罪与刑罚（增编本）》，黄风译，北京大学出版社 2014 年版。

27. 夏勇：《人权概念起源——权利的历史哲学（修订版）》，中国政法大学出版社 2001 年版。

28. 王铁崖主编：《国际法》，法律出版社 2004 年版。

29. 黄风：《中国引渡制度研究》，中国政法大学出版社 1997 年版。

30. ［德］W·G·魏智通（Wolfgang Graf Vizthum）主编，《国际法》（第五版），吴越、毛晓飞译，法律出版社 2012 年版。

31. 张旭主编：《人权与国际刑法》，法律出版社 2004 年版。

32. ［英］J. G. 斯塔克：《国际法导论》，赵维田译，法律出版社 1984 年版。

33. ［英］伊恩·布朗利：《国际公法原理》，曾令良等译，法律出版社 2007 年版。

34. 司法部司法协助外事司、司法部司法协助交流中心编：《双边引渡条约规则概览》，中国方正出版社 2006 年版。

（二）外文著作类

1. Lassa Oppenheim, Sir Robert Jennings, Sir Arthur Watts, *Oppenheim's International Law*, Vol. 1, Peace, 9th ed. , edited by Sir Robert Jennings and Sir Arthur Watts, Longman, Harlow, Essex, Oxford University Press, 1992.

2. Albert Billot, *Traité de l'Extradition*, Paris, 1874.

3. M. Villefort, *Des Traités d'Extradition de la France avec les Pays Etrangers*, Paris, 1851.

4. Fernand deCardaillac, *De'Extradition*, Tarbes, 1878.

5. Pasqualé Fiore, *Traité de Droit Pénal International et de l'Extradition*, Paris, 1880.

6. M Cherif Bassiouni, "The Legal Framework of Extradition in International Law and Practice, in M Cherif Bassiouni", *International Extradition: United States Law and Practice*, Oxford University Press, 2014.

7. Satyadeva Bedi, *Extradition in International Law and Practice*, Discovery Publishing House, 1991.

8. Bermaklein Goldewijk, Adalid Contreras Baspineiro and Paulo Cesar Carbonari (eds. ), *Dignity and Human Rights: The Implementation of Economic, Social and Cultural Rights*, Intersentia, 2002.

9. Stefan-Ludwig Hoffmann, *Human Rights in the Twentieth Century*,

Cambridge, 2011.

10. Mark Mazower, *Dark Continent*: *Europe's Twentieth Century*, Penguin, 1999.

11. Ivan Anthony Shearer, *Extradition in International Law*, Manchester University Press, 1971.

12. Geoff Gilbert, *Aspects of ExtraditionLaw*, Cambridge University Press, 1991.

13. Olivier de Schutter, *International Human Rights Law*: *Cases, Materials, Commentary*, Cambridge University Press, 2010.

14. Manfred Nowak, *U. N Convention on Civil and Political Rights Commentary*, by N. P. Engel, Publisher, Kehl am Rheir, Strasbourg. Arlington, 1993.

15. Gudmundur Alfredsson and Asbjorn Eide, *The Universal Declaration of Human Rights*: *A Common Standard of Achievement*, Martinus Nijhoff Publishers, 1999.

（三）中文期刊

1. 张磊："腐败犯罪境外追逃追赃的反思与对策"，载《当代法学》2015 年第 3 期。

2. 赵秉志、张磊："黄海勇引渡案法理问题研究"，载《法律适用（司法案例）》2017 年第 4 期。

3. 柳华文："美洲人权法院引渡第一案的意义及其启示"，载《东南大学学报（哲学社会科学版）》2016 年第 6 期。

4. 朱美云："影响国际引渡的人权因素探究"，载《湖北社会科学》，2010 年第 10 期。

5. 张毅："引渡中的法律障碍透析"，载《中国司法》2004 年第 4 期。

6. 郝鲁怡："引渡中的人权问题探究"，载《国际法研究》2015 年第 6 期。

7. 刘昂、薛振环："酷刑的界定"，载《法学杂志》2009 年第 2 期。

8. 马德才、唐彩声：“引渡制度溯源”，载《求实》2004 年第 S4 期。

9. 红十字国际委员会：“红十字国际委员会关于被剥夺自由者遭受酷刑和残忍、不人道或有辱人格待遇问题的政策”，载《红十字国际评论》2011 年文选。

10. 尹雪梅：“欧洲人权法院——超国家的人权保护法律机构”，载《中国司法》2006 年第 7 期。

11. 周子琦、刘宁宁：“欧洲人权法院述评”，载《理论界》2009 年第 2 期。

12. 黄风：“无期徒刑与引渡合作”，载《法商研究》2017 年第 2 期。

13. 赵秉志、张磊：“赖昌星案件法律问题研究”，载《政法论坛》2014 年第 4 期。

14. 赵秉志、张磊：“黄海勇案引渡程序研究（上）——以美洲人权法院黄海勇诉秘鲁案判决书为主要依据”，载《法学杂志》2018 年第 1 期。

15. 龚刃韧：“《禁止酷刑公约》在中国的实施问题”，载《中外法学》2016 年第 4 期。

16. 朱慧兰：“论引渡承诺的性质和效力——以‘黄海勇诉秘鲁案’为视角”，载《湖北警官学院学报》2017 年第 2 期。

（四）外文期刊类

1. "Draft Convention on Extradition", *The American Journal of International Law*, Vol. 29, 1935.

2. Marjorie M. Whiteman, "Digest of International Law", *U. S. Department of State*, 1965.

3. S. Langdon and A. H Gardiner, "The Treaty of Alliance between Ḫattušili, King of the Hittites, and the Pharaoh Ramesses II of EGYPT", *The Journal of Egyptian Archaeology*, Vol. 6 (1), 1920.

4. Tom Zwart, "Using Local Culture to Further the Implementation of In-

ternational Human Rights: The Receptor Approach", *Human Rights Quarterly*, Vol. 34 (2), 2012.

5. Charles Colquhoun, "Human Rights and Extradition Law in Australia", *Australian Journal of Human Rights*, Vol. 6 (2), 2000.

6. Di Chiara G, "Enciclopedia del diritto (II Aggiornamento)", in Rapporti Giurisdizionali Con AutoritÀ Straniere, *Giuffre*, Milano, 1998.

7. George A Finch, "The Eisler Extradition Case", *The American Journal of International Law*, Vol. 43, no. 3, 1949.

8. Michael P. Shea, "Expanding Judicial Scrutiny of Human Rights in Extradition Cases after Soering", *Yale Journal of International Law*, Vol. 17, 1992.

9. John Quigley, "The Rule of Non-Inquiry and Human Rights Treaties", *Catholic University Law Review*, Vol. 45, 1996.

10. John Dugard and Christine Van Den Wyngaert, "Reconciling Extradition with Human Rights", *The American Journal of International Law*, Vol. 92, 1998.

11. Christine Van Den Wyngaert, "Applying the European Convention on Human Rights to Extradition: Opening Pandora's Box?", *International and Comparative Law Quarterly*, Vol. 39, 1990.

12. G. Vermeulen and T. Vander Beken, "New Conventions on Extradition in the European Union: Analysis and Evaluation", *Dickinson Journal of International Law*, Vol. 15, 1997.

13. Aftab Alam, "Extradition and Human Rights", *Indian Journal of International Law*, Vol. 48, 2008.

14. Stephan Breitenmoser, Gunter E. Wilms, "Human Rights V. Extradition: The Soering Case", *Michigan Journal of International Law*, Vol. 11, 1990.

15. JMT Labuschargne and Michele Olivier, "Extradition, Human Rights and the Death Penalty: Observation on the Process of Internalistionl of Crimi-

nal Justice Values", South African Yearbook of Internation Law, Vol. 29.

16. Hemme Battjes, "In Search of a Fair Balance: The Absolute Character of the Prohibition of Refoulement under Article 3 ECHR Reassessed", *Leiden Journal of the International Law*, Vol. 4, No. 1, 2009.

17. Enni Lehto, "Applicability of Article 3 of the European Convention on Human Rights at the Borders of Europe", *Helsinki Law Review*, Vol. 12, No. 1, 2018.

18. Ralf Alleweldt, "Protection Against Expulsion Under Article 3 of the European Convention on Human Rights", *European Journal of International Law*, Vol. 4, No. 1, 1993.

19. Edward Fitzgerald, "Recent Human Rights Developments in Extradition Law & Related Immigration Law", *The Denning Law Journal*, Vol. 25, 2013.

20. DionysiosSpinellis, "Extradition – Recent Developments in European Criminal Law", *European Journal of Law Reform*, Vol. 8, 2006.

21. Sharon A. Williams, "Extradition and the Death Penalty Exception inCanada: Resolving the Ng and Kindler Cases", *Loyola of Los Angels International and Comparative Law Review*, Vol. 13, 1991.

22. Micheal P. Topiel, "The Doctrine of Non−inquiry and the Preservation of Human Rights: is the Rooms for Reconciliation?", Vol. 9, 2001.

23. George N Barrie, "Human Rights and Extradition Proceedings: Changing the Traditional Landscape", *Journal of South African Law*, Vol. 1, 1998.

24. Richard J. Wilson, "Towards the Enforcement of Universal Human Rights through Abortion the Rule of Non−Inquiry in Extradition", *ILSA Journal of Int'l & Comparative Law*, Vol. 3, 1997.

25. Gavan Griffith Qc and Claire Harris, "Recent Developments in the Law of Extradition", *Melbourne JournalOf International Law*, Vol. 6, 2005.

26. Otto Lagodny and Sigrun Reisner, "Extradition Treaties, Human

Rights and 'Emergency-Brake' Judgments: A Comparative European Survey", *Yearbook of International Law*, Vol. 3, 1992.

27. Leonard H. W. Van Sandick, *The Netherlands: Opinion of the Advocaat—Generaal and Supreme Court Decision in the Netherlands V. Short*, International Legal Materials, Vol. 29, 1990.

## 二、文件

（一）联合国文件

1. General comment No. 18: Non-discrimination, CCPR/GEC/6622/C, 1989.

2. General comment No. 20: Article 7 (Prohibition of torture, or other cruel, inhuman or degrading treatment or punishment), 1992.

3. General Comment No. 31: The Nature of the General Legal Obligation Imposed on States Parties to the Covenant, CCPR/C/21/Rev. 1/Add. 13, 2004.

4. General Comment No. 2: Implementation of article 2 by States parties, CAT/C/GC/2, 2008.

5. General comment No. 4: Implementation of article 3 of the Convention in the context of article 22, CAT/C/GC/4, 2017.

6. Concluding observations on the fifth periodic report of the Russian Federation, adopted by the Committee at its forty-ninth session (29 October-23 November 2012), CAT/C/RUS/CO/5, 2012.

7. Fourth periodic reports of States parties due in 2004, Addendum, CHINA, CAT/C/CHN/4, 27 June 2007.

8. Consideration of reports submitted by States parties under article 19 of the Convention, Fifth periodic report due in 2012, CHINA, CAT/C/CHN/5, 3 April 2014.

9. Concluding observations of the Committee against Torture, CHINA, CAT/C/CHN/CO/4, 12 December 2008.

10. Concluding observations on the fifth periodic report of China, CHI-

NA，CAT/C/CHN/CO/5，3 February 2016.

11. United Nations Office on Drugs and Crime, Model Law on Extradition, 2004.

12. In Larger Freedom: towards Development, Security and Human Rights for all, Report of the Secretary-General, UN. doc. S/59/2005.

13. In Larger Freedom: towards Development, Security and Human Rights for all, Addendum: Human Rights Council, Explanatory note by the Secretary-General, UN Doc. A/59/2005/Add. 1.

14. UN General Assembly, "Model Treaty on Extradition", A/RES/45/116 (1990).

15. Maurice Kamto, "Second Report on the Expulsion Of Aliens", A/CN. 4/573 (2006).

16. UN General Assembly, "Model Treaty on Extradition", A/RES/45/116 (1990).

17. United Nations Office on Drugs and Crime, Model Law on Extradition, 2004.

18. United Nations, "Text of the Draft Articles on the Expulsion of Aliens", in Report of the International Law Commission, A/69/10 (2014).

19. Maurice Kamto, "Second Report on the ExpulsionOf Aliens", A/CN. 4/573 (2006).

20. Sibylle Kapferer, The Interface between Extradition and Asylum, United Nations High Commissioner for Refugees, PPLA/2003/05 (2003).

（二）国际引渡条约及文件

1. Model Treaty on Extradition, Adopted by the United Nations General Assembly in its resolution 45 / 116 of 14 December 1990.

2. Resolution adopted by the General Assembly, United Nations Convention against Transnational Organized Crime, A/RES/55/25 (2001).

3. Resolution adopted by the General Assembly on 31 October 2003, United Nations Convention against Corruption, A/RES/58/4 (2003).

4. Rules of procedure of the Human Rights Committee, CCPR/C/3/Rev. 10, 2012.

5. Boutros Ghali, former Secretary General of the United Nations, "An agenda for peace", A/47/277-S/24111.

(三) 区域引渡条约

1. The Convention on Simplified Extradition Procedures between the Member States of the European Union (1995).

2. Convention relating to Extradition between the Member States of the European Union (1996).

3. European Convention on Extradition, retrieved 8 June, 1957.

4. Statute of the Inter - American Commission on Human Rights, O. A. S. Res. 447 (IX-0/79).

5. Regulations of the Inter - American Commission on Human Rights, Art. 52, reprinted in Basic Documents Pertaining to Human Rights in the Inter-American System, OEA/Ser. L. V/II. 82 doc. 6 rev. 1 (1992).

6. Human Rights Joint Committee: Fifteenth Report: The Human Rights Implications of UK Extradition Policy.

7. Commission of the European communities, COM (2001) 522 final, 2001/0215 (CNS).

8. Protocol amending the European Convention on the Suppression of Terrorism, ETS No. 190.

9. Council of Europe Convention on the Prevention of Terrorism, CETS No. 196.

10. Council Framework Decision of 13 June 2002 on the European arrest warrant and the surrender procedures between Member States - Statements made by certain Member States on the adoption of the Framework Decision, 2002/584/JHA.

11. Council Framework Decision of 13 June 2002 on the European arrest warrant and the surrender procedures between Member States - Statements

made by certain Member States on the adoption of the Framework Decision, 2002/584/JHA.

12. Committee on Foreign Relations: Executive Reports of Extradition Treaties with the EuropeanUnion, Annex. : Treaty Hearing of May 20, 2008, Ex. Rept.

13. Charter of the Organization of American States, Apr. 30, 1948, 2 U. S. T. 2416, 119 U. N. T. S. 48. Explanatory Report – ETS 24 – Extradition (Convention).

14. Explanatory Report–ETS 24–Extradition (Convention).

15. ETS 98 – Extradition (Second Additional Protocol), 174. III. 1978.

16. Explanatory Report – ETS98 – Extradition (Second Additional Protocol).

17. Explanatory Report–CETS 209–Extradition (Third Protocol).

18. Convention on Cybercrime, ETS No. 185.

19. Committee on Foreign Relations: Executive Reports of Extradition Treaties with the European Union, Annex. : Treaty Hearing of May 20, 2008, Ex. Rept.

20. Charter of the Organization of American States, Apr. 30, 1948, 2 U. S. T. 2416, 119 U. N. T. S. 48. The Charter has been amended by several protocols.

21. Statute of the Inter – American Commission on Human Rights, O. A. S. Res. 447 (IX–0/79), Art 20.

22. Regulations of the Inter–American Commission on Human Rights, Art. 52, reprinted in Basic Documents Pertaining to Human Rights in the Inter–American System, OEA/Ser. L. V/II. 82 doc. 6 rev. 1 (1992).

23. Eugenio Selvaggi, Miroslav Kubicek, and ErikVerbert, 'Disguised Extradition, i. e. Surrender by Other Means Some Ideas to Start a Discussion', PC–OC (2011) 09rev, Council of Europe, 2011.

24. Inter – American Specialized Conference on Extradition, Caracas, Venezuela 16–25February 1981.

25. The London Scheme for Extradition within the Commonwealth.

26. The Balance between Individual Rights and Global Interests in International Co–operation to Combat Crime, LMM（99）9, 1999 Meeting of Commonwealth Law Minister and Senior Officials.

27. Proposed Revision of the London Scheme on the Rendition of Fugitive Offenders, LMM（02）15, 2002 Meeting of Commonwealth Law Minister and Senior Officials.

（四）双边引渡条约

1. Treaty on Extradition Between the Government of Canada and the Government of the United States of America.

2. Jamaica International Extradition Treaty with the United States, signed on 14 June 1983.

3. Extradition Treaty between the Government of Canada and the Government of the Republic of France, signed on 1989, retrieved 7 June.

4. Treaty on Extradition between the Government of Australia and the Government of the Republic of France, signed on 31 August 1988, retrieved 7 June.

5. Extradition Treaty between the Government of the United Kingdom of Great Britain and Northern Ireland and the Government of the United States of America.

6. Extradition Treaty with France, signed 1996, retrieved 7 June.

7. Treaty between Australia and the Federal Republic of Germany concerning Extradition.

8. Treaty between Australia and the Republic of Austria concerning Extradition.

（六）国别引渡法/文件

1. 新西兰: Extradition Act 1988。

2. 英国：Extradition Act 2003。

3. 加拿大：Canada Extradition Act 1999。

4. 日本：《逃亡认罪人引渡法》（2007）。

5. 中国：《引渡法》（2004）。

三、案例

（一）人权事务委员会（CCPR）

1. Arshidin Israil vs. Kazakhstan, Communication No. 2024/2011, CCPR/C/103/D/2024/2011.

2. Kindler v. Canada, Communication No. 470/1991, CCPR/C/48/D/470/1991.

3. Valetov v. Kazakhstan, Communication No. 2104/2011, CCPR/C/110/D/2104/2011

4. Weiss v. Austria, Communication No. 1821/2008, CCPR/C/106/D/1821/2008.

5. Aarrass v. Spain, Communication No. 2008/2010, CCPR/C/111/D/2008/2010.

6. Juan Peirano Basso v. Uruguay, Communication No. 1887/2009, CCPR/C/100/D/1887/2009

7. Mario Esposito v. Spain, Communication No. 1359/2005, CCPR/C/89/D/1359/2005（2007）.

8. Ronald Everett v. Spain, Communication No. 961/2000, CCPR/C/81/D/961/2000（2004）.

9. Zhakhongir Maksudov, Adil Rakhimov, Yakub Tashbaev, Rasuldzhon Pirmatov v. Kyrgyzstan, Communications Nos. 1461/2006, 1462/2006, 1476/2006, 1477/2006, CCPR/C/93/D/1461, 1462, 1476&1477/2006.

10. Ali Aarrass v. Spain, Communication No. 2008/2010, CCPR/C/111/D/2008/2010.

11. Joseph Kindler v. Canada, Communication No. 470/1991, CCPR/C/48/D/470/1991.

12. Mr. U. v. Sweden, Communication No. 643/2014, CAT/C/56/D/643/2014.

13. Mario Esposito v. Spain, Communication No. 1359/2005, CCPR/C/89/D/1359/2005 (2007).

14. Judge v. Canada, Communication No. 829/1998, CCPR/C/78/D/829/1998.

15. Keith Cox v. Canada, Communication No. 539/1993, CCPR/C/52/D/539/1993.

16. Kindler v. Canada, Communication No. 470/1991, CCPR/C/48/D/470/1991.

17. Ng v. Canada, Communication No. 469/1991, CCPR/C/49/D/469/1991.

18. Merhdad Mohammad Jamshidian v. Belarus, Communication No. 2471/2014, CCPR/C/121/D/2471/2014.

19. Nikolai Valetov v. Kazakhstan, Communication No. 2104/2011, CCPR/C/110/D/2104/2011.

20. Mbenge v. Zaire, HRC, Communication No. 16/1977, CCPR/C/18/D/16/1977 (1983).

（二）禁止酷刑委员会（CAT）

1. X v. Russian, Communication No. 542/2013, CAT/C/54/D/542/2013.

2. Khairullo Tursunov v. Kazakhstan, Communication No. 538/2013, CAT/C/54/D/538/2013.

3. X v. Kazakhstan, Communication No. 554/2013, CAT/C/55/D/554/2013.

4. Ms. G. K. vs. Switzerland, Communication No. 219/2002, CAT/C/30/D/219/2002.

5. L. J. R. v. Australia, Communication No. 316/2007, CAT/C/41/D/316/2007.

6. S. A. C v. Morocco, Communication No. 346/2008, CAT/C/49D/

346/2008.

7. Yousri Ktiti v. Morocco, Communication No. 419/2010, CAT/C/46/D/419/2010.

8. Joyce Nakato Nakawunde v. Canada, Communication No. 615/2014, CAT/C/64/D/615/2014.

9. Z. A. H. v. Canada, Communication No. 687/2015, CAT/C/61/D/687/2015.

10. Boily v. Canada, Communication No. 327/2007, CAT/C/47/D/327/2007.

11. Cecilia Rosana Núñez Chipana v. Venezuela, Communication No. 110/1998, U. N. Doc. CAT/C/21/D/110/1998 (1998).

12. A. R. v. Sweden, Communication No. 170/2001, CAT/C/27/D/170/2001.

13. Alexey Kalinichenko v. Morocco, Communication No. 428/2010, CAT/C/47/D/428/2010.

14. J. K. v. Canada, Communication No. 562/2013, CAT/C/56/D/562/2013.

15. T. I. v. Canada, Communication No. 333/2007, CAT/C/45/D/333/2007.

16. Kalonso v. Canada, Communication No. 343/2008, CAT/C/48/D/343/2008.

17. Tony Chahin v. Sweden, Communication No. 310/2007, CAT/C/46/D/310/2007.

18. SylvieBakatu-Bia v. Sweden, Communication No. 379/2009, CAT/C/46/D/379/2009.

19. X v. Denmark, Communication No. 458/2011. CAT/C/53/D/458/2011.

20. Sivagnanaratnam v. Denmark, Communication No. 429/2010, CAT/C/51/D/429/2010.

（三）欧洲人权法院（ECHR）

1. H. N. vs. Sweden, ECHR, Application No. 30720/09.

2. Zokhidov v. Russia, ECHR, Application No. 67286/10.

3. Makhmudzhan Ergashev v. Russia, ECHR, Application No. 49747/11.

4. S. F. and Others v. Sweden, ECHR, Application No. 52077/10.

5. Soering v. the United Kingdom, ECHR, Application No. 14038/88.

6. Babar Ahmad and Others v. the United Kingdom, ECHR, Applications Nos. 24027/07, 11949/08, 36742/08, 66911/09 and 67354/09, 2012.

7. Othman (Abu Qatada) v. the United Kingdom, ECHR, Application No. 8139/09.

8. Ismoilov v. Russia, ECHR, Application No. 2947/06.

9. Aswat v. the United Kingdom, ECHR, Application No. 17299/12.

10. Can v. Austria, ECHR, Application No. 9300/81, 1983.

11. Harkins and Edwards v. the United Kingdom, ECHR, Application Nos. 9146/07, and 32650/07, 2012.

12. Stoichkov v. Bilgaria, ECHR, Application No. 961/20002.

13. Drozd and Janousek v. France and Spain, ECHR, Application No. 12747/87.

14. Loizidou v. Turkey, ECHR, 1995, preliminary objections, Series a, No. 310.

15. Handyside v. the United Kingdom, ECHR, judgment of 7 December 1976, Series A No. 24.

16. Müller and Others v. Switzerland, ECHR, judgment of 24 May 1988, Series A No. 133.

17. Shamayev and Others v. Georgia and Russia, ECHR, Application No. 36378/02

18. Baysakov and others v. Ukraine, ECHR, Application No. 54131/08

19. Klein v. Russia, ECHR, Application No. 24268/08.

20. Mamatkulov and Askarov v. Turkey, ECHR, Application Nos. 46827/99 and 46951/99.

21. Al-Saadoon and Mufdhi v. the United Kingdom, ECHR, Application No. 61498/08.

22. Ahorueze v. Sweden, ECHR, Application No. 37075/09.

23. Sejdovic v. Italy, ECHR, Application No. 56581/00.

24. Einhorn v. France, ECHR, Application No. 71555/01.

25. Stoichkov v. Bulgaria, ECHR, Application No. 9828/02.

26. Bader andKanbor v. Sweden, ECHR, Application No. 13287/04.

27. AI-Moayad v. Germany, ECHR, Appication No. 35865/03.

28. ElHaski v. Belgium, ECHR, Application No. 649/08.

29. Husayn ( Abu Zubaydah ) v. Poland, ECHR, Application No. 7511/13.

30. N. v. the United Kingdom, ECHR, Application No. 26565/05, 2008.

31. D. v. the United Kingdom, ECHR, Application No. 30240/96, 1997.

32. Rustamov v. Russia, ECHR, Application No. 11209/10, 2012.

33. Vilvarajah and Others v. the United Kingdom, ECHR, Application No. 13163/87; 13164/87; 13165/87; 13447/87; 13448/87, 1991.

34. Azimov v. Russia, ECHR, Application No. 67474/11, 2013.

35. Saadi v. Italy, ECHR, Application No. 37201/06, 2008.

36. Hilal v. the United Kingdom, ECHR, Application No. 45276/99, 2001.

37. J. K. and Others v. Sweden, ECHR, Application No. 69166/12.

38. Chahal v. the United Kingdom, ECHR, Application No. 22414/93, 1996.

39. Balogun v. the United Kingdom, ECHR, Application No. 60286/09, 2012.

40. Labsi v. Slovakia, ECHR, Application No. 33809/08.

**图书在版编目（CIP）数据**

国际人权法对于引渡的影响研究/孙萌著.—北京：中国政法大学出版社，
2023.12

ISBN 978-7-5764-1284-0

Ⅰ.①国…　Ⅱ.①孙…　Ⅲ.①引渡－国际法－研究　Ⅳ.①D998.2

中国国家版本馆CIP数据核字(2023)第238175号

-------------------------------------------------------------------------------------------------

| | | |
|---|---|---|
| 书　　名 | 国际人权法对于引渡的影响研究 | |
| | Guoji Renquanfa Duiyu Yindu De Yingxiang Yanjiu | |
| 出 版 者 | 中国政法大学出版社 | |
| 地　　址 | 北京市海淀区西土城路 25 号 | |
| 邮　　箱 | fadapress@163.com | |
| 网　　址 | http://www.cuplpress.com (网络实名：中国政法大学出版社) | |
| 电　　话 | 010-58908435(第一编辑部) 58908334(邮购部) | |
| 承　　印 | 北京中科印刷有限公司 | |
| 开　　本 | 650mm×960mm　1/16 | |
| 印　　张 | 16.5 | |
| 字　　数 | 237 千字 | |
| 版　　次 | 2023 年 12 月第 1 版 | |
| 印　　次 | 2023 年 12 月第 1 次印刷 | |
| 定　　价 | 86.00 元 | |